卓越法律人才培养系列教材

消费者权益保护法案例教程

黄明欣　罗鑫　饶柳西　编著

WUHAN UNIVERSITY PRESS
武汉大学出版社

图书在版编目(CIP)数据

消费者权益保护法案例教程/黄明欣,罗鑫,饶柳西编著.—武汉:武汉大学出版社,2023.12

卓越法律人才培养系列教材

ISBN 978-7-307-23492-5

Ⅰ.消… Ⅱ.①黄… ②罗… ③饶… Ⅲ.消费者权益保护法—案例—中国—教材 Ⅳ.D923.85

中国版本图书馆 CIP 数据核字(2022)第 235915 号

责任编辑:胡 荣　　责任校对:汪欣怡　　版式设计:韩闻锦

出版发行:**武汉大学出版社** (430072 武昌 珞珈山)

(电子邮箱:cbs22@ whu.edu.cn 网址:www.wdp.com.cn)

印刷:湖北云景数字印刷有限公司

开本:787×1092 1/16 印张:14.5 字数:349 千字 插页:1

版次:2023 年 12 月第 1 版 2023 年 12 月第 1 次印刷

ISBN 978-7-307-23492-5 定价:49.00 元

前　言

21世纪是我国经济高速发展的时代，也是消费社会到来的时代，“人人成为消费者”“消费者是天生的弱者”，这些口号无处不在，也提醒我们，消费者在这个社会中是最大量存在的个体，也是最容易受到权益侵害的对象，这些都需要法律制度作为消费者权益的基本保障，需要公正的判例作为经营者行为的重要指引。

本教材用真实、典型的消费者权益保护的案例，将《消费者权益保护法》《民法典》《产品质量法》以及刑法和行政法等法律部门的基本原理和规则串联起来，让刻板的《消费者权益保护法》的原理和规则与鲜活的典型案例结合起来，让使用本教材的教师和学生能够把《消费者权益保护法》的条文、原理和规则变成生动的现实，做到消费者权益保护法理论与实践紧密结合，以案例指引进行教学，既有形象生动的说明，又有科学完整的理论体系，更有逻辑缜密的推理过程，改变过去教材那种以说教为主，过于重视理论体系和抽象概念的状况。笔者自己从事消费者权益保护法教学10余年，深深体会到使用一个生动、典型的案例，用它去说明一个复杂的法律规则，往往事半功倍，学生理解和掌握更加容易，也便于学生记忆和适用。

本书以《消费者权益保护法》的结构作为体例安排的参照，以对消费者问题和消费者概念的认识为起点，以消费者权利、经营者义务、消费纠纷解决和法律责任为主干，力求形成一个体系化的架构。全书包括总则、消费者权利、经营者义务、消费争议解决和法律责任共五章内容。

本书的写作从启动到完成经历了数载，成书的目标不仅是提供一本基础性读物，也希望给予读者一定的思考空间，从整体看，本书表现出以下特点：(1)全面性。通过对《消费者权益保护法》逐章、逐条、逐字地研读，全面梳理关联立法，准确认识《消费者权益保护法》的全貌，并以此为基础进行阐述，以求内容的完整和全面。(2)新颖性。在写作过程中，始终关注立法动态、不断检索最新判例，并以新立法、新判例、新观点作为行文的基本依据。本书选取的都是真实的案例，以期能给读者最真实的阅读体验和思考。(3)探索性。不回避现实中存在争议的问题、不拘泥现行立法的既有规定，通过辩证分析，提出明确观点，为进一步探索提供基础。

本书由武汉理工大学法学系黄明欣副教授和武汉理工大学法学系罗鑫、饶柳西合作编著，其中第一、二章由黄明欣完成，第三、四章由罗鑫完成，第五章由饶柳西完成，全书最终由黄明欣统稿。虽作者全力以赴，书中恐亦有诸多不足，诚望阅者批评、指正。

本书得以完成，亦要感谢武汉理工大学法学系的领导和朋友一直以来的关心和帮助，感谢武汉大学出版社的支持。

黄明欣

2022 年 6 月

目 录

第一章　消费者权益保护法总则

第一节　消费者权益保护法的调整对象和适用范围

案例 1-1　女大学生黄某获清白后起诉华硕公司诬告①

【案情介绍】

2006 年 2 月 9 日，在某大学英语专业就读的大三女学生黄某花 2 万多元购买了一台华硕笔记本电脑，该电脑采用了频率为 2.0GHz 的英特尔 CPU；但新电脑第一次运行便出现了蓝屏死机的问题，强行关机后再不能开机。该电脑被送到华硕公司检修，经两次维修后，仍不能正常使用。随后，黄某找到朋友周某帮忙维修电脑。周某认定华硕工程师为黄某电脑配备的是测试版 CPU，其性能稳定性差，完全不能与正品 CPU 相提并论，按照英特尔公司的规定，测试版处理器不受英特尔担保，也不得销售。针对电脑被换了测试版 CPU 的问题，黄某和周某与华硕展开了谈判。周某向华硕提出支付 500 万美元的“惩罚性”赔偿要求，并声称如果华硕拒绝这一条件，那么周、黄二人将向法院起诉并将此事通过媒体公之于众。对 500 万美元的赔偿要求，华硕表示不能接受。3 月 7 日上午，黄、周二人再次到华硕北京公司交涉时，华硕公司报警。随后，黄某因涉嫌敲诈勒索罪被北京市某公安分局刑事拘留并很快被批捕，随后在海淀看守所度过了 10 个月。

2006 年 12 月 26 日，海淀检察院以证据不足为由，批准黄某取保候审。2007 年 11 月 9 日，“希望得到一个说法”的黄某终于熬到了头：海淀检察院以证据不足为由，对黄某作出不起诉决定。《不起诉决定书》上写道，检察院认为海淀公安分局认定的黄某的犯罪（敲诈勒索）事实不清，证据不足，不符合起诉条件，故决定对黄某不起诉。黄某的律师随后提出了国家赔偿要求，此要求也得到了海淀区人民检察院的回应。在该检察院下发给黄某的《审查刑事赔偿申请通知书》中，破天荒地承认自己“存在违法侵权情形”。

【法律问题】

1.《消费者权益保护法》的调整对象是什么？

---

① 《黄某“勒索华硕”案》，载北京市人民检察院网：https://www.bjjc.gov.cn/c/bjoweb/ajjj1/100018179.jhtml? zh_choose=n，最后访问日期：2022 年 10 月 21 日。

2. 如何理解《消费者权益保护法》的适用范围？

【法理分析】

一、消费者权益保护法的调整对象

1. 消费者的消费行为。《消费者权益保护法》第 2 条规定："消费者为生活消费需要购买、使用商品或者接受服务，其权益受本法保护；本法未作规定的，受其他有关法律、法规保护。"

2. 经营者的经营行为。《消费者权益保护法》第 3 条规定："经营者为消费者提供其生产、销售的商品或者提供服务，应当遵守本法；本法未作规定的，应当遵守其他有关法律、法规。"

《消费者权益保护法》既调整消费者的消费行为也调整经营者的经营行为，并且没有将这两种行为合并作为一个法律关系来规定，而是将两种主体的行为分开进行规定，这体现了《消费者权益保护法》鲜明的特别保护消费者合法权益的价值取向。

二、如何理解《消费者权益保护法》的适用范围?

《消费者权益保护法》第 2 条和第 3 条的规定明确指出了这部法的适用法范围。消费者为生活消费需要而购买、使用商品或者接受服务，其权益受该法保护；经营者为消费者提供其生产、销售的商品或者提供服务，其行为受该法规范。此外，农民购买、使用直接用于农业生产的生产资料，亦参照该法执行。

三、对本案的分析

本案中，黄某的行为不是犯罪行为，而是一个消费民事法律行为，是应当受《消费者权益保护法》调整的行为。公安机关和检察院将黄某的正当索赔行为作为敲诈勒索处理是错误的。华硕公司使用不应出售的测试版 CPU 电脑进行公开出售，严重侵害了消费者的知情权和公平交易权，华硕公司应对消费者的损失承担赔偿责任。基于此，黄某的索赔，是正当行使权利的行为，即使索赔的数额过高，也属于《消费者权益保护法》调整的问题，并不触犯刑律，怎么能将她定罪呢？

本案属于民事关系范畴，索赔金额可由双方自己解决。消费者得不到赔偿有权起诉，或者诉诸媒体监督。500 万美元也好，1 美元也好，天价索赔并不能构成刑事犯罪。消费者提出让商家赔偿 500 万美元，是消费者自己决定的，金额过高或过低可由法院裁决，不是消费者要多少，就一定会得到支持，还要看法律依据。作为华硕公司，将黄某作为敲诈勒索的对象进行报警也是严重不妥的，生产不合格产品的厂家面对索赔，不仅没有改正的诚意，反而对举报其产品不合格之人企图"绳之以法"，这是恶人先告状、反咬一口。

《消费者权益保护法》适用于消费者为生活消费需要购买、使用商品的行为，所以，本案应由该法调整，而不是采取认定为犯罪的方法解决。

案例 1-2　农民购买用于农业生产的生产资料《消费者权益保护法》保护吗？①

【案情介绍】

2014 年 5 月 5 日，云南省楚雄州双柏县大庄镇木章郎集梧村村民李某打电话向云南省楚雄州双柏县消费者协会(以下简称双柏县消协)投诉称：2014 年 3 月 26 日，其在双柏县大庄镇木章郎街华良副食店以 24 元/袋的价格购买 4 袋 12 公斤楚粳 28 号稻谷种子，共计人民币 96 元。稻谷种种下后不出苗，李某一家十分着急，找双柏县大庄华良副食店要求赔偿无果。无奈之下，李某打电话向消协投诉，请求帮助。

双柏县消协受理投诉后，立即安排工作人员到李某种植的稻田进行实地查看并拍照取证，基本情况与消费者反映一致，稻谷种不出苗。为尽快解决问题，双柏县消协查看了双柏县大庄华良副食店所销售稻谷种子的有关材料，经调查核实，双柏县大庄华良副食店所销售稻谷种子为已过期两年的种子。

消协立即召集双方当事人进行调解，向经销商反复讲解了《消费者权益保护法》的有关条款，并强调自觉保护农民合法权益的重要性。在确切的证据面前，最终经销商接受消协的调解方案：由种子经销商退还李某种子款 96 元，赔偿 500 元，并按实际劳动损失赔偿 704 元，三项合计一次性赔偿李某 1300 元，双方对调解结果表示满意。对于该经销商违规销售过期稻种的行为，则移交有关执法部门处理。

【法律问题】

1. 《消费者权益保护法》为什么要将农民购买生产资料行为纳入保护范围？
2. 如何理解和适用保护农民权益的《消费者权益保护法》第 62 条？

【法理分析】

一、农民购买生产资料行为纳入消法适用范围的原因

根据《消费者权益保护法》的规定，“消费者”是“为生活需要购买、使用商品或者接受服务”。而农民购买、使用直接用于农业生产的生产资料的行为本不属生活消费，不应适用本法。但是《消费者权益保护法》第 62 条作出了特别规定：“农民购买、使用直接用于农业生产的生产资料，参照本法执行。”因此，农民在购买、使用直接用于农业生产的生产资料，其合法权益受到损害的，可以依据《消费者权益保护法》要求赔偿损失。

《消费者权益保护法》将农民购买“生产资料”也纳入其中，视为“生活消费”和

① 《过期种子应销毁 造成损失该赔偿》，载中国消费者协会投诉和解监督平台：https://hjxt.cca.cn/cases/219.jhtml，最后访问日期：2022 年 10 月 21 日。

“生活消费”予以同等保护。这是非常有必要和有道理的。这既是因为农民在购买用于农业生产的生产资料时实际也处于弱势地位，而且农业生产也是需要特别保护的弱势行业。

农民个人、家庭、农村集体经济组织为生活需要购买、使用商品或者接受服务，虽然已作为消费者被纳入《消费者权益保护法》的调整范围，但是，农民消费者除生活需要消费外，还要从事农业生产，需要购买、使用农业生产资料。因为农民的生活主要还是依赖农业生产或者是家庭种养殖。农民在购买、使用农业生产资料时，经常受到假劣农药、化肥、种子等农业生产资料的坑害，造成减产、绝产的事件屡见不鲜。农民权益受到损害以后，其合法权益经常得不到有效的保护；而且农业生产单位常常是以家、户为单位，在这样的情况下，农民的生产和生活衔接得非常紧密，难以分割。另外，农业生产受客观条件限制，季节性强，生产周期长，一旦受到人为地损害，农民则会失去种植的时机，其损失难以弥补。因此，农民在农业生产消费中也处于弱者地位。如果对于这样的农业生产者设定过高的限制条件，将其排除《消费者权益保护法》的适用范围而不予以保护，就会增加农民维护合法权益的难度。所以，法律对其进行了特殊规定，放宽了《消费者权益保护法》的适用范围外延。

二、《消费者权益保护法》第62条的适用和理解

《消费者权益保护法》第62条虽然体现了对处于弱势地位的农民的特殊保护，维护了实质的交易公平原则，但要注意，这一条的适用是有条件的：农民购买的生产资料是用于农业生产，而不是用作其他用途。如果农民购买农资用来转手出卖，就不能受《消费者权益保护法》的保护。

三、对本案的分析

根据《消费者权益保护法》第62条“农民购买、使用直接用于农业生产的生产资料，参照本法执行”的规定，本案中，李某因购买过期稻谷种子导致财产受损，属于《消费者权益保护法》保护范围。

《消费者权益保护法》第7条第1款规定：“消费者在购买、使用商品和接受服务时享有人身、财产安全不受损害的权利。”第11条规定：“消费者因购买、使用商品或者接受服务受到人身、财产损害的，享有依法获得赔偿的权利。”第52条规定：“经营者提供商品或者服务，造成消费者财产损害的，应当依照法律规定或者当事人约定承担修理、重作、更换、退货、补足商品数量、退还货款和服务费用或者赔偿损失等民事责任。”本案中，双柏县大庄华良副食店向李某出售已超过保质期两年的稻谷种子，具有明显欺诈行为，侵犯了消费者李某的合法权益，应当依法退还李某购买稻种款96元，并以购买价款的3倍进行赔偿，因增加赔偿金额不足500元，认定为500元，并赔偿李某的其他实际损失。

第二节　消费者权益保护法的基本原则

案例 1-3　“倒牛奶”事件挑战了谁的底线?①

【案情介绍】

2021 年 5 月，一段倒牛奶的视频在网络上热传。视频中的牛奶(实际为蒙牛真果粒的乳酸菌饮品)被大量拆开并被直接倒入沟渠中。蒙牛真果粒是爱奇艺旗下竞演养成类真人秀节目《青春有你》连续三年的赞助商。按照选秀规则，“爱豆”要想顺利出道，需要粉丝为其投票，投票环节因此成为赞助商争夺的关键，赞助商在含乳饮料的瓶盖内印了可以为“爱豆”助力的二维码，粉丝要想为“爱豆”助力，就必须购买该饮料并打开瓶盖扫描里面的二维码获取助力值，助力值越高的选手，出道概率也就越大。为了给“爱豆”助力打榜，粉丝大量购买对应产品。

由于购买饮料的数量太多，瓶盖被打开后，喝不完又不能二次售卖，所以粉丝们想出了“最简单、最快速”的办法，雇佣工人将饮品全部倒掉。粉丝大量购买该饮品已经对蒙牛乳业形成了良好业绩支持。

【法律问题】

1. 国家在保护消费者合法权益的同时还负有什么职责?
2. 消费者权益保护法的基本原则有哪些?

【法理分析】

一、国家对消费者权益保护的职责

1. 国家保护消费者的合法权益不受侵害。不能将消费者的合法权益与国家利益、社会利益相割裂，甚至完全对立起来。同时，国家对消费者的合法权益不受侵害负有法律义务，有关国家机关要履行法定职责，加强监督，预防和及时制止危害消费者人身、财产安全的行为，惩处经营者在提供商品和服务过程中侵害消费者合法权益的违法犯罪行为。国家采取措施，保障消费者依法行使权利，维护消费者的合法权益。

2. 国家采取措施保障消费者依法行使权利，维护消费者的合法权益。

3. 国家倡导文明、健康、节约资源和保护环境的消费方式，反对浪费。

二、消费者权益保护法的基本原则

法律的基本原则是指法律所体现的基本精神，法的基本原则在法的体系结构中居于核心地位，起到最根本的指导作用。消费者权益保护法的基本原则是指集中体现消费者保护

① 《为偶像“打投”倒牛奶？违法！》，载中央纪委国家监委网站：https://www.ccdi.gov.cn/toutu/202105/t20210506_241441.html，最后访问日期:2022 年 10 月 21 日。

法的基本价值和调整方法。我国消费者权益保护法的基本原则包括以下几项：

1. 自愿、平等、公平、诚实信用原则，是指经营者与消费者进行交易时应该遵循的原则。

2. 国家对消费者特别保护原则，《消费者权益保护法》特别设立了“国家对消费者合法权益的保护”一章，就保护措施作了明确、具体的规定。

3. 消费者的保护与国家的经济文化建设协调发展的原则。我国现阶段对消费者权益的保护主要要考虑我国经济社会现状，基本立足于弥补赔偿的原则，即只赔偿直接的损失，而对实际存在的精神损害赔偿、消费者的时间损失赔偿等未予以保护。

4. 国家保护与社会监督相结合的原则。保护消费者权益仅凭有关国家机关的保护工作是难以胜任的，必须依靠全社会的力量，才能建立起消费者权益保护的机制，使消费者的合法权益得到最充分、最有效的保护。

三、对本案的分析

在粉丝不理性倒牛奶事件后，新华社对此事发表了评论：“大量牛奶被倒”的背后，是以浪费和挥霍为代价的吸睛牟利，是对劳动的不尊重、对法律的亵渎和蔑视，其最终结果是误导、侵蚀了青年人的追求和三观，这不仅是把牛奶倒进沟里，而且是把青年人带进沟里！

本案中，粉丝购买牛奶行为虽然是由《消费者权益保护法》调整，受其保护。但是粉丝的行为属于典型的浪费，与国家在《消费者权益保护法》中提出的倡导文明、健康、节约资源和保护环境的消费方式的基本原则是违背的，理应及时阻止。

《消费者权益保护法》第 5 条明确提出，国家倡导文明、健康、节约资源和保护环境的消费方式，反对浪费。《消费者权益保护法》这一条明确树立了文明、健康、理性、绿色的消费理念，鼓励形成科学健康、物尽其用、防止浪费的良好习惯。“厉行节约，反对浪费”不再只是柔性倡议，而是被纳入法律条文的明确要求。

2021 年 5 月 7 日上午，蒙牛旗下“真果粒”官方微博发文称，作为《青春有你 3》的赞助商，其完全支持并积极配合爱奇艺及节目组的整改措施。对于浪费牛奶饮品的行为，蒙牛表示坚决反对一切形式的食品浪费，并对于由此产生的不良社会影响道歉。

爱奇艺《青春有你》官方微博表示，对于此次“倒奶视频”所造成的影响，我们感到非常地内疚自责，在此，深深表达我们的歉意。同时，我们重申，坚决反对一切形式的食品浪费。

第三节　消费者的概念

案例 1-4　“职业打假人”王海是不是消费者？①

【案情介绍】

1995 年 2 月，22 岁的王海陪表弟来北京考试，正在函授学习法律的王海在逛书店时

① 《王海打假：唤醒消费维权意识》，载找法网：https://china.findlaw.cn/xfwq/dongtai/1070806.html，最后访问日期：2022 年 10 月 21 日。

翻看了一本新出台的《中华人民共和国消费者权益保护法》，其中有一条新的规定：经营者有欺诈行为的，应当加倍赔偿。专家在电视节目中也号召消费者利用法律向售假者索赔。

3 月 25 日，王海在北京隆福商业大厦电信商场，看中了一副包装精美、标价 85 元的日本索尼耳机。但王海发现这副耳机的合膜缝处有小毛刺，经过仔细查看，王海觉得这副耳机像是假货，但他又不能完全肯定这就是假货。到底要不要买呢？王海考虑了大约半小时后，掏出 170 元买了两副耳机，这是王海第一次购假索赔行动。

王海向索尼公司检验货物，索尼公司驻北京办事处答复王海，他买的两副耳机是假冒产品，因为索尼公司的耳机产品压根就没有这一型号，但他们拒绝给王海开具书面鉴定证明。随后王海找官方鉴定真伪，但相关部门相互推诿，其来回花销已经超过可能得到的赔偿额。王海一不做二不休，又到隆福大厦买了 10 副"索尼"耳机，并带着 12 副耳机和购物发票前往北京东城区工商局投诉，并要求按照新出台的《消费者权益保护法》进行赔偿。

由于前无判例，东城区工商局表示只能调解。隆福大厦给出的答复是：只退赔前 2 副耳机，后 10 副属于王海"知假买假"，更何况商场也不是故意卖假货，所以只退不赔，但他们又同意给王海支付 200 多元的补偿金。

在媒体的广泛关注下，王海最终拿到了 12 副假耳机的加倍赔偿款，并且一举成名。1995 年，王海成为中国保护消费基金会设立的"消费者打假奖"的第一位获得者；1997 年，《南方周末》称王海是"脚踏实地的爱国者"；1998 年克林顿夫妇访华，在上海举行的"构筑 21 世纪的中国"座谈会上，克林顿称王海为"中国消费者的保护者"；1999 年，王海出现在中央电视台二套节目"经济半小时"的"3·15"板块节目中，并担任央视经济频道嘉宾主持；2000 年，王海领导的大海商务顾问有限公司入选《新周刊》新锐企业排行榜。

当时，《中国消费者报》通过报道引发了广大民众对王海购假索赔之事的大讨论，《消费者权益保护法》起草专家之一何山力挺王海，他认为当今假货猖獗肆虐，就该鼓励消费者向贩假者开战，鼓励消费者购假索赔。但也有人说王海就是钻法律的空子为个人谋取私利。

王海知假买假、购假索赔也引起了社会的广泛关注和热烈讨论：王海到底是打假的时代英雄，还是刁民？是新型消费者，还是蓄意钻法律空子的逐利商人？之后这种现象甚至被称为"王海现象"。

【法律问题】

1. 什么是"消费者"？
2. 如何界定《消费者权益保护法》第 2 条中的"生活消费"？

【法理分析】

一、消费者的概念

根据《消费者权益保护法》第 2 条的规定，消费者是指为满足生活消费的需要而购买、使用商品或接受服务的自然人。该条实质上是《消费者权益保护法》的适用范围，并不是严格意义上对消费者概念的解释。目前，学界和实务界对消费者概念从不同角度有不同的解析：

1. 主张“表面惯常意思”，即为满足生活消费需要的买受人。

2. 公民有权依法行使购买商品的权利，不违法的购买者都是消费者。

3. 有的判决主张，消费者是与经营者相对应的概念，买受人只要没有再次经营和销售其所购产品，即构成《消费者权益保护法》第2条规定的消费者。

结合《消费者权益保护法》的立法目的，我们可以得出消费者应受到《消费者权益保护法》的倾向保护，而对非消费者则按照《民法典》进行平等保护。因此，消费者的特征包括：

(1)消费目的是为了生活消费而不是生产消费。

(2)消费行为可以是有偿的，也可以是无偿的。

(3)消费者的主体只能是个人，不包括法人、非法人单位。

二、如何界定“生活消费”

按照消费者的购买目的不同，可分为生产消费和生活消费。生产消费是为满足生产过程中物化劳动和活劳动消耗的需要。如企业的生产需要劳动力，需要厂房、土地和机器设备，需要原材料、水、电、汽等，这些都属于生产性消费；生活消费是指为满足个人生活的各种物质产品和精神产品的需要。如人们生活中对衣食住行等物质产品的需要，对文化、教育、艺术等精神生活的需要。

上述的区分是从文字和理论上进行的区分，但其实“生活消费”和“生产消费”的区分在实际生活中并不是这样泾渭分明、一清二楚的，不少情况下存在着既有“生活消费”的成分亦有“生产消费”因素的内容。例如，在我国存在着数以千万计的个体工商户和私营企业主，他们购买的汽车，许多就是既用于“生活消费”——上下班的代步、游玩，也用于生产经营的工具——洽谈业务、接送合作伙伴等；甚至购买一个电扇也会既用在卧室也放在办公室，等等。那么，这个车辆和电扇到底是属于“生活消费”还是“生产性消费”呢？在买卖双方对此发生纠纷的情况下，这就是一个必须回答而不能回避的问题。除此之外，有些并非是属于典型的“生活消费”，也非典型的“生产消费”行为，例如，某自然人购买了数量很大的某种物品，譬如钢笔500支，其本人说是收藏或者送礼，一旦价格上升，也可能用于出卖。如果说是“生活消费”好像不太实际，说是“生产性消费”又好像过于牵强，这又该如何认定呢？

笔者认为，一旦发生“生活消费”还是“生产消费”各执一词的情况，只要买卖合同成立时一方是自然人，另一方是经营者，应该在这一特定的案件中实行举证责任倒置，即在经营者不能举证证明自然人是“生产消费”的情况下，即应当认定为属于“生活消费”。

如前面讲到的某自然人购买500支钢笔的行为，在经营者没有证据证明购买人实施出卖行为或者其经营行为的，即应当认定为属于“生活消费”。在既存在“生活消费”也同时包含有“生产消费”的情况下，则要看哪一个方面是主要的，由该主要方面决定其性质。

如果“生活消费”是主要方面则认定为“生活消费”，反之，则认定为“生产消费”。例如，在一起惩罚性赔偿纠纷中，法官的办案思路是值得肯定的：在2020年2月初我国新冠肺炎疫情暴发之际，企业主范某购买防护口罩15000只，每只2.6元，卖方称口罩为防疫情用口罩。但范某收到的口罩却只是用于防灰尘、防风沙的日常生活用口罩，市场价格每只不过1元钱左右，经过医务人员认定，这批口罩起不到防疫作用。范某称(自认)，自己购买这批口罩除了少部分给自己的20余名员工和亲属朋友做疫情防护用之外，主要是用来捐赠的。范某还提供了在购买口罩之前和之后向社区等部门承诺捐赠口罩的证明，只是在得知口罩没有防疫作用后才没有进行捐赠。最后，在法官主持调解下双方达成了双倍赔偿的协议。这起案件中法官对“生活消费”以主要方面来认定的思路和做法是值得肯定的，是符合法律规定和法律的基本精神的。

三、对本案的分析

公民有权依法行使购买商品的权利，王海购买索尼耳机即是行使该项合法权利，而消费者是与经营者相对应的概念，王海作为个体自然人，只要没有再次经营和销售其所购产品，即构成《消费者权益保护法》第2条保护的消费者。本案中，北京隆福商业大厦电信商场销售假冒的索尼耳机，构成消费欺诈，王海作为消费者依据当时生效的《消费者权益保护法》第49条的规定获得赔偿是于法有据的，也是应该得到支持的。

案例1-5　单位是否属于《消费者权益保护法》中的消费者?①

【案情介绍】

2012年1月11日，安徽省黄山市黄山区金陵装饰有限公司(以下简称金陵公司)向黄山市黄山区卓远汽车销售服务有限公司(以下简称卓远公司)支付2万元定金订购一辆起亚牌K5小型轿车，订车单约定车价为15.78万元，以该车车型的出厂质量标注为交车时的验车标准。卓远公司接受订单后，于同年1月13日在扬州伯乐汽车销售服务有限公司(以下简称伯乐公司)购买了K5020119小型轿车一辆，价款14.78万元。伯乐公司将车辆送到安徽马鞍山市，卓远公司验收后开回黄山市。提车时，金陵公司支付了12万元，就余款1.78万元向卓远公司出具一张欠条。金陵公司提车时，里程表显示230公里。此后，金陵公司投了保险，支付保险费5802.80元，缴纳了1.41万元车辆购置税。同年2月25日，金陵公司在该车行驶到3581公里时，根据使用说明到4S店做免费首保时被告知根据车辆档案，该车已于同年1月3日在伯乐公司做了首保，当时已行使2213公里，客户为周某，现在是第二次保养。金陵公司支付保养费449元后与卓远公司交涉。双方就赔偿问题经消费者协会调解未果。金陵公司诉至法院请求退回汽车；被告返还购车款14万元及

① 《金陵装饰有限公司与卓远汽车销售服务有限公司等买卖合同纠纷案》，载黄山法院网：http://hszy.chinacourt.gov.cn/article/detail/2014/03/id/1222425.shtml，最后访问日期：2022年10月21日。

欠条并赔偿损失14万元，承担车辆购置税、保险费、保养费等。

卓远公司辩称：消费者应该是为个人的目的购买商品和接受服务的社会成员，金陵公司作为法人，不属于消费者的主体，不适用《消费者权益保护法》。卓远公司申请追加伯乐公司为被告。

一审判决：

安徽省黄山市黄山区人民法院经审理认为，我国《消费者权益保护法》没有明确规定消费者是指个人，实质上就包括个人和单位，只要是用于生活消费的，都属于消费者范畴。金陵公司是法人也可以适用《消费者权益保护法》。金陵公司作为消费者享有知悉其购买、使用的商品真实情况的权利，经营者应当向消费者提供商品的真实信息。卓远公司在交付车辆时并没有将车辆已经做过首保的事实如实告知，被告故意修改里程数诱使金陵公司陷入错误认识。卓远公司作为汽车销售商比作为消费者的金陵公司更应具备汽车专业知识和识别、检验技能，对自己销售的车辆有品质担保义务。伯乐公司对讼争之车在销售给卓远公司时，应该如实告知。金陵公司的交易目的是购买出厂后未经使用的新车，二被告的行为属于将出售过的车辆以旧充新。被告的行为误导金陵公司以较高的车款购买了以旧充新的车辆，构成欺诈。依照《合同法》(现为《民法典》债权编)及《消费者权益保护法》之规定，法院判决支持原告要求解除车辆买卖关系，退还涉案汽车；卓远公司向金陵公司返还购车款14万元及欠条并赔偿金陵公司支付的车辆购置税、保险费、保养费；伯乐公司赔偿金陵公司14万元，卓远公司承担连带责任。

伯乐公司不服原判，上诉认为，消费者应仅限于自然人，不包括单位，单位因消费而购买商品或接受服务应由《合同法》(现为《民法典》合同编)调整；原审适用法律错误。请求改判其不承担责任。

二审判决：

安徽省黄山市中级人民法院经审理认为，本案争议的焦点主要是：伯乐公司是否本案的责任主体、本案是否存在欺诈、本案能否适用《消费者权益保护法》。(1)关于责任主体问题。卓远公司从伯乐公司购买车辆，而后再将车辆出售给金陵公司。当事人之间存在两个买卖合同关系，金陵公司与伯乐公司并无合同关系。原审法院判决伯乐公司赔偿一倍车款有违合同相对性原理。(2)关于是否构成欺诈问题。《最高人民法院关于贯彻执行〈中华人民共和国民法通则〉若干问题的意见》第68条及《合同法》(现为《民法典》合同编)的规定，一方当事人故意告知对方虚假情况，或故意隐瞒真实情况，诱使对方当事人作出错误表示的，可以认定为欺诈行为。原审对欺诈的认定是正确的。鉴于金陵公司在庭审中明确表示是请求解除合同而非撤销合同，其基于合同目的不能实现而请求解除合同的请求可以支持。(3)关于法律适用问题。《消费者权益保护法》第2条规定："消费者为生活消费需要购买、使用商品或者接受服务，其权益受本法保护。"从该条规定看，"为生活消费需要"应仅限于自然人；法人或其他组织等单位，不应属于该法适用主体之列。二审法院改判撤销原审判决中伯乐公司赔偿14万元及卓远公司承担连带责任的判项。

【法律问题】

1. 单位是否属于《消费者权益保护法》中的消费者?
2. 法人或其他非法人组织等单位与经营者签订合同时受到欺诈如何适用法律?

【法理分析】

一、单位不是消费者

《消费者权益保护法》从1994年施行至今已近30年,由于历史的局限性和制定法本身的滞后性,《消费者权益保护法》中的许多原则性规定和立法空白难以适应新的司法实践的需要,且修改立法和制定相应的司法解释工作也未能及时跟进,致使消费者权益纠纷案件的审理中遇到了许多难点和疑点问题。

最首要的问题就是对消费者的界定问题。单位是否属于消费者?单位购买商品的行为是否受《消费者权益保护法》调整?法律没有明确的界定,学术界的认识也存在较大的分歧。多数学者倾向于消费者仅限于社会个体成员,反对将单位纳入该法调整,认为消费者是指"为自己和家庭生活消费目的而购买商品、接受服务的自然人"。少数学者赞同单位是消费者。

一些地方性法规也经历了修改的过程。如上海市、河南省等省市的条例原规定:"本条例所称消费者,是指为生活消费需要购买、使用商品或者接受服务的个人和单位。"但之后修改为:"消费者在本行政区域内为生活消费需要购买、使用商品或者接受服务,其合法权益受本条例保护。"该规定仍未明确界定消费者是自然人,但与原规定比对,实际已排除单位为消费者。

笔者认为,从对消费者权益给予特别法保护的角度考察,该法规定的消费者应仅限于自然人,不应包括单位(法人或者非法人组织)。

第一,从《消费者权益保护法》的立法宗旨看,其目的是保护现代消费社会中的弱者。个体社会成员处于消费关系中的弱者地位,消费者的范围应仅限于自然人。从域外立法的情况看,大多数也是强化对个人消费者的保护。

第二,从《消费者权益保护法》第2条规定的文义理解,"为生活消费需要"应仅限于自然人。单位是法律拟制的人,而非真正生物意义上的人。就生活消费而言,单位本身不能直接使用某种商品,不能直接地进行生活消费。

二、法人或其他非法人组织等单位与经营者签订合同时受到欺诈如何适用法律

现实生活中当然会存在单位在签订合同时上当受欺诈的情形,单位当然享有依法主张的相应权利,但并不是说只要是签订合同、有欺诈,就可以适用《消费者权益保护法》。从法律适用角度看,将单位排除在《消费者权益保护法》的适用范围之外,并不影响单位在购买商品、接受服务中权益受到侵害时依法主张权利。法人或其他非法人组织等单位可以依据《产品质量法》《民法典》等法律规定主张相应的违约责任、产品侵权责任等。

三、对本案的分析

本案中，金陵公司作为法人不是《消费者权益保护法》意义上的消费者，其依据该法第 49 条之规定要求按已付购车款的一倍赔偿其损失的请求不应予以支持。金陵公司可以依据双方当事人签订的合同中的违约责任条款，向对方主张承担相应的例如支付违约金、赔偿损失等违约责任。二审法院改判撤销原审判决的做法是正确的。

第二章　消费者的权利

第一节　安　全　权

案例 2-1　顾客洗浴中心滑倒，贵重祖传玉镯摔碎案①

【案情介绍】

孙女士前往某洗浴中心洗浴，手上戴着的一个价值 20 万元的玉镯是孙女士的祖父去世时留给她的遗物。进入该洗浴中心后，只见大堂有一块非常醒目的提示板，上面写着："到店洗浴客人的贵重物品，请放前台保管。"孙女士径直进入浴室，不料地板太滑，孙女士更衣时不慎滑倒摔成重伤，被紧急送往医院救治，其玉镯也被摔碎了。

后经查明，洗浴中心雇用的清洁工黄某清洁不彻底，地面湿滑，这才导致孙女士摔倒。事后，孙女士茶饭不思，痛苦不已，不仅因为自己摔成重伤，更是因为祖父遗物只此一件，无法复原。

【法律问题】

1. 消费者安全权的概念和体系是怎样的？
2. 什么是消费者的财产安全权？
3. 侵犯消费者安全权的主要表现形式有哪些？

【法理分析】

一、消费者安全权的概念和体系

安全权是法律赋予消费者权益保护的第一项权利，是消费生活中最重要、最基本的权利，消费安全也是消费者最关心的问题。保护公民的人身及财产不受侵犯是我国《宪法》规定的公民基本权利之一，《宪法》第 13 条规定："公民的合法的私有财产不受侵犯。国家依照法律规定保护公民的私有财产权和继承权。"同时，《民法典》总则编第 3 条规定：

---

① 《顾客洗浴中心摔倒将玉镯摔碎财产损害赔偿纠纷案》，载腾讯网：https://view.inews.qq.com/k/20210121A01S2900? web_channel=wap&openApp=false，最后访问日期：2022 年 10 月 22 日。

“民事主体的人身权利、财产权利以及其他合法权益受法律保护，任何组织或者个人不得侵犯。”消费者安全权是《宪法》和《民法典》等基本法对公民人身权和财产权保护在经济法方面的自然延伸。在消费的过程中，消费者有权要求经营者提供的产品或者服务是质量有保证、服务有保障的，绝对安全的。消费者的安全权在《消费者权益保护法》第 7 条作了明确规定。

根据文义解释，安全权既要求消费者消费的商品、服务是安全的，不能对消费者的人身、财产造成危害或者潜在威胁，也要求保障消费者在消费过程中的人身、财产安全，即消费过程和消费结果两个层面的安全。经营者为消费者提供的消费场所、服务设施、店堂装饰、商品陈列、网络环境等场所与设施应当符合保障人身、财产安全的要求；对可能危及消费者人身、财产安全的场所和设施条件，经营者应当以显著的方式设置安全使用说明、警示标识并采取必要的安全防护措施。经营者向消费者提供可能危及人身安全的惊险类娱乐服务的，应当具备保障消费者人身安全的技术条件、设施，建立严格的安全管理制度。消费者的人身、财产安全在经营者提供的场所和设施遇到危险或者不法侵害时，经营者应当给予及时、必要的救助。对于消费者而言，他们有权要求经营者提供的商品和服务，符合保护人身、财产安全的要求，消费者的安全权在内容上包括两个方面，即人身安全和财产安全，其中消费者的人身安全又分为生命安全权和健康安全权。

二、消费者的财产安全权

财产安全权是指消费者在消费的过程中享有财产利益免受侵害的权利，同时要求经营者提供的商品、服务应当符合财产安全的要求，不得对消费者的财产造成损害或者威胁。消费者的财产安全包括两个维度的安全，即交易标的物的安全和消费者拥有的其他财物的安全。一方面，在市场经济活动中，消费者购买、使用商品或者接受服务必须符合安全产品的相关标准，这是最低要求，发生缺陷、严重瑕疵等质量问题致使不能实现消费目的，也会给消费者造成财产损失。另一方面，消费者的拥有其他财产安全也应受到保障，不能因交易标的毁损祸及消费者其他的财产权益。同时，财产的损害应当作扩大解释，不仅是指商品的外观物理形态发生了毁损，有时也可以表现为价值的降低。

三、侵害消费者安全权的主要表现形式

1. 食品领域：添加有毒有害物质、出售过期变质食品。食品安全问题关乎每个人的生命和健康，必须引起各方的高度重视。然而一些不法经营者通常为了牟取非法利润，降低经营成本、改善商品口感、招揽顾客，在生产销售的食品中添加对消费者人身有毒有害的非食品原料、添加剂等，以次充好、以假乱真，侵害了消费者的人身安全，破坏了健康稳定的交易秩序，影响了消费者的消费体验和观念。例如，三鹿奶粉的三聚氰胺事件，普通白酒中加入工业酒精冒充“茅台”，用福尔马林泡毛肚、凤爪，出售变质、发霉的各种食物等，皆属此类，这些商品不仅不能满足人们的正常消费需要，反而会损害人们的健康，甚至可能发生致人死亡的严重后果。

2. 药品领域：制造销售假药、劣药。药品本来是为了治病救人的，但是，一些不法药商为了赚“黑心钱”，置病人的生命健康于不顾，以非药物冒充药物、以劣质药物冒充合格药物，病人服用后，根本不能对病情产生缓解和解除作用，反而延误疾病的治疗，加重了病情。更有甚者在假药中掺杂有毒有害的化学成分，病人不知情服用了假药、劣药，不仅耽误治病，而且会使病情进一步恶化，严重损害了病人这一特殊消费群体的人身安全。例如，长春长生公司问题疫苗事件等。

3. 出售过期变质的食品、药品。一些商店和药店为了降低经营成本，会将已经过期的食品、药品重新打印上新的生产日期，将部分变质的食品、药品进行混杂，作为正常商品出售，蒙骗消费者，大大降低了消费者的消费质量，致使消费者的消费行为不能达到预期的消费目的。

4. 日常用品及机电产品缺乏安全保障。日常用品以及一些机电产品都是人们生产生活的必需品，产品的安全保障不仅关乎一个企业的品牌声誉、在市场竞争中能否行稳致远，更关乎消费者的人身和财产的安全。如手机自燃爆炸伤人、洗衣机绞死幼童等侵犯消费者人身安全和财产利益的事件屡见不鲜，在一定程度上也会对消费者造成消费恐惧的心理。

5. 化妆品有毒有害。保护皮肤、毛发，维持仪容整洁，掩盖某些缺陷，美化面容，促进身心愉悦的日用品均属于化妆品。化妆品行业随着科技的进步和经济的发展也进入了发展的快车道，各种各样的化妆品纷纷进入人们的视野、满足社会大众的不同消费需要。化妆品的安全事故问题一直存在，质量问题也引起了社会的广泛关注。如有些生发水不仅没有生出头发，反而使原有的头发加速脱落；一些润肤膏不仅不能美容反而致人容貌毁损；还有些化妆品甚至含有致癌、致畸、致突变的有害物质。

6. 营业场所不安全。良好的消费环境和氛围在给消费者带来更好的消费体验的同时也能激发购买欲，产生更大的市场活力。经营者提供商品或者服务使用的经营场所应当保证安全，创造安全的消费环境，包括场所建筑设施的安全和商品摆放位置及方式的安全等。如大型商场“电梯吃人”事件时有发生、营业场所地面湿滑致客人跌倒摔伤引发纠纷等。

7. 服务方式不安全。由于经营者在提供服务时存在操作错误、行为失误等原因，导致消费者的人身、财产受到损害的后果，因此，根据归责原则，消费者有权让经营者承担损害赔偿责任。当然，在经营活动中，经营者作为专业人士在提供服务的过程中应当尽到高度的注意义务，主动防止酿成损害后果的发生，积极采取事后补救措施，避免损害结果的进一步扩大，减少人身损害和财产损失。

8. 第三人造成的伤害。近年来，在经营场所发生的第三人损害消费者权益案件日益增多，作为直接加害者的第三人是直接、主要责任人，但是并不能成为经营者绝对免责的事由。经营者应该承担保障消费者安全的义务；如果未尽到这一义务，未为消费者提供符合安全保障的经营场所和环境，一旦发生对消费者的侵权行为，消费者有权向经营者索赔，而经营者也应当依法承担相应的赔偿责任。

四、对本案的分析

洗浴中心已经尽到安全提示义务，孙女士对于自己财物的损坏是否有权主张赔偿？

本案中，为了保护进入洗浴中心的消费者的贵重财产，作为经营者洗浴中心制作的提示板放置在很醒目的位置，足以引起进入中心的每一个消费者关注，然而孙女士径自走进去，并没有按照洗浴中心的提示要求将自己的贵重物品放置前台保管是导致玉镯摔碎的关键因素，故孙女士对自己玉镯的损害存在一定的过错，应当对财产损失承担部分责任。孙女士也不能以违约为由要求洗浴中心承担违约责任，洗浴中心的提示牌是违约责任的免责事由，相当于正常的格式条款，消费者进入店中消费，说明已经接受了该条款所明示的义务。

但是，从侵权方面看，洗浴中心负有不可推卸的法律赔偿责任。洗浴中心虽然进行了提示，但因为清洁不彻底，导致孙女士摔倒，经营者的过错是导致孙女士人身和财产损害的直接原因。经营者并未尽到安全保障义务和高度注意义务，未保证经营场所的安全导致消费者遭受重大财产损失，应当承担侵权责任。安全保障义务规定在《民法典》第 1198 条，是指宾馆、商场、银行、车站、娱乐场所等公共场所的管理人或者群众性活动的组织者，所负有的在合理限度范围内保护他人人身和财产安全的义务。但《民法典》第 1173 条又规定，“被侵权人对同一损害的发生或者扩大有过错的，可以减轻侵权人的责任”。所以，应当适当减轻洗浴中心的责任。由于该贵重玉镯系祖传，意义特殊，无法进行复原，孙女士在主张财产损害赔偿同时，也可依据《民法典》第 1183 条“因故意或者重大过失侵害自然人具有人身意义的特定物造成严重精神损害的，被侵权人有权请求精神损害赔偿”的规定向洗浴中心主张一定的精神损害赔偿。

案例 2-2 周某诉上海贾永连接器有限公司生命权、健康权、身体权纠纷案①

【案情介绍】

2018 年 8 月 19 日晚，原告周某到“头号玩家 VR 虚拟现实游艺馆”体验 VR 游戏。体验前，原告周某明确告知被告上海贾永连接器有限公司(以下简称贾永公司)员工，这是其第一次体验 VR 游戏。然而，在整个游戏过程中，被告贾永公司并未告知原告周某注意事项，且除原告周某按门铃让被告贾永公司员工进场调换游戏场景外，被告贾永公司没有任何员工陪同。原告周某一再要求被告贾永公司派员工陪同，但被告贾永公司对此置之不理。后原告周某在游戏中因受到惊吓而摔倒受伤，遭受各项损失。因双方就赔偿事宜协商未果，原告周某提起诉讼。

---

① 《周某诉上海贾永连接器有限公司生命权、健康权、身体权纠纷案》，载 Alpha 法律检索平台：https://alphalawyer.cn/#/app/tool/excellentCase/detail/A4F3D764D37C46DBF54A8BE0BBC40A15?queryId=bd738f47722411edbd0f0c42a1121c94&focus=1，最后访问日期：2022 年 12 月 2 日。

周某的诉讼请求：

1. 被告贾永公司赔偿医疗费2602.70元、交通费356元、营养费180元、护理费450元、误工费615元、精神损害抚慰金5000元、后续治疗费1800元；

2. 被告贾永公司赔偿律师费5000元。

一审法院判决：

1. 驳回原告周某的全部诉讼请求；

2. 被告贾永公司于本判决生效之日起十日内补偿原告周某3783.70元。

二审法院判决：

1. 撤销上海市徐汇区人民法院(2019)沪0104民初2553号民事判决；

2. 被上诉人贾永公司应于本判决生效之日起十日内向上诉人周某赔偿款项共计4454.70元；

3. 驳回上诉人周某的一审其余诉讼请求；

【法院观点】

二审法院认为：第一，关于VR游戏的特性及其对经营者的要求。VR是借助特殊设备把人的意识带入一个由多种技术所生成的集视觉、听觉、触觉为一体的逼真虚拟环境中。沉浸性是VR最主要的特点，临境感是VR体验的核心。VR游戏中所显示的虚拟环境使玩家沉浸在计算机的虚拟世界中，玩家可以体验各种形式的恐怖、惊悚场景从而产生紧张情绪和行为。身处VR世界中，人的认知能力将不可避免地受到这种全新环境的影响，即玩家的身体和意识的原有连接已被打破，其自我认知、空间感、距离感和记忆受到虚拟世界的较大影响，导致其大脑对身体的控制必然受到较大影响，VR游戏较其在现实世界中玩游戏更加容易遭受人身损害。因此，玩家在体验VR游戏时需要经营者履行人身安全保障义务。第二，关于侵权责任的认定。被上诉人贾永公司在客观上未对上诉人周某履行人身安全保障义务，造成上诉人周某人身损害，被上诉人贾永公司不履行人身安全保障义务与上诉人周某遭受人身损害之间存在因果关系，且被上诉人贾永公司在主观上存在过错。因此，被上诉人贾永公司应当对上诉人周某遭受的人身损害承担不作为侵权责任。第三，关于赔偿项目及其金额的认定。根据法律及相关司法解释的规定，并结合现有证据，被上诉人贾永公司应当向上诉人周某赔偿医疗费2598.70元、交通费356元以及律师费1500元(共计金额4454.70元)，并向周某补偿医疗费、营养费、护理费以及误工费共计金额829元。需要指出的是，被上诉人贾永公司在一审期间自愿向上诉人周某补偿医疗费2602.70元、交通费356元。鉴于民法中的填平原则以及侵权法的补偿功能，上诉人周某就医疗费2602.70元和交通费356元不应当获得双倍填补。综上所述，上诉人周某的上诉请求部分成立。

【法律问题】

1. 消费者安全权的特点是什么？

2. 什么是消费者的人身安全权？

【法理分析】

一、消费者安全权的特点

我国消费者的安全权不受侵犯，与《宪法》和《民法典》中规定的不得侵害人身、财产权虽是一脉相通的，但在《消费者权益保护法》中，消费者的这项权利有其自身的鲜明特点：

1. 客体的广泛性。消费者的人身、财产安全等所具有的内容包括消费生活的任何领域，消费者安全权的权利客体包括一切购买、使用商品和接受服务的行为，只要是消费者为了满足生活需求而进行的任何消费行为都应当受到《消费者权益保护法》的保护。

2. 主体的特定性。对于消费者的九大权利(包括安全权)，《消费者权益保护法》适用的前提是主体必须是消费者，这一点不同于《宪法》规定的公民和《民法典》规定的民事主体。当然，这也是倾斜保护消费者的权益的应有之义。

3. 相对性。消费者权利的设定是针对经营者的义务而言，消费者依法享有安全权，对经营者来说赋予相对应的安全保障义务。离开经营者，消费者的安全权将无法主张。

4. 主动性。根据《消费者权益保护法》第 7 条规定，消费者的安全权不仅意味着只有人身、财产受到损害后果时才能主张，不只是被动的事后救济，也可以是主动的事先要求。

二、消费者的人身安全权

人身安全权是指消费者在消费的过程中生命和健康不受威胁、不受侵害，即保护自己的身体不受伤害的权利。消费者能够正常消费、充分行使其他权利，必须优先保障消费者的人身安全权。消费者的人身权与消费者一体化，是不可分离的。《消费者权益保护法》对消费者人身安全权的保护贯穿于交易的全过程和消费的各方面，是首要保护的权利对象，包括安全的产品提供、安全的消费环境、安全的售后保障等。

人身安全权是消费者生活的基础、是行使其他权利的前提和重要保障，对应的是《民法典》人格权编。当然，此处规定的消费者的人身安全权仅指物质性人格权，不包括人格尊严等精神性人格权。其中最重要的人身安全权是消费者的生命权，此外还包括消费者的身体权和健康权。

1. 生命安全权。消费者的生命安全权是指消费者的生命不受所消费商品、服务的危害和危害可能，以及消费过程中的生命安全。生命安全权是消费者最重要的安全权，也是消费者主张权利救济的基础。

2. 健康安全权。消费者的健康安全权是指消费者依法享有身体健康不受所消费商品、服务的危害和危害威胁的权利，以及消费过程中的消费者身体健康安全权。消费者的生命安全权与健康安全权同属于消费者人身安全权的子权利，相比之下，二者具有明显的位阶关系，生命安全权的位阶更高。

三、对本案的分析

VR(Virtual Reality，虚拟现实)这一颠覆性的人机交互技术已渗透到大众生活中的诸多领域，充分地展示了其广阔的发展前景和巨大价值。当VR技术扑面而来时，我们不仅应当关注如何进一步完善并利用这一技术设计更多的产品和服务，而且必须关注当VR玩家身体和意识的原有连接被打破对个体的心理和生理会产生怎样的影响，同时确保安全使用VR技术。

本案中，周某系体验VR游戏的消费者，而贾永公司是VR游戏体验馆的专业经营者，双方当事人之间在涉案人身损害事故发生时存在服务合同关系。贾永公司作为经营者对作为消费者周某负有法律规定的人身安全保障义务，就法律性质而言，人身安全保障义务属于贾永公司的作为义务。但是，贾永公司没有积极履行对周某的人身安全保障义务，即不作为。

首先，贾永公司没有提供充分证据证明其在周某体验VR游戏前确认过周某的身体状况并履行过安全告知义务。其次，贾永公司没有提供充分证据证明周某在体验VR游戏时，该公司员工全程陪同且与周某保持能够有效阻止危险发生的距离。又次，贾永公司提供录音证据主张周某系被其朋友推倒，但这恰恰表明贾永公司自认其在周某体验VR游戏时，未能及时有效地制止旁观的非体验者擅自进入体验区域。再次，从贾永公司提供的体验区域的照片来看，体验区域的地面是硬质的木地板，其上并未覆盖安全地垫。最后，尽管贾永公司表示VR游戏体验区域安装有摄像头，但其却无法提供当时的监控视频，而对此该公司只是解释说摄像头当时因发生故障而无法正常运行。因此，贾永公司对周某的加害行为系其不作为，即未积极采取措施排除潜在威胁周某人身安全的危险，应当承担不作为的侵权责任。

案例2-3　商场惊现“电梯吃人”案①

【案情介绍】

2015年7月26日上午，湖北荆州市安良百货公司手扶电梯发生事故，一名提举着幼儿的女子因电梯与楼面连接的迎宾踏板松动，被卷入电梯内。女子在遇险的一刹那，双手奋力向前，将幼小的儿子托举送出，旁人救下孩子，而她自己则在短短8秒内被电梯吞没，30岁的妈妈向女士最终不幸遇难。事发电梯口一段长约50秒的监控视频中显示，26日10时09分51秒左右，向女士和儿子童童乘电梯到七楼。在快到时，向女士提前提举起穿着短衣短裤的童童。10时10分11秒，电梯升到顶部，向女士从站立的梯级向前踏上电梯的迎宾踏板。电梯口站着两名身穿制服女工作人员，正在说着什么。突然，向女士

① 《荆州百货电梯案》，载中华人民共和国最高人民检察院：https://www.spp.gov.cn/llyj/201508/t20150808_102667.shtml，最后访问日期:2022年10月22日。

脚下的踏板松动发生翻转，向女士的双腿落入电梯内。可电梯仍在运转，向女士双手奋力向前托举递出孩子，电梯口的女工作人员将孩子接过，放到身后。两秒钟的手足无措之后，两名女工作人员上前拉住了向女士的双手。向女士也全力向前使劲，试图自救，但已经于事无补。10时10分19秒，在踏上松动踏板短短8秒之后，向女士已经不见了踪影。

【法律问题】

1. 经营场所的安全是指什么？
2. 经营场所安全权设定的法理基础是什么？

【法理分析】

一、经营场所的安全

《消费者权益保护法》第7条第1款规定了消费者在消费过程中享有人身、财产不受损害的权利，经营场所的安全是保证消费者消费过程安全权的重要环节。

经营者为消费者提供的消费场所、服务设施、店堂装饰、商品陈列、网络环境等场所与设施应当符合保障人身、财产安全的要求；对可能危及消费者人身、财产安全的场所和设施条件，经营者应当以显著的方式设置安全使用说明、警示标识并采取必要的安全防护措施。经营者向消费者提供可能危及人身安全的惊险类娱乐服务的，应当具备保障消费者人身安全的技术条件、设施，建立严格的安全管理制度。消费者的人身、财产安全在经营者提供的场所和设施遇到危险或者不法侵害时，经营者应当给予及时、必要的救助。

二、经营场所安全权设定的法理基础

经营者所从事的是能够获得收益的营利性活动，尽管有部分消费者在挑选商品或服务时，可能因为不能达到消费预期，最终并不一定会作出消费决定，有可能不支付费用而只是参观甚至路过，但是消费者作为一个群体必然是经营者获得收益的来源，经营者得到了收益就应当承担相应的风险，保障其经营场所的安全。法律不仅注重消费者和经营者的形式平等，更加注重二者的实质平等，因此法律特别规定经营者应当保障消费者的安全权。因为消费者相对于经营者，无论是在发现危险还是防御损害方面都处于相对弱势的地位，经营者则更加了解服务设施、设备的性能、熟悉相应的管理法律、法规的要求，具有更专业的知识和更强大的力量。由经营者承担安全保障义务，易于采取措施对潜在的危险进行排除，增强经营场所的安全性。

1. 法律公平正义的体现。通过法律的规定以合法的方式保护受害人的利益，使经营者承担违反安全保障义务的责任是利益再分配的结果，是法律分配正义理念的体现。正是由于信息不对称问题的存在，才使得消费者在市场交易活动中的劣势地位凸显，特别是在当今经济发展，经营者的实力不断壮大，消费者的权利更容易受到侵害，在消费过程中，经营场所发生危险的可能性也更大，法律赋予消费者在经营场所的安全权，是为了实现实

质公平，充分彰显法律的公平和正义。

2. 民法诚实信用原则的运用。诚信原则要求人们在市场活动中讲究信用、遵守诺言，在不损害他人权益和社会利益的前提下追求自己的合法利益的最大化。在市场经济活动中，经营者与消费者之间建立了交易关系之后，双方利益的结合使彼此之间产生了正当的信赖，信赖关系使强者产生了避免弱者遭受损害发生的义务。设置经营者对经营场所承担安全保障义务的主要目的，就是在于对进入该场所的人提供闲适的环境和充分交易的安全感，增加对经营者的信赖。

三、对本案的分析

如果商场未尽到安全保障义务导致事件发生，对消费者的生命权应承担侵权责任。商场作为营业场所，人流量较大，根据《侵权责任法》的相关规定(现规定于《民法典》侵权责任编)，商场作为安保义务人，应当对商场的各类设施负有安全保障义务，若未积极履行该项义务，造成他人损害的，应当承担侵权责任。

本案中，向女士带着儿子逛商场时遭遇电梯踏板凹陷，可以认定向女士具备消费者的身份，同时应当认定这是在消费过程中发生的安全事故，适用《消费者权益保护法》第 7 条的规制。商场里的电梯属于为消费者的购物活动配套的附加服务设施，如果电梯部分或整体脱落、坠落致人损害发生的“吃人事件”，商场应当对消费者的人身安全承担相应的法律责任。

如果电梯的质量存在缺陷，电梯的生产者、销售者也是本案的被告，应当承担不真正连带责任。《侵权责任法》(现规定于《民法典》侵权责任编)关于产品责任的规定，因产品存在缺陷致人损害的，生产者应当承担赔偿责任。生产者是天然的责任主体，当然受侵害一方也可以向销售者主张权利，销售者在整个交易过程中不存在过错的，在承担赔偿责任后可以依法向生产者追偿。《产品质量法》第 41 条第 1 款规定：“因产品存在缺陷造成人身、缺陷产品以外的其他财产损害的，生产者应当承担赔偿责任。”第 42 条规定：“由于销售者的过错使产品存在缺陷，造成人身、他人财产损害的，销售者应当承担赔偿责任。销售者不能指明缺陷产品的生产者也不能指明缺陷产品的供货者的，销售者应当承担赔偿责任。”第 43 条规定：“因产品存在缺陷造成人身、他人财产损害的，受害人可以向产品的生产者要求赔偿，也可以向产品的销售者要求赔偿。属于产品的生产者的责任，产品的销售者赔偿的，产品的销售者有权向产品的生产者追偿。属于产品的销售者的责任，产品的生产者赔偿的，产品的生产者有权向产品的销售者追偿。”《消费者权益保护法》第 40 条规定：“消费者在购买、使用商品时，其合法权益受到损害的，可以向销售者要求赔偿。销售者赔偿后，属于生产者的责任或者属于向销售者提供商品的其他销售者的责任的，销售者有权向生产者或者其他销售者追偿。消费者或者其他受害人因商品缺陷造成人身、财产损害的，可以向销售者要求赔偿，也可以向生产者要求赔偿。属于生产者责任的，销售者赔偿后，有权向生产者追偿。属于销售者责任的，生产者赔偿后，有权向销售者追偿。消费者在接受服务时，其合法权益受到损害的，可以向服务者要求赔偿。”

第二节 知 情 权

案例 2-4 38 元一份变 38 元一只，不规范标价“青岛天价大虾”案①

【案情介绍】

2015 年 10 月 4 日，南京的朱先生和四川的肖先生赴青岛旅游，在青岛市乐陵路 92 号的“善德活海鲜烧烤家常菜”吃饭时遇到宰客事件。菜单上面标价的海捕大虾 38 元，旁边并没有标明计价方式是“按个”还是“按份”，结账时老板按 38 元一只收费，一盘虾共计 1500 余元。当肖先生对消费账单产生疑惑后，店家出示了价目表，店家在价目表的最下方非常不明显的位置用很小的字体备注“以上海鲜单个计价”的字样。

朱先生和肖先生打了 110 报警电话。民警来了之后就说这事不归他们管，价格方面的问题应该由物价部门进行管理，要求他们拨打物价局电话进行反映。物价局的人又说当时是晚上，暂时处理不了，只能等到第二天才能进行处理。

民警的离开让店老板更加得意，坚持少一分都不行，非得让朱先生支付 2175 元，让肖先生支付 1338 元钱，甚至还说起了风凉话。为了防止客人逃跑，烧烤店老板一边用棍子恐吓朱先生和肖先生，一边指使手下的人打 110 报警，理由是“有人吃了霸王餐，不给钱想逃跑”。之后，民警把他俩及烧烤店老板一起带回了派出所。经过协商，肖先生和朱先生分别给了烧烤店老板 800 元和 2000 元的餐费，之后才得以脱身离开。

【法律问题】

1. 什么是消费者的知情权？
2. 餐饮服务合同成立、生效的时间分别是什么？

【法理分析】

一、消费者的知情权

从对商品信息的把握程度来看，消费者相较于经营者来说毫无疑问处于劣势地位的，因此，消费者知情权的确立与保护显得尤为重要。现代市场经济的高速发展，消费者与经营者之间“信息不对称”问题日益严重，消费者在消费的过程中获取的商品信息大多来自经营者，作为理性的经济人，经营者具有极强的信息选择性，往往更倾向于提供对自己有利的信息，从而使消费者无法获取到真正有价值的信息。《消费者权益保护法》给予消费

① 《青岛大虾天价案》，载青岛新闻网：https://news.qingdaonews.com/wap/2015-10/07/content_11291259.htm，最后访问日期：2022 年 10 月 22 日。

者的倾斜保护，专门赋予消费者的知情权，强制性要求经营者履行告知义务，实现实质平等。消费者在购买、使用商品或者接受服务时，有权对商品、服务的性质、内容等真实情况进行全面和充分的了解。消费者的知情权是购买、使用商品或接受服务的前提，直接决定了消费者的安全权、选择权等权利的实现。

消费者的知情权是一项程序性的权利，不直接对消费者的人身、财产利益产生影响。发源于民法中的诚实信用原则是市场经济中交易双方必须遵守的基本准则，是《民法典》的“帝王条款”，要求交易者意思表示真实，不隐瞒有关交易情况，不做虚假的意思表示，应当增加交易的透明度和可信度，营造公开透明、健康稳定的市场经济环境，切实保障处于弱势地位的消费者的知情权。然而在实践中，经营者为了谋取更高的经济利润，尽快达成交易合意、实现交易目的，刻意隐瞒、虚假宣传，误导消费者，使消费者在难辨真伪的情况下作出错误的选择。如有的广告使用超乎寻常的溢美之词，夸大商品的品质、性能、功效等，消费者根据广告的宣传所买的实际商品与广告的宣传完全是两回事。经营者未按照法律、法规规定的方式表明商品或者服务的真实情况，对消费者的询问未进行耐心细致的回答，也侵犯了消费者的知情权。消费者知情权的设立是充分考虑到消费者在市场经济活动中处于弱势地位，体现了对消费者的特殊保护，其目的是实现实质公平。消费者知情权包括知悉真情权和询问真情权。

1. 知悉真情权。知悉真情权，是法律对于信息“真实性”的要求，法律赋予消费者知情权，是矫正信息不对称、平衡交易双方利益的重要手段，信息只有真实可靠，才能对消费者提供有益的保护，才不至于误导消费者。当然，笔者认为，消费者享有知悉购买、使用商品和接受服务真实情况的权利，并不意味着需要知悉商品全部真实信息，而是指影响交易双方合同目的实现的、与消费目的具有较大关联性的合同标的物的真实信息，如果经营者误导消费者在不知情情况下作出意思表示的，经营者的此种行为可能构成欺诈。

2. 询问真情权。询问真情权，消费者有权对商品或者服务的质量、使用方法等提出询问，经营者应当作真实、明确的答复，便于消费者了解商品、服务。概括地讲，对于商品，消费者有权要求经营者提供商品的价格、产地、生产者、用途、性能、规格、等级、主要成分、生产日期、有效期限、检验合格证明、使用方法说明书、售后服务等有关情况；对于服务，消费者有权要求经营者提供服务的内容、规格、费用等有关情况。

法律要求经营者在市场交易过程中主动披露交易的关键性信息，由于商品和服务的种类不同，消费者对此所要了解的侧重点也不同，而且由于消费者自身的消费知识结构不同，各自要了解的问题也不一样，这就会带来消费主体知情权的差异性。基于消费者的个体性差异，共性化的信息不足以满足所有消费者的消费需求。因此，消费者针对个人的需要也享有询问、了解商品或者服务具体情况的权利。

二、餐饮服务合同成立、生效的时间

对于餐饮服务合同的成立、生效时间，应当先认定店家提供的有瑕疵的菜单价目表属于要约还是要约邀请。要约是指一方当事人以缔结合同为目的向对方当事人所作的意思表示；要约邀请是指希望对方向自己发出要约的意思表示。菜单价目表在法律性质上属于经营者向消费者发出的要约邀请，消费者的点餐行为属于要约，店家按照顾客点的菜品去制做的行为属于承诺，这是正常的流程。然而，本案富有争议的地方就是双方是否在点餐、用餐时达成合意，由于作为消费者的朱先生和肖先生在点餐时并没有清楚地知悉菜单的最下方标注的字样“以上海鲜均按个计价”，也没有主动询问计量方式，所以按照消费者的一般认识能力和通常理解，应该是“38 元一份”。作为经营者的店家认为在菜单价目表上已经标注了海鲜单个计价的计量方式，并且在最终结账时也是按照单个计价的方式收费，所以顾客与店家之间并没有达成合意，用餐的标的物(海虾)的计价方式是本案餐饮服务合同的主要条款，双方对主要条款的认知存在误解未达成一致，合同并没有成立。在顾客就餐完后，店家要求按个计价收费的行为在法律上属于新的要约，受要约人对要约的内容作出了实质性变更的为新的要约。此时，店家强制按个计价收费属于强迫交易，违背了《合同法》(现为《民法典》债权编)不得强制缔约的规定。

三、对本案的分析

本案中，店家提供了菜单价目表，这一行为虽然履行了告知义务，但没有履行明确的、完全的告知义务，商品的计价方式属于交易的关键信息，因此告知内容必须清楚、告知方式必须得当。作为经营者在提供给顾客的菜单上面有“海捕大虾 30 元”的标价，但是并没有在价格的旁边或者足以引起消费者注意的明显区域标识清晰的计量单位，只是在消费者极其容易忽视的价目表最下方用小体字标注“按个计量”，致使消费者误以为是 38 元一份。很明显地可以看出，经营者主观有隐瞒出售大虾实际价格、计量方式等真实情况的故意，并且希望消费者产生模糊认识并作出错误的消费决定，实际上也达到了经营者的预期目的，这种做法严重违反了《消费者权益保护法》第 8 条的规定，侵犯了消费者的知悉真情权。店家也不能因为肖先生在点餐之前没有询问海虾的计量方式为由予以抗辩，因为在餐饮服务合同关系中合同的标的物(本案的大虾)的计量方式直接影响合同的订立、履行等，属于经营者应当事先主动告知的事由，不能苛求消费者过度谨慎、主动询问。

此外，店家的菜单价目表设计也违反了我国《价格法》关于经营者应当明码标价的要求，并且涉嫌价格欺诈。《价格法》第 13 条规定：“经营者销售、收购商品和提供服务，应当按照政府价格主管部门的规定明码标价，注明商品的品名、产地、规格、等级、计价单位、价格或者服务的项目、收费标准等有关情况。”第 14 条第 4 项规定：“利用虚假的或者使人误解的价格手段，诱骗消费者或者其他经营者与其进行交易。”我国《民法典》第 7 条也规定：“民事主体从事民事活动，应当遵循诚信原则，秉持诚实，恪守承诺。”一方当事人不得实施欺诈行为，损害对方当事人的正当合法利益。

案例 2-5　邓某华诉上海永达鑫悦汽车服务有限公司买卖合同纠纷案①

【案情介绍】

2016 年 8 月 30 日，邓某华在上海永达鑫悦汽车销售公司永达一汽大众申江店选购车辆，当天支付定金 5000 元订购了一辆车身颜色为极地白的大众轿车(以下称系争车辆)，该车辆总价款 250000 元。9 月 27 日，被告通知原告新车已到可以办理付款手续，原告当日付款并由被告关联公司为原告办理车贷、保险等手续。10 月 2 日，被告通知原告提车。嗣后十天左右，原告回原籍缴纳购置税及上牌，系争车辆于高速公路行驶时发现方向盘有抖动现象。10 月中旬，原告前去永达一汽大众申江店做了 1500 公里检测及动力平衡。之后几天又发现系争车辆在行驶中有车轮跑偏、方向盘往右偏的现象，故又至永达一汽大众申江店反映情况，在本次维修中原告却发现系争车辆在 2016 年 9 月 12 日已有过维修记录，车辆做过“拆装后保、后保整喷”。邓某华认为该公司在销售商品过程中，以次充好，隐瞒商品未交付即被使用、维修的记录，侵犯了其作为消费者的知情权，已构成欺诈。因此要求被告退还原告购车款人民币 250000 元，并赔偿损失 750000 元。

一审法院判决驳回原告邓某华的诉讼请求。

二审法院判决：

1. 撤销一审法院的民事判决；

2. 撤销邓某华与上海永达鑫悦汽车销售服务有限公司之间达成的车辆买卖合同；

3. 上海永达鑫悦汽车销售服务有限公司应于本判决生效之日起十日内返还邓某华购车款人民币 250000 元；

4. 邓某华应于本判决生效之日起十日内将所购汽车返还上海永达鑫悦汽车销售服务有限公司；

5. 上海永达鑫悦汽车销售服务有限公司应于本判决生效之日起十日内赔偿邓某华损失人民币 750000 元。

【法院观点】

一、一审法院观点

一审法院认为，消费者的合法权益受法律保护，消费者享有知悉其购买、使用的商品或者接受服务的真实情况的权利。本案中，双方当事人对于系争车辆于交付前有过维修记录，且交付后亦进行过维修的事实不存在争议，本案争议焦点在于永达公司是否隐瞒系争车辆未交付即被使用、维修的事实，侵犯邓某华作为消费者的知情权，构成欺诈。永达公

① 《邓某华诉上海永达鑫悦汽车服务有限公司买卖合同纠纷案》，载中国裁判文书网：https://wenshu.court.gov.cn/website/wenshu/181107ANFZ0BXSK4/index.html? docId = 6XjNV7Lw8PO8N2RUUqtaqKmNnZF2Amc1 + YeAJTq98FYsq2hTnCzMV2I3IS1ZgB82AehWjHo + h0nYd9mjQUtppm/lhoxgTCMNKIdP/6Vj75bgPA4dHEWO1APd+6Xg2esR，最后访问日期:2022 年 10 月 22 日。

司辩称，2016 年 9 月 12 日的维修记录系在根据厂方要求为系争车辆做售前检查(PDI)时发现车辆后保险杠部位有轻微的外观瑕疵，对车辆进行的售前修复。结合一审法院向案外人 A 公司调查核实的情况，一审法院认为永达公司的辩称具有一定的合理性，予以采信。系争车辆于交付后的两次修理，也系车辆使用人故障描述后进行的常规检查，不能据此证明系争车辆存在重大质量问题。综上所述，根据现有证据及查明事实，无法认定永达公司的销售行为构成欺诈。

应当指出的是，永达公司确实在履行合同中存在瑕疵，未将完整电脑系统维修记录告知邓某华，以致邓某华产生合理怀疑。但邓某华现主张永达公司按《消费者权益保护法》规定退一赔三，并要求永达公司赔偿其车辆购置税、保险费、代办保险服务费、上牌报备费、贷款服务费、车辆装饰费等费用，无事实和法律依据，法院不予支持。

二、二审法院观点

本院认为，本案的争议焦点为永达公司是否隐瞒系争车辆未交付即被维修或使用的事实，是否构成对消费者的欺诈，是否须承担退款、赔偿相关损失及三倍价款惩罚性赔偿的责任。

所谓欺诈是指一方当事人故意告知对方虚假情况，或者故意隐瞒真实情况，诱使对方当事人作出错误意思表示的行为。欺诈可以是积极作为，告知虚假情况，也可以是单纯的不作为(沉默)，隐瞒真实情况。永达鑫悦公司未告知系争车辆发生瑕疵并实施“拆装后保、后保整喷”的维修行为侵犯了邓某华作为消费者的知情权。

永达鑫悦公司未履行告知义务，侵犯了邓某华作为消费者的选择权，使其陷入错误认识，属于故意隐瞒真实情况，构成欺诈，须承担车辆三倍价款的惩罚性赔偿责任。

【法律问题】

1. 侵犯消费者知情权就一定是消费欺诈吗？
2. 常见的侵犯消费者知情权行为有哪些？

【法理分析】

一、侵犯消费者知情权与消费欺诈的界定

消费欺诈一定侵犯了消费者的知情权，但侵犯消费者知情权不一定构成消费欺诈，有时二者之间的界限比较模糊，在司法实践中准确认定二者之间关系给实务工作者带来了很大的挑战。笔者认为，只有准确界定消费者知情权与消费欺诈，才能不偏不倚地支持消费者的合理诉求，保护其正当权利。区分侵犯消费者知情权与消费欺诈主要从以下两个方面着手：(1)主观层面。对于侵犯消费者知情权的主观层面并没有故意和过失的区分，有可能是经营者疏忽大意没有履行告知义务，也可能是经营者故意告知虚假信息或者故意隐瞒真实信息，导致一般消费者对商品、服务产生错误认识作出非真实意思表示。然而，消费欺诈往往是经营者故意为之，即存在欺诈故意，经营者明知自己告知虚假情况或者隐瞒真实情况会使消费者陷入错误认识、产生错误抉择，仍然希望、放任结果的发生。(2)客观

层面。通过所涉及的信息对消费者的人身、财产利益的影响程度不同，界定经营者的行为是否构成对消费者知情权的侵犯，进而是否构成对消费者的欺诈。若经营者未告知消费者的内容系主要功能、性质等直接影响产品正常使用的核心信息，构成消费欺诈。相反，如果经营者未告知的事项只是案涉商品或服务的辅助性、次要性的信息，即使消费者不知情，也不影响主要消费目的的实现，给消费者造成的损失较小则只构成侵犯消费者的知情权，根据损害程度给予一定的经济补偿。

二、侵害消费者知情权的现象

信息不对称破坏了交易双方的平等地位，使消费者处于弱者地位，经营者在交易中往往采取机会主义的态度，用不诚实甚至非法的手段隐藏信息或虚假宣传，误导消费者，从而恶化了双方的信息不对称，引发道德危机、不利选择和信息失灵，损害消费者的权益。实践中，消费者知情权被侵害具体表现在以下几个方面：

1. 经营者不依法标明商品或者服务的真实情况。例如未明码标价。

2. 经营者对消费者的询问置之不理或者不做明确答复。不同的消费者对同一商品或者服务，有着不同的消费困惑，有的经营者对此冷嘲热讽，有的置之不理。

3. 消费欺诈行为。经营者在提供商品或服务的过程中，采用虚假或者不正当的手段欺骗、误导消费者。

4. 商品情况标示存在问题。有的商品标示不全，存在指示上的缺陷，例如未注明产品成分、生产日期等。

5. 误导性广告。随着电视、网络购物的兴起，误导性广告逐渐增多。例如广告中含有不科学的断言和保证，利用患者的名义和形象做功效证明等内容，严重欺骗和误导消费者。

三、对本案的分析

本案中，邓某华因个人生活需要购买车辆，且永达公司没有证据证明邓某华购买车辆系用于经营或其他非生活消费的情况，应认定邓某华购买车辆的行为属于生活消费。本案中的争议焦点问题是汽车交付之前的维修(案涉车辆的拆装后保、后保整喷)能否归于汽车 PDI 检测的范围，进而达到经营者主张免责的目的；相关 PDI 维修的内容是否属于消费者知情权的范围。一审法院和二审法院分别作出了截然不同的判决，对此，笔者认同二审法院的观点。汽车作为技术含量较高、工艺复杂的商品，不能以行业惯例掩盖自己应尽的说明告知义务，更不能以此对抗消费者的知情权。消费者群体是广泛的社会大众，认知水平和认知能力的有限性导致对商品的结构、性能等专业知识不能有全面的、准确的认识，此时，就需要经营者作出更加详细的提示说明，特别是对影响消费者消费决定和消费体验的商品信息，必须毫不保留地予以告知。案涉车辆交付之前的维修不可以简单地理解为正常的维护，这会肆意扩大 PDI 检测的适用范围。根据原告的诉讼请求，法院在侵犯消费者知情权的基础上认定为消费欺诈，支持了原告邓某华三倍价款的惩罚性赔偿。

对于商品的信息，经营者并没有全面的告知义务，并不意味着涉及 PDI 检测范围的信息消费者丧失知情权。从消费者的弱势地位、消费过程信息不对称的角度出发，消费者买了新车到手的却是经过维修处理的车辆，汽车销售公司没有告知消费者车辆维修情况的行为，显然使消费者的知情权受到了侵犯。并且本案中案涉车辆的维修涉及车轮跑偏等关系产品主要功能的核心部件的关键性信息，经营者对其进行刻意隐瞒，应当认定消费欺诈。

案例 2-6　盲盒消费，抽中概率不明确侵犯消费者知情权案①

【案情介绍】

拆开盒子前，永远不知道自己会“拆”到什么，盲盒带来的这种不确定性与“期待感”让很多中小学生乃至年轻人欲罢不能。2020 年 10 月，一位家长在接受媒体采访时表示，其刚上高中的女儿买了很多盲盒，主要就是为了抽中一个“隐藏款”在同学面前显摆，每年的 5000 多元压岁钱和零花钱几乎全部用于购买盲盒，但是玩了两年多却一个系列也没集齐。

某经营者在 2019 年“双十一”时推出了“新品优享礼包”盲盒产品，广告宣称每月会给玩家发一个当月新款盲盒以及一套当月明信片，连续发 12 个月。但在 2020 年 1 月，消费者收到的却不是新品，而是 2019 年 12 月预售过的旧款。很多玩家认为这与当初广告宣传不一致，涉嫌欺骗消费者，引发了消费者群体投诉。

2020 年 12 月，消费者阮先生向深圳市福田区消委会投诉称，其 11 月花 9.9 元在网上购买了一只盲盒，盲盒里是一个 U 形枕。但是阮先生仅使用了 20 天，U 形枕就出现了脱线的问题，阮先生在查找经营者信息的时候发现该 U 形枕是“三无”产品。

【法律问题】

1. 什么是消费者知情权的全面性？
2. 消费者知情权的实现方式有哪些？

【法理分析】

一、消费者知情权的全面性

消费者知情权的全面性是指影响消费者作出消费选择与判断的有关信息，消费者都有权知悉。当然，消费者知情权的范围不限于法律的列举式规定，但也不是无穷无尽的，全面不代表全部，与消费者消费决定无关的信息，以及属于经营者受法律保护的商业秘密的相关信息等，不属于消费者知情权的范畴。

二、消费者知情权的实现方式

1. 政府直接提供及公益性社会团体披露信息是实现消费者知情权的方式之一，政府

---

① 《盲盒消费侵犯消费者知情权案》，载中国消费者协会：https://www.cca.org.cn/jmxf/detail/29916.html，最后访问日期：2022 年 10 月 22 日。

与公益性社会团体对信息的直接提供能使消费者获得市场所不能提供的信息，是消费者实现知情权的主要方式之一，也是国家与社会适度干预原则的具体体现。政府与公益性社会团体向消费者提供信息的最大优势在于它们具有一般个体消费者所不具有的能力去获取被经营者掩盖的真实信息，并向社会公布。

2. 消费者自己主动收集信息。消费者主动收集、了解信息，这有利于激励消费者运用自身的力量去改变信息劣势，有利于提高消费者的自我保护意识。消费者本人应是其自己利益的最好维护者。当然消费者主动搜寻有关信息是消费者实现其知情权的一种方式但不应是主要的方式，同时消费者主动搜集信息也要注意不能侵犯经营者的技术秘密、商业秘密和个人隐私。

3. 经营者自愿披露相关消费信息。在市场竞争的体制下经营者为了在市场竞争中处于更有力的位置，使自己的商品或服务能为广大的消费者所接受，以便使自己的企业能够生存与发展下去，会越来越多地在法律规则或交易规则之外自行披露一定量的信息。

三、对本案的分析

本案中，盲盒“隐藏款”概率问题可能存在一定程度侵犯消费者的知情权。很多盲盒是由普通款和隐藏款组成，消费者是否能够获得隐藏款是随机发生的，因此消费者的购买对象实质上包括盲盒产品本身和获得隐藏款的概率。然而大部分销售盲盒企业并没有在明显位置标示隐藏款抽取的概率，即便部分销售盲盒企业明示隐藏款抽取概率，但由于这种营销模式的固有特征，导致广大消费者甚至行政监管部门也缺乏验证抽中概率的能力。尽管盲盒销售中关于产品的款式等存在一定的保密性，但关系产品质量和服务的信息，如产地、成分、生产日期、保质期、使用存储条件、安全警示、价格、“三包”等均应当充分告知，保证真实全面的信息披露，不得作出虚假、夸大或者引人误解的宣传，应使盲盒内在物品的商品价值、出现概率、分布方式等关键信息真实透明，保障消费者的知情权，确保消费者知情选择。盲盒的基本属性是商品，无论盲盒是按照正品销售还是附属品销售，盲盒本身都是商品，经营者都必须承担法定的质量担保责任。

盲盒市场抓住了消费者的好奇心，发展速度快，然而盲盒“隐藏款”的稀缺性可能诱发“投机陷阱”和“炒盒产业链”。二手电商平台中不乏一些数千元甚至上万元的盲盒隐藏款。某销售盲盒头部企业也曾曝出门店店员私拆盲盒二次销售。更有甚者，有的销售盲盒企业直接参与二手市场买卖，属于为市场提供即时性和流动性的做市商行为。销售盲盒企业参与二级市场行使价格操纵行为，不仅破坏了二级市场盲盒产品价格的形成机制，同时也会破坏了统一经营的定价策略。经营者上述行为违反了《消费者权益保护法》第 8 条的相关规定，直接侵害了消费者的知情权、间接性侵犯了消费者的自主选择权；同时，也违反了《电子商务法》第 17 条的规定：“电子商务经营者应当全面、真实、准确、及时地披露商品或者服务信息，保障消费者的知情权和选择权。电子商务经营者不得以虚构交易、编造用户评价等方式进行虚假或者引人误解的商业宣传，欺骗、误导消费者。”

案例 2-7　购买"凶宅"案①

【案情介绍】

2020 年 5 月，原告蒋某经中介某公司介绍，向被告张某购买广州市白云区某小区房屋，双方签订的《房屋买卖合同》约定房屋总价为 363 万元，定金 20 万元，中介费由蒋某承担。

次日，蒋某向张某支付定金 20 万元、向某公司支付中介费 6 万元。之后，蒋某发现涉案房屋曾发生凶杀案，要求终止履行合同并退还定金 20 万元，张某不同意，故蒋某诉至人民法院。

一审法院白云区人民法院判决：

白云法院一审判决解除双方签订的《房屋买卖合同》，被告张某向原告蒋某返还定金 20 万元、赔偿中介费损失 6 万元。

二审法院广州市中级人民法院判决，驳回上诉，维持原判。

【法院观点】

根据法院调取的刑事案件部分档案中的现场勘验笔录可知，涉案房屋在凶杀案发生时与相邻的 201 房打通为一套六室两厅的房屋，据此可以认定涉案房屋发生过非正常死亡的重大刑事案件。即使涉案房屋与相邻的 201 房在出售时已被恢复物理间隔，但不影响涉案房屋曾发生过非正常死亡的重大刑事案件的事实存在。

原告主张被告出售的涉案房屋存在质量瑕疵，要求解除《房屋买卖合同》。本案中，房屋的质量除房屋的主体建筑、装修等客观质量外，还包括房屋是否便于生活居住使用等交易价值，对交易价值之瑕疵的救济应与质量之瑕疵作同一处理，可类推适用质量之瑕疵的规定。

中华民族传统习俗中存在追求喜庆吉祥、忌讳死亡和趋利避害的心理，这并非封建迷信的范畴，而是社会传统遗留下来的一种善良无害的风俗。根据我国传统的民风民俗及公众的一般心理，房屋内发生过非正常死亡事件，将导致普通民众在正常交易情形下通常不愿购买该房屋。根据《合同法》(现为《民法典》债权编)相关规定和前述分析，涉案房屋发生过非正常死亡的重大刑事案件，属于标的物质量不符合质量要求，原告可要求解除合同。

合同解除后，被告应返还定金 20 万元给原告。因被告交付的涉案房屋存在质量问题，故原告要求被告赔偿中介费损失 6 万元合法合理。

【法律问题】

1. "凶宅"的由来及认定是如何规定的？

---

① 《购买"凶宅"案》，载微信公众号：https://mp.weixin.qq.com/s/zIOd8Wnd-iCNd6tlHIFQxw，最后访问日期：2022 年 10 月 22 日。

2. 涉“凶宅”房屋买卖合同的告知义务的内容是什么？

【法理分析】

一、“凶宅”的由来及认定

“凶宅”是指曾发生枉死、他杀、含冤或自杀等非自然死亡事件，同时伴随人们的相关心理因素或是灵异事件频传的建筑物。“凶宅”之说早在唐《朝野佥载》中就有记载：“其宅中无人居。问人，云此是公主凶宅，人不敢居。”虽有迷信之嫌，但社会大众普遍对“凶宅”感到忌讳和恐惧，“凶宅”之说逐渐形成了一种民间文化习俗，客观上对房屋的市场价值产生一定不利影响，并进而左右买家的购房意向，成为购房时需要考虑的重要因素，在法律上归于善良风俗，受到保护。

“凶宅”本身是一种文化现象，并没有明确的标准。需要结合事件的恶性程度、发生的事件以及社区影响等因素，综合认定是否对房屋居家和市场价值造成影响。本案中，原告所购买的房屋于2013年发生恶性凶杀案，虽然涉案房屋现在作了隔断，但是当时是连为一体，处于“凶宅”的范围。

二、涉“凶宅”房屋买卖合同的告知义务

“凶宅”属于直接影响案涉房屋交易的重大信息，不管按照合同约定的告知义务还是根据诚实信用原则，出售人在出售案涉房屋时均应向购买者告知上述信息，由购买者自己决定是否购买。如故意没有将上述信息告知，故意隐瞒了真实情况，从而影响购买方的正确判断，最终作出违背自己真实意思的表示，则其行为构成欺诈。购买者在法律规定的期间内，可以向法院请求撤销买卖合同。

本案中，被告表示对“凶宅”一事并不知情，因被告购买时间不长，无从判定是否知情，不能认定被告存在故意欺诈、隐瞒等行为。综合本案情况，原告主张被告交付的房屋存在质量瑕疵，要求解除合同，符合法律规定。另外，在司法实践中，亦有出卖方对“凶宅”信息不知情，买受人以订立的买卖合同存在重大误解为由，要求撤销合同并获得法院支持的案例存在。因此，涉案合同依法应予撤销。合同撤销后，被告已经收取的定金应当全额单倍返还给原告。

三、对本案的分析

本案中，原告蒋某作为本案的消费者，对其购买的商品(案涉房屋)包括质量指标在内的相关交易信息享有知情权。案涉房屋发生过凶杀案这一事件，是影响消费者消费的重要性、关键性信息，同时，从案情发展的角度来讲，并不能推定消费者蒋某具有知道或者应当知道自己所购房屋属于“凶宅”的这一事实，所以，蒋某是在不知情的情况下购买“凶宅”的。

从合同权利的事后救济的角度出发，在二手房交易中，大多数房主为了使自己的房产能够高价交易，往往会故意隐瞒“凶宅”这一真实情况，从而使买房者误认为是正常房屋而交易。考察购买者的真实心态，购买者是因受欺诈，基于该房屋为正常房屋的错误认识

而作出了购买该房屋的错误意思表示。换言之，如果购买人知道该房屋为“凶宅”，一般是不会购买此房的；即使愿意购买，也不情愿支付该房屋的正常交易价格，对于在违背自己真实意思的情况所为的、有重大瑕疵的合意，法律需要对其进行干预以平衡当事人的权益，通过赋予受损害当事人撤销权，使其作出利己的选择。“凶宅”的事实足以影响购房者是否作出购买房屋的决定，是决定合同是否有效的重大因素。《民法总则》(现为《民法典》)第148条规定：“一方以欺诈手段，使对方在违背真实意思的情况下实施的民事法律行为，受欺诈方有权请求人民法院或者仲裁机构予以撤销。”所以对于出卖人故意隐瞒“凶宅”事实的欺诈行为，享有撤销权的买受人可以向法院或仲裁机构主张撤销该买卖合同。合同被撤销后即自始无效，其后果是双方互负返还义务，买房人应将房屋返还出卖人；出卖人有义务返还购房款及利息。

第三节　自主选择权

案例2-8　强制游客定点购物、全国首例导游强迫交易入刑案①

【案情介绍】

2017年12月13日至15日，被告人李某受昆明云迪国际旅行社聘用，在云南省景洪市为所带游客提供导游服务并带游客到定点商家消费过程中，为达到迫使游客消费的目的，采取辱骂、威胁、对不参加消费的游客不发放房卡、对与其发生争执的游客驱赶换乘车辆等手段，强迫8名游客购买商品、消费“傣秀”自费项目，强迫交易金额达15156元，情节严重。2017年12月14日，从武汉到西双版纳旅游的游客曹女士在网上爆料，导游质问她为什么不买翡翠。但当曹女士说她不喜欢翡翠，也不懂翡翠后，导游表示曹女士报的是低价团，必须予以消费。据曹女士介绍，导游李某带领游客逛了几个店，都是购物点，每个店强制要求游客消费2000元以上。

被告人李某强迫交易的视频于2017年12月17日在网上发布后，至12月29日该视频被60余家媒体网站、论坛和微信公众号转载报道，网民阅读总量17000余次，相关贴文680余条，转发8250余次，评论16200余条，造成了恶劣的社会影响。

景洪市人民检察院提起公诉后，景洪市人民法院于2018年6月6日对该案进行一审公开开庭审理。

人民法院审理后认为，被告人李某的行为已经触犯《中华人民共和国刑法》，构成强迫交易罪，但被告人对自己的行为过错有较好认识，能主动坦白认罪，依法可以从轻处罚，遂对被告人李某判处有期徒刑六个月，并处罚金人民币2000元。被告人李某当庭表

① 《导游强迫交易案》，载中国裁判文书网：https://wenshu.court.gov.cn/website/wenshu/181107ANFZ0BXSK4/index.html? docId=HhxJUUuixFAIGadz5kg9el0bsao8JNDTB5aQTw9EzpOUCIF0egPE7mI 3IS1ZgB82AehWjHo+h0nYd9mjQUtppm/lhoxgTCMNKIdP/6Vj75bNUmQI1bQMe7z9os3gBFUM，最后访问日期：2022年10月22日。

示服判，宣判后未上诉。

【法律问题】

1. 消费者的自主选择权的概念和体系是什么？
2. 消费者自主选择权的法律性质是什么？

【法理分析】

一、消费者自主选择权的概念和体系

消费者的自主选择权，指的是消费者根据自己的实际需要，从自身的主观愿望出发，在不存在经营者或其他市场主体诱导、胁迫、欺诈、隐瞒等不正当干涉的情况下，自由选择商品或服务的提供商及商品或服务的种类的一种权利。消费者购买商品和接受服务是在不同的动机驱动下进行的，或者是为了满足自己的生活需要，或为满足自己的发展需求，或为满足他人的需要。因此，必须让消费者根据需要对其打算购买的商品或接受的服务作出选择。同时，每一个消费者都具有自己的品位、爱好和特殊的要求，如果他不能自主地选择，那么，购买的商品或接受的服务就不能充分满足消费者的需求。《消费者权益保护法》正是考虑消费者在交易活动中往往处于被动、弱势的实际情况，赋予了消费者自主选择权，主要体现为以下五个方面：(1)自主选择商品或服务的经营者。生产力的快速发展带给每一个消费者更多选择的机会，市场的准入门槛也变低，涌现了大量的经营者，消费者可以根据自己的判断选择合适、满意的经营者，选择经营者是消费者在消费过程中的初选择。在消费交易中，消费者根据自己的需求圈定某一类经营者，再从中选择适合自己购买商品或者服务的经营者。(2)自主选择商品品种或服务方式。商品的品种千姿百态、服务方式也呈现多样化，消费者完全根据自己的喜好选择此种商品或者彼种商品、服务，不受外界力量的强加干涉。商品质量的好坏和服务品质的优劣直接决定消费者在消费过程中的满意度，这种满意度更多地表现在消费者精神上和心理上的满足，经营者只有让消费者自愿自由选择商品或服务，并获得消费满足，才能达到最终的经营目的。(3)自主选择是否购买商品或接受服务。决定是否购买商品或者接受服务是消费者自主选择权最重要的体现，经营者希望消费者购买商品、接受服务时，可以提供正确的信息指引和有用的参考意见，但不能进行强制性地干涉，经营者更不能以侮辱、嘲讽等方式强迫消费者购买或接受，消费者有最终决定权。(4)消费者有权对商品或服务进行比较、鉴别和挑选。物美价廉往往是广大消费者共同的价值追求，比较、鉴别和挑选是最终决定消费的前置程序。消费者通常会对质量、价格和商家信誉等方面进行比较，性价比高的商品或服务自然受消费者的青睐。

二、消费者自主选择权的法律性质

消费者的自主选择权是满足消费需求的重要前提和法律保障，满足消费需求、获得消费体验是消费者消费的终极目的。

消费者享有自主选择权是民法的自愿原则在消费领域的具体体现，自愿原则是指公民、法人等其他任何民事主体在民事活动中自愿协商，有权按照自己的意志自主选择、决

定交易对象和交易条件，建立、变更民事法律关系，并尊重对方的意愿和社会公共利益。进行交易或其他民事活动等行为不得违反法律、行政法规的强制性规定，不得违背公序良俗，以欺诈、强迫、威胁等违背交易主体意志。

该项权利的行使至少具有三个方面的法定属性：

1. 独立性。自主选择权是我国《消费者权益保护法》赋予消费者的独立权利，不因知情权未受侵犯而排除适用，经营者不得因已经及时、充分地告知消费者商品或服务的内容而无视消费者自主选择权的主张。

2. 意志性。自主选择权的核心权能在于保护消费者不受经营者意志的干涉，消费者能依自主意志对商品或服务进行比较、鉴别和挑选，对商品或服务的自由选择不以有偿或无偿而论，是否有益于消费者也应由消费者本身自主决定。

3. 主动性。消费者对经营者的选择、对服务方式的选择、对是否接受服务的选择均来自消费者的主动行为，不受经营者的强迫，未经消费者同意施以服务即构成对自主选择权的侵犯，消费者要求取消不需要的服务是对自主选择权受到侵犯时的合法救济形式，经营者不得以可为消费者随时取消服务为由抗辩无责。

消费者在消费的过程中虽然享有自主选择的权利，但是这并不意味着消费者可以肆意妄为，法律在充分保护消费者的自主选择权的同时，也要求处于弱势地位的消费者正当合法地行使权利，不得滥用权利，不能损害经营者和其他市场主体的正当权益，破坏正常的交易行为、扰乱稳定的市场秩序，否则，消费者的自主选择权也不能真正地实现。

三、对本案的分析

本案中，游客曹女士作为购买旅游服务的消费者，在旅游过程中依法享有决定是否购买商品以及到哪家商店购买的权利和自由，店家和导游都不得妄加干涉，不得剥夺游客的自主决定和选择。首先，导游李某把游客曹女士等人直接带到指定的购物店的行为，严重干扰了消费者选择经营者的自由，不仅违反了《消费者权益保护法》第 8 条“消费者有权自主选择提供商品或者服务的经营者”的规定，也违反了《旅游法》第 9 条“旅游者有权自主选择旅游产品和服务，有权拒绝旅游经营者的强制交易行为的规定”。其次，游客曹女士没有在指定的商店购物，导游李某便对其以恶语相对，指责、谩骂、嘲讽，影响了游客的旅游心情、损害了游客的人格尊严，《旅游法》第 10 条规定：“旅游者的人格尊严、民族风俗习惯和宗教信仰应当得到尊重。”同时，由于此案件给游客造成了极大的伤害、产生了恶劣社会影响，犯罪情节严重、强迫交易数额在一万元以上，已经触犯了我国《刑法》第 226 条规定的强迫交易罪。

该案件已经成为推进法治化营商环境建设十大典型案例之一，李某入刑最主要的原因不是谩骂游客而是强迫游客定点购物，说明判决的指向性非常明确，就是依法打击旅游中存在的违法违规行为，打击旅游行业强制游客定点购物、谋取非法暴利的行径，使这种行为不仅仅停留在行政处罚，更要以刑法加以规制。整治旅游乱象，警示旅游从业者，不要肆意妄为、贪图私利，不要漠视和侵犯游客权益，应主动遵守法律和职业道德，依靠优质服务赢得游客信任，维护旅游市场经济的稳定。

案例 2-9 “携程在手，看清楚再走”韩某炮轰携程网捆绑销售案①

【案情介绍】

2017 年 10 月 9 日晚间，知名艺人韩某在微博上称，自己作为携程的资深用户，是携程“天外飞仙”称号的拥有者，旅行总里程超过 99%的携程用户，多次发现在携程上面购买机票时，购票页面默认勾选了旅行保险，需要自己手动取消，不细心的旅客就会默默支付一笔保险费。机智的韩某躲过了旅行险，却没能躲过其他的捆绑消费。她曾向携程官方投诉，但除了等来一句抱歉，别无其他。她要求携程诚实面对问题，向公众致歉。并且奉劝大家：“携程在手，看清楚再走。”

随后，携程迫于多方压力，发布声明：

携程已注意到，用户在购买机票时反映的相关问题。对此，携程对机票产品紧急整改，推出了“普通预订”窗口，客户可随时勾选取消。以 10 月 11 日东航 MU9107 上海飞往北京的航班为例，进入携程 App 机票预订页面，在折扣机票展示中，携程给予了消费者两种订票选项，一种是极速预订，另一种为普通预订。进入普通预订页面，所有的保险产品和接送机券、贵宾休息室均未默认勾选，消费者可以根据自己的需求自行勾选。此外，在公务舱机票的预订页面中，同样没有默认勾选的产品。当然，如果消费者需要购买保险和接送机券，仍可以在预订页面中找到相关产品进行勾选。

【法律问题】

1. 侵害消费者自主选择权的衡量标准是什么？
2. 什么是捆绑销售？
3. 自主选择权的特征是什么？

【法理分析】

一、侵害消费者自主选择权的衡量标准

1. 违背消费者的主观意愿。消费者进行消费的目的就是满足其意愿，只有在保障消费者自主选择权的基础上，消费者倾向消费的程度才会更大、消费的欲望也会更强。

2. 客观上表现为强迫消费者从事不公平或不平等的交易。违背消费者的消费意愿的外在表现则是剥夺消费者的自主选择权，强制消费者选择经营者、商品品种、服务方式或者强制交易等行为。

3. 交易活动存在不合法的性质。交易活动属于违法行为的，不仅仅是违反了《消费者权益保护法》，也包括违反了《民法典》《反不正当竞争法》《刑法》等多个部门法的法律。

---

① 《携程捆绑销售案》，载中国法院网：https://www.chinacourt.org/article/detail/2017/10/id/3014469.shtml，最后访问日期：2022 年 10 月 22 日。

4. 消费者在参与交易活动中，自身合法权益有受到损害的危险，或者已经遭受损害。《消费者权益保护法》是一部以保障消费者权益为核心的法律，立法的初衷和使命就是为了倾斜性地、最大限度地保障消费者的正当合法权益，所以，《消费者权益保护法》发生作用和产生效力的前提是消费者的权益受到了侵害，如果在一次交易活动中，消费者的选择权受到了侵犯，但是最终没有达成交易合意、交易结果等，则对消费者权益并没有产生实质性的损害和损害的可能性，则不能适用本法第 9 条的规定，对相关经营者的不正当交易行为进行规制。

二、捆绑销售

捆绑销售是将两种产品捆绑起来销售的销售和定价方式，是共生营销的一种形式，是指两个或两个以上的品牌或公司在促销过程中进行合作，从而扩大它们的影响力，是一种跨行业和跨品牌的新型营销方式。在目前的市场经营模式上，捆绑销售大体上可分为三类：

1. 同质型商品捆绑。同质产品捆绑又称为整打销售，是指将两个及两个以上完全相同的产品结合在一起进行出售。比如说将三五个产品作为一个整体包装，总售价会比单独出售个体产品的价格低，其实质就是数量折扣。

2. 关联性商品捆绑。相关产品捆绑是指将两种及两种以上在使用条件和用途上具有关联性的产品结合在一起进行出售。比如牙膏和牙刷进行捆绑销售。

3. 非关联性商品捆绑。非相关产品捆绑是指将两种及两种以上完全无关联的产品结合在一起进行出售。

三、自主选择权的特征

1. 自愿性。消费者在选择商品或者服务时，不管为了满足消费需求还是出于个人的兴趣爱好等，只要是消费者内心真实意愿的表达，不受他人的干涉、引诱、胁迫作出的消费行为即可。

2. 自由性。在正常的消费交易中，消费者自行决定购买商品或接受服务的地点、时间和价格等要素，经营者不得进行任何形式的禁止、剥夺和限制，只有这样才能真正体现自由选择。

3. 合法性。消费者应当在法律规定的范围内严格行使，并且依照相应的法定程序，不得滥用权利，否则应当承担一定的法律责任。

4. 合理性。在合法性的前提下，消费者要求经营者提供商品或者服务时，不能对经营者提出苛刻的要求。比如要求经营者在非正常营业时间营业，或者要求提供的交易客体不属于经营者经营范围等。

5. 限定性。消费者应当在自己的消费范围进行选择，不得把自主选择权扩大到自己的消费范围之外。同时，在行使选择权时，不得超过必要的限度，不得影响经营者的正常经营活动。比如涉及经营者的商业秘密的，以及必须要遵守的行业规则、商业惯例等，经营者可以拒绝消费者行权。

四、对本案的分析

本案中，机票销售平台提供隐蔽的默认额外服务勾选项，这就是捆绑销售行为，捆绑销售给消费者的旅行推荐组合套餐，表面上似乎是商家提供贴心服务，在一定程度上也确实能够刺激消费，增加了企业之间的合作机会，但是，捆绑销售带有潜在的强制性，无疑会影响消费者的自主选择和判断、影响其正当合法利益。其实，这种捆绑销售本质上是一种“流氓式营销”，在消费者没有明确知情且违背真实消费意愿的情况下作出消费决定，这种做法必定会影响消费者的消费心情、社会大众对企业的认同感。改变捆绑销售模式，由原来经营者预先设定默认选定改为由消费者自行勾选或者在消费者支付页面跳出重点提示对话框进行提示说明，这样不仅能够保证经营者有效地推销自己的商品、服务，也能保护消费者在自己了解真实情况的状态下自由选择、自由决定，从而达到双赢的局面。经营者违背购买者的意愿搭配销售或者提供购买者不需要的另一种商品或者服务的行为，是违法的，是对市场交易秩序的妨碍，法律规制捆绑销售的目的之一就是维护购买者的选择权。

案例 2-10　餐饮店要求顾客扫码点餐不提供纸质菜单案①

【案情介绍】

张女士到海口市友谊阳光城一家烧烤店就餐，被告知店家不提供纸质菜单，只能扫码点餐。

“现在大部分餐厅点餐要扫码，有的要关注餐厅微信公众号才能下单，有的还要输入手机号、生日、姓名等个人信息。如果不扫码，就无法下单。”张女士抱怨说，吃个饭搞这么复杂不说，还被“收割”了个人信息。

张女士的担忧不无道理。记者在海口街头小巷及一些商场内的餐馆采访时，一些市民就反映他们在关注餐厅公众号后，被精准推送广告信息。

【法律问题】

1. 消费者自主选择服务方式的权利是指什么？
2. 扫码点餐侵犯了消费者的隐私权吗？

【法理分析】

一、消费者自主选择服务方式的权利

自主选择服务方式是指消费者进行消费时，对于接受什么方式的服务，有权根据自己的意愿、喜好进行选择，作出决定。既然是选择，那就一定存在两个以上的选项，也就是

① 《餐饮店要求顾客扫码点餐不提供纸质菜单案》，载微信公众号：https://mp.weixin.qq.com/s/SAcISreE9E17hYyPuE9DYQ，最后访问日期：2022 年 10 月 22 日。

说商家可以提供扫码点餐服务，作为消费者也有权选择传统的纸质菜单等点餐方式。但是，实践中的一些商家为了强推扫码点餐服务，撤掉了传统纸质菜单。消费者只有通过扫码才能看到具体菜单、知晓菜品信息，进而完成点餐行为，这就意味着扫码点餐成为用餐消费的唯一选择，给很多不愿意采用扫码点单的消费者和一些不会使用或者不方便使用扫码点单方式的消费者造成了不便。根据《消费者权益保护法》第9条的规定，消费者有权自主选择商品品种或服务方式。毫无疑问，强制消费者扫码才能点餐，违反了该条文的规定。

"只能扫码点餐"也会在某些情况下成为消费者的绊脚石。比如对于老年人而言，这无疑是一条很难跨越的数字鸿沟。对绝大多数中青年群体来说，当未带手机、手机没电或店内信号不好时，也会带来诸多不便。商家取消传统的点餐模式，这无疑侵犯了消费者的自主选择权。而且结合生活经验来看，如果口头点餐就能实现消费目的，那么只能扫码点餐的做法也属于过度索权，超过了法律所允许的合法、正当及必要的边界。索权既包括过度的采集，也包括超出了合法性、必要性、正当性的使用。因为如果点餐直接点就可以了，没必要去收集到底谁在点餐，也没有必要注册会员，这是一个利用点餐作为借口进行过度索权的行为，本身也侵犯了消费者自主选择的权利。

二、扫码点餐有可能侵犯消费者隐私权

科技固然能够改变人们的生活，扫码点餐的推广，对消费者来说，在就餐高峰期同样能及时下单，多人点餐也比较方便；对餐厅而言，省去了很多人力成本，服务和运营更加有效率。还有一点，顾客因点餐而关注了餐厅的公众号，这也为餐厅提供了精准营销的群体，有利于餐厅更好地运营，原本可以呈现双赢的局面。但在推广扫码点餐服务的过程中，一些餐厅为了自身的利益已明显跑偏，对消费者的选择权和隐私权构成了潜在侵犯。很多商家扫码后必须要消费者"同意获取个人信息""同意获取用户位置信息""同意第三方获取信息"，或者要求消费者注册会员，通常要获取消费者姓名、出生年月、位置等信息才能点单，甚至有些不点"同意"的消费者就无法点餐。这使得消费者的个人信息有被泄露的风险，也侵犯了消费者的个人隐私权。扫码点餐应该是一种选择，而不是必需项，即使顾客选择扫码点餐的方式，餐厅也应该严格、规范地采集顾客信息，做到让顾客知情且自愿。

三、对本案的分析

目前，在外就餐时，餐馆要求扫码点餐、店家不提供纸质菜单的现象已经非常普遍，可能对于大多数青年消费者来说，扫码点餐和纸质菜单点餐似乎都能接受，但是，其背后的法律问题日益凸显。首先，在激烈的市场竞争中，餐饮店作为经营者拥有提供、推广和创新自己服务方式的权利，这是毫无争议的。但是餐饮店在提供扫码点餐服务时拒绝提供纸质菜单，这种只提供单一点餐服务的方式显然违背了《消费者权益保护法》第9条的规定，侵犯了如张女士等广大消费者的自主选择服务方式的权利。其次，在有的餐饮店会出现像本案中张女士所说的情况，强制要求顾客关注餐馆微信公众号才能下单，有的还要输入手机号、生日、姓名等个人信息。与以前纸质菜单点餐相比，扫码点餐的程序更加繁琐，不仅会影响顾客的用餐心情，也衍生出了令人担忧的问题，即公民的隐私权保护。消费者的手机号码、生日、姓名等个人信息与到餐馆用餐之间不存在任何的关联性，餐馆在

扫码点餐程序中强行收集这些信息，并且对点餐的顾客硬性要求，即如果不输入正确的手机号码就无法收到验证码，也就无法进行下一步的操作，则无法完成最终的点餐程序。这会使顾客的个人关键信息暴露给经营者，加重了隐私曝光、个人信息受到侵犯的危险性。《个人信息保护法》第 6 条规定，处理个人信息应当具有明确、合理的目的，并应当与处理目的直接相关，采取对个人权益影响最小的方式。然而，经营者在通过获取消费者扫码点餐暴露的个人信息，并经过对信息的加工和处理，利用大数据手段分析特定顾客的消费喜好，公众号就会有针对性地、不定时地推送一些店铺优惠活动等广告，更有甚者直接以短信的方式进行推送，商家的这种偏激的宣传模式，扰乱了人们的生活安宁。《民法典》第 1032 条规定："自然人享有隐私权。任何组织或者个人不得以刺探、侵扰、泄露、公开等方式侵害他人的隐私权。隐私是自然人的私人生活安宁和不愿为他人知晓的私密空间、私密活动、私密信息。"

案例 2-11　华东政法大学大三女生状告上海迪士尼禁止游客自带饮食案①

【案情介绍】

2019 年 1 月 28 日，华东政法大学大三学生王某花 365 元在网上买了一张迪士尼乐园一日游特价票，并于 1 月 30 日前往游玩。当天，王某携带零食进入上海迪士尼乐园时被园方工作人员翻包检查，并加以阻拦。然而，据王某描述："在购买门票时，并未见到有'禁带食物'等相关提示。"当时，现场工作人员态度比较强硬，要求王某把零食扔掉，王某不同意。之后，园方又表示可以当场吃掉零食再进乐园，或者租一个"80 元一天"的寄存柜进行寄存。

王某拨打了 12345 和 12315 投诉热线进行投诉，得到的回复却是，该规定是迪士尼乐园制定的，符合法律规定。在多次沟通、投诉无果后，2019 年 3 月 5 日，王某向上海市浦东新区人民法院提请诉讼，在诉状中提出以下诉讼请求：(1)要求确认上海迪士尼乐园禁止游客携带食品入园的格式条款无效。(2)请求上海迪士尼乐园赔偿原告损失，包括原告在迪士尼乐园外购买却因被告不合理规则而被迫丢弃的食品的费用，共计 46.3 元。

9 月 12 日，此案(服务合同纠纷案)在上海市浦东新区人民法院主持下调解结案，原被告双方达成调解协议。

其间，被告上海迪士尼乐园对入园规则中相关条款内容进行了修改：除少数特殊食品仍禁止携带外，游客可携带供本人食用的食品及饮料进入上海迪士尼乐园。

【法律问题】

1. 应当如何理解排除或限制消费者自主选择权？
2. 格式条款与霸王条款的关系是什么？

---

① 《大学生诉上海迪士尼禁带饮食案》，载中国法院网：https://www.chinacourt.org/article/detail/2019/09/id/4475450.shtml，最后访问日期：2022 年 10 月 22 日。

【法理分析】

一、排除或限制消费者自主选择权

《消费者权益保护法》第 26 条对于经营者在经营活动中提供的格式条款进行了严格的限制，“不得排除或者限制消费者权利”是该条款的核心内容。消费者的自主选择权是消费者的一项重要权利，处于优势地位的经营者在日常的交易活动中，频繁出现直接或者变相排除或限制消费者自主选择权的现象。对于经营者的行为，即“排除或者限制”，应当作广义理解，不能只关注表面上的直观现象，只要是对于消费者选择商品或者服务进行设置不合理障碍的情况，都可以归于“排除或者限制”，经营者设定选择范围，例如典型的“二选一”，消费者表面上看似具有一定的选择空间，但是其选择的范围是有限的，并不能充分行使自主选择权。选择的主观意愿上不具有自主性，选择的客观行为上不具有独立性，消费者不能逃脱经营者设置的选择“漩涡”。迪士尼乐园虽然提供了园内和园外就餐两种自由选择模式，但是不论是园内还是园外，其中都与迪士尼乐园的营业利益相关联，并且园内物价水准大幅度高于普通市场价。迪士尼禁止消费者自带饮食入园，消费者迫于无奈只能选择与迪士尼有营业利益的区域就餐，很明显，迪士尼变相剥夺了消费者自主选择商品或服务的权利，是一种限制消费者权利的行为。

二、格式条款与霸王条款

对于格式条款与霸王条款，应当首先明确的是格式条款不能绝对地等同于霸王条款。市场交易主体在交易过程中，为了简化订约程序、提高交易效率，通常选择使用格式条款。《民法典》第 496 条第 1 款规定：“格式条款是当事人为了重复使用而预先拟定，并在订立合同时未与对方协商的条款。”然而，有时格式条款的提供方会利用己方信息及资源优势，迫使相对方接受未实际磋商的合同条款，致使格式条款背离了契约自由，冲击了契约正义。霸王条款是一些经营者单方面制定的逃避法定义务、减免自身责任的不平等格式合同、通知、声明和店堂告示或者行业惯例等，限制消费者权利，严重侵害消费者利益。“霸王条款”之所以遭到广大消费者的痛恨，是因为个别商家利用信息不对称、供求关系不平衡，将不平等的消费条款强加给消费者。

所以，对于格式条款与霸王条款，二者之间是包含与被包含的关系，只有当出现预先拟定的格式条款时，提供格式的条款的一方未遵守公平原则，未尽提示说明义务，减轻自己的法律责任、减损对方的主要权利、加重对方的义务的情形，此时，格式条款才可以归属于霸王条款，应当被认定为无效。

三、对本案的分析

本案中，王某购票进入上海迪士尼乐园游玩，王某属于本案的消费者一方，上海迪士尼属于经营者一方。迪士尼乐园要求入园的游客开包检查的行为，侵犯了消费者的个人尊严和隐私权。上海迪士尼乐园与王某之间属于平等的民事主体，因此迪士尼乐园并没有对旅客进行搜身、检查随身携带物品的特权，相应地，旅客也有拒绝接受搜身行为和不合理的开包检查行为的权利。不考虑迪士尼乐园单单对亚洲地区乐园禁止游客携带饮食入园涉嫌的地域歧视，仅从个案视角看，王某携带饮食入园，从饮食的种类和性质来看，其所携带的食品并没有导致迪士尼乐园公共卫生的危害或者可能的危害，因此迪士尼乐园以可能危害公共卫生的缘由予以抗辩是不合乎常理的。迪士尼乐园有其他更加合理的手段履行其应当承担的管理义务，但其为杜绝潜在的卫生安全问题，把自身该承担的责任和义务，利用其优势地位，强加于消费者，限制了消费者的权利。本案被告称，园区有提供饮食区域或者出园就餐两种选择，迪士尼并没有侵犯消费者的自主选择权。但是被告对《消费者权益保护法》格式条款的限制中"排除消费者自主选择权"的理解存在错误，被告认为排除自主选择权是指消费者没有任何选择。实际上，法条本身并未释明"排除"的内涵，必须借助其他手段来明确其具体内涵。

同时，"出园就餐"有损消费者的权利。由于乐园面积很大，游玩项目较多。等到就餐时间，游客距离入口处已经十分遥远，此时游客若想外出就餐，必须原路返回至入口区域，用餐结束重新排队进入迪士尼乐园。变相地迫使消费者在游玩时间与出园就餐之间作出选择：消费者若不愿浪费游玩时间，就只能选择园内价格高昂的食物；若消费者选择出园就餐，就会严重浪费游玩的时间。而即使游客出园就餐，被告仍能从中获益。因为距离迪士尼乐园较近的饭店均位于迪士尼小镇等上海市迪士尼度假区的配套设施内。"这些饭店需交铺位费和租金，只要原告在度假区内就餐，被告仍然是受益者。"

不管消费者如何选择，都会给消费者带来损失。消费者看似有了选择的空间，实际上却只能在两种都不利于自己的方案中进行选择，而被剥夺自己携带食品在乐园内就餐的权利。

第四节 反 悔 权

案例 2-12 网购退货遭拒案①

【案情介绍】

"双十一"购物节时，王女士在某大型购物网站上看到一双高跟鞋，款式新颖，价格也很便宜，王女士毫不犹豫点击了购买，并支付了货款。

收到货后，王女士觉得这双高跟鞋虽然新颖，但颜色跟网页上的图片出入很大，于是便联系网店店主，要求退货，并愿意承担往返的运费，但遭到店主的拒绝，最后只能自己默默承受损失。

【法律问题】

1. 消费者反悔权是如何界定的？
2. 消费者反悔权的特征是什么？

---

① 《赋予消费者反悔权》，载天全县人民政府网站：http://www.tqx.gov.cn/gongkai/show/20171207203736-086536-00-000.html，最后访问日期：2022 年 10 月 22 日。

3. 消费者反悔权的法律性质是什么？

【法理分析】

一、消费者的反悔权

在一个以网络消费为主流的经济时代，系统全面地保护网络消费者权利是市场经济健康运行的内在要求。《消费者权益保护法》以消费者权利保护为核心，围绕消费者各项基本权利的保护展开。我国修订《消费者权益保护法》后，根据社会的发展情况，最高人民法院发布了《最高人民法院关于审理网络消费纠纷案件适用法律若干问题的规定(一)》，实施日期为2022年3月15日。

消费者反悔权是消费者所享有的一种新兴权利，反悔权并不属于《消费者权益保护法》第二章规定的消费者九大权利之一，该项权利抽象存在于该法第25条规定的无理由退货制度，即7日无理由退货权。7日无理由退货的实质是消费者在7日时间内单方解除合同的权利，在法律映射上可归属《民法典》第562条“当事人协商一致，可以解除合同。当事人可以约定一方解除合同的事由，解除合同的事由发生时，解除权人可以解除合同”的规定。根据《消费者权益保护法》第24条之规定，消费者有权享有对经营者提供的不符合质量的商品或服务进行退货、更换、修理的权利。可以说，设置7日无理由退货制度的目的就是在消费者原定权利的基础上进一步保护消费者的合法权益。

二、消费者反悔权的特征

1. 法定性。即消费者反悔权由法律明确规定(《消费者权益保护法》第25条)，它不因消费者群体的差异性而不同。《民法典》第6条规定：“民事主体从事民事活动，应当遵循公平原则，合理确定各方的权利和义务。”因此，反悔权的设立是根据民法中的公平原则，给予交易双方中处于弱势地位的消费者倾向性保护。

2. 主体的单方性。有别于现实购物的情况，在网购、电视、电话、邮购等方式中的消费者无法真实接触到产品，并且容易受到经营者的不良引导。所以，消费者对于所选购的商品货源、质量、满意度等情况的认知存在一定的困难。因此，反悔权行使的主体是消费者，而非与之相对应的经营者或商家。

3. 无因性。即消费者在行使反悔权时，无须向商家说明任何原因，就可以单方意思表示向经营者主张解除合同。因此，即使商品或商家没有任何问题，消费者也可以解除合同，这也是反悔权和其他权利的重要区别。

4. 无责性。即消费者在向商家作出解除合同的意思表示后，不需要支付任何的违约金或者补偿款，但无责性并不意味着消费者可以无限制地滥用权力。因此，如果在行使反悔权过程中，消费者损坏商品而产生的费用和运费，则需由消费者自行承担。

三、消费者反悔权的法律性质

反悔权属于一种民事权利，消费者是该项权利的主体，相对应地，经营者是义务主体，权利的内容是7日无理由退货。同时，根据《民法典》和《消费者权益保护法》的相关规定，反悔权是法定权利，其内容由法律明确规定，例如，条款中规定的无理由退货的期限是7日，经营者不能单方面设置低于7日的退货期限，更不能剥夺消费者退货的权利。当然，如果买卖双方之间约定的退货期限对处于弱势地位的消费者是有利的，也可以从其约定，此种情形下约定的反悔权只是消费者与经营者协商的结果，只是一种外在的表现形式，所以消费者的反悔权在法律上的本质是法定的而不是约定的。

由于反悔权是由消费者单方意思表示即可作出、生效，无须对方作出相应的意思表示，也无须经过法院或者仲裁机构介入，所以，笔者认为，从这个层面上看，消费者的反悔权应当属于民事权利上的简单形成权而非请求权。但是，对于消费者反悔权归于合同解除权还是合同撤销权，目前尚未形成统一的定论。撤销权，即由于合同双方所约定的条件未达成或者欠缺，所以权利人单方意思表示就可以将已经签订的合同撤销的权利。换句话说就是，只有在满足合同规定的具有行使撤销权的条件出现后，才可行使该权利。此外，合同撤销权属于形成诉权而非简单形成权，需要通过法院或者仲裁机关介入；反悔权属于简单形成权，不需要满足任何要求，就可以直接行使。解除权指在合同的履行过程中，当一方当事人因一些违约情形迫使买卖合同的最终目的无法实现，导致另一方利益受损时，另一方可以解除合同。故，二者之间存在较大的区别，首先，解除权行使需要特定的条件，而反悔权不需要任何条件。其次，反悔权是在合同订立后且已履行完毕后行使，而解除权是在合同订立后未履行或未履行完毕之时行使。最后，基于平等性，行使解除权的一方可以向另一方请求损失赔偿。而反悔权侧重保护消费者，所以商家一般无权请求赔偿。

四、对本案的分析

近年来，互联网线上经济发展迅速，网购成为人们越来越青睐的消费方式。相较于线下实体店的消费，消费者不能看到选购商品的实物，无法对商品的型号、质量产生较为清晰的认识。网店经营者通常借助网购交易模式的虚拟性，也会大肆宣传自己的商品，误导消费者，导致网购消费者群体盲目消费、冲动消费，从而带来不好的消费体验，久而久之也会对线上经济的健康稳定运行产生一些不良的影响。《消费者权益保护法》赋予消费者反悔权，可以在收到商品或服务之日起7日内主张无理由退货，在一定程度上拓展了网购消费者权利救济的渠道和消费后悔的空间，此项权利及时回应了互联网经济的实际发展需要。王女士通过网购方式购得的高跟鞋属于可以主张反悔权，即无理由退货的交易对象；同时，王女士主张权利的期限也是7日之内，合法、合理；在运费方面，王女士明确表示自己愿意主动承担货物的往返运费，属于积极、合理、正当行使反悔权，经营者也应当予以积极回应和配合，不应当消极拒绝，否则，将直接侵犯消费者的反悔权，应当受到《消费者权益保护法》的规制。

案例2-13　网购图书超期限顺利退货案

【案情介绍】

小明在网上购买了一本书，由于出差在收到这本书半个月后，小明才拿来翻阅，结果发现书的内容与店家介绍的“这是一本描写现代都市生活的好书”差别太大。书中很多是描写民国初期的生活状态，虽然是以主人公回忆的形式出现，但篇幅已经大大超越了讲述现代生活的部分，并且书中有多处错别字，甚至还缺少一页，于是小明联络店家要求退货，在与客服进行了有效沟通之后，小明退货成功。

【法律问题】

1. 消费者反悔权的正当性是什么？
2. 消费者反悔权行使的限制有哪些？
3. 消费者反悔权与《产品质量法》规定的退货制度的区别是什么？

【法理分析】

一、消费者反悔权的正当性

从内部因素来看，某项制度或者权利的设立应当具有实现人类社会更好发展的价值。网络环境的复杂性导致市场信息难免分配不均，进而导致市场经济环境下的恶性竞争，公平交易也难以得到保证。在这种情形下，通过规定反悔权来保护弱势消费者群体的利益，从而维护法律所追求的实质正义，这是符合现代法治目标的。同样，反悔权也有其经济学基础。在经济学中，每个从事经济活动的人都是为了寻求自身利益的理性经济人。网络购物环境下经营者或者生产者也不可能违背这一经济学原理，网络购物时消费者难以全方面感受和体验，在这种情形下，如果买到的商品不符合自己的需求，只能寻求法律救济来实现自身的最大利益。消费者的反悔权正是通过国家公权力的介入来防止利益失衡，从而实现市场公平。

从外部环境来看，首先，网络经济的发展在现代经济转型中扮演着重要的角色。设置反悔权的目的就是保护网购中的消费者，促进市场经济的良性发展，同时也有助于提高社会整体效益。其次，《消费者权益保护法》是一项与国际紧紧接轨的法律。社会与法律发展的不平衡性导致法律需要不断完善，与时俱进，在这一过程中法律移植具有不可替代的作用。互联网经济的发展不仅限于一国之内，更是要与世界接轨。各国也纷纷进行消费者反悔权的立法与实践，对此，我国应该结合互联网经济发展的现状，做到取菁去芜。

二、消费者反悔权行使的限制

反悔权是消费者在线上购物时进行救济的一项重要权利，但是，作为权利主体的消费者在行使反悔权时也应该受到相应的限制，避免权利的滥用，对此，可以从以下四个方面展开：

1. 行使前提的限制。《消费者权益保护法》中明确规定“消费者退货的商品应当完好”，这里的“完好”该如何界定。淘宝网对于“完好”这一规定，依据不同的商品制定了不同的标准，比如电脑类商品的完好标准是未拆封，配件完整包装齐全，商品外观无磨损，无使用痕迹整体无磕碰，商品不影响二次销售；服饰类商品的完好标准是具备商品收到时完整的外包装、配件、吊牌等，购买物品被洗过、穿过、人为破坏或标牌拆卸的不提供退换等。综合考虑，对商品“完好”应以这样的标准来界定：如需要对外包装拆封进行试穿试用才能够确定是否需要购买的商品，比如服饰类商品，则应该保持商品的外包装、配件、商标、吊牌等完整，退货时能够恢复其原本包装状态，且不影响二次销售；如不需要对外包装进行拆封即可确定是否需要购买的商品，比如行货数码产品、奶粉、保健品等，则必须保持未拆封的状态。对商品“完好”作出严格的限制，是因为消费者反悔权的无因性，消费者反悔权的核心是维护消费者的知情权，使消费者理性消费，若对某些商品拆封之后发现再进行退货，不应适用无理由条款，毕竟消费者购买的不是试用品，如发现质量瑕疵等问题，可以通过其他途径予以救济。若不将商品“完好”限制在知情权的范围之内，则是对消费者反悔权滥用的表现。

2. 适用条件的限制。《消费者权益保护法》所规定的消费者反悔权仅适用于通过网络、电视、电话、邮购等方式购物的消费者，而没有将其适用于一般的购物方式。通过网络、电视、电话、邮购等方式购物的消费者，由于其无法与传统商店购物一样，亲眼见到商品实物，对商品进行检验，只能通过经营者所做的宣传介绍和相关图片判断商品优劣。通过这种途径进行交易，会导致买卖双方信息的严重不对称，增加消费者的购物风险，滋生经营者欺诈消费者的土壤。同时，在远程交易过程中消费者退换货的权利更难得到保障，经营者也更容易逃避责任，因此，消费者反悔权将适用条件限制在通过网络、电视、电话、邮购等方式购物的消费者是存在一定的合理性。通过传统商场交易的消费者，在购买前能够检查商品，应当尽相应的检验义务，且商品的退换过程相对容易，若赋予其反悔权，反而是对经营者合法利益的侵害。

3. 适用范围的限制。《消费者权益保护法》所规定的反悔权适用范围采取反向列举的方式规定，规定反悔权适用于所有商品，除了消费者定作的，鲜活易腐的，在线下载或者消费者拆封的音像制品、计算机软件等数字化商品，交付的报纸、期刊及其他根据商品性质并经消费者在购买时确认不宜退货的商品。消费者定作商品的个人属性非常强，鲜活易腐的商品及交付的报纸、期刊的时效性比较强，若适用 7 天无理由退货，则会影响商品的初始价值，直接导致经营者二次销售的极大困难。在线下载或者消费者拆封的音像制品、计算机软件等数字化商品，因其涉及知识产权的保护，也不适宜适用 7 天无理由退货条款。除了法律明确规定的除外适用的四类商品，可能还存在着其他不宜退货的商品，在这种情况下，法律给予了一定的空间，只要根据商品性质并经消费者在购买时确认不宜退货的商品，消费者就无权要求行使反悔权。

4. 适用时间的限制。《消费者权益保护法》所规定的行权期是 7 天，这一期间属于除斥期间，一旦自收到商品之日起 7 天后，消费者便失去无理由退货的权利。商品的价值会随着时间的推移产生变化，如果将行权期规定得过长，不利于保护商品交易安全；如果规定得过短，也不利于维护消费者的权益。在国际上，通行规定的行权期是 7~14 天，我国的 7 日行权期规定具备一定的合理性。在一般情况下，行权期设置为 7 天是合理的，当出现特殊商品或服务时，经营者与消费者可以协商确定行权期，只要超过 7 天应均属有效。至于行权期的起算时间，法律规定为自收到商品之日起计算。通过网络、电视、电话、邮购等方式购物基本需要快递物流，那就存在签收时间与真正收货时间的区别。在快递行业，不一定需要本人签收才算货物送到，很多时候快递员都是将快递送至小区物业或者公司收发室，本人可能经过一两天才能真正收到货物，在这种情况下能否将行权期的起算时间认定为实际收到货物之日呢？答案是否定的。根据《民法典》对于起止时间、期间的相关规定，通过网络、电视、电话、邮购等方式购物的消费者进行购物，当经营者将货物交至快递物流时，消费者即应时刻关注物流信息，及时收取货物。当商品由他人代为签收时，消费者应尽快取回商品，如果其人为拖延相应的收货时间，以其真正收货时间起算行权期，这对经营者是不公平的。严格规定起算时间，能够促进消费者积极收货，提高市场交易的效率。

三、消费者反悔权与《产品质量法》规定的退货制度

我国《产品质量法》第 40 条规定："售出的产品有下列情形之一的，销售者应当负责修理、更换、退货；给购买产品的消费者造成损失的，销售者应当赔偿损失：

（一）不具备产品应当具备的使用性能而事先未作说明的；

（二）不符合在产品或者其包装上注明采用的产品标准的；

（三）不符合以产品说明、实物样品等方式表明的质量状况的。

销售者依照前款规定负责修理、更换、退货、赔偿损失后，属于生产者的责任或者属于向销售者提供产品的其他销售者（以下简称供货者）的责任的，销售者有权向生产者、供货者追偿。……生产者之间，销售者之间，生产者与销售者之间订立的买卖合同、承揽合同有不同约定的，合同当事人按照合同约定执行。"

根据此规定，可以看出，有理由的退货主张是所有消费者的应有权利。《消费者权益保护法》第 25 条规定的"7 日无理由退货制度"是《产品质量法》对于消费者在线上购物的倾斜保护的具体体现和再次深化，更加保护网购消费群体的需求。

四、对本案的分析

本案中，小明作为网购的消费者，依法享有对其所购买的图书 7 日内无理由退货的反悔权，经过与店家客服有效沟通之后，经营者也表示愿意对小明所购图书进行退货处理，小明的合法权益得到了合法、全面的保障，最终的结果可谓皆大欢喜。然而，本案的案情细节仍然值得我们进一步探讨。第一，是否受到适用时间的限制。由于消费者自身的原因，导致了本案的消费者反悔权的行权期已经严重超过法定的 7 日期间，双方并未对反悔权的期间约定了长于 7 日（更有利于消费者）的期间，7 日作为除斥期间已经截止，消费者能否继续享有对经营者继续主张反悔的权利？因为根据《民法典》对除斥期间的规定，除斥期间不同于诉讼时效，除斥期间的截止意味着当事人实体权利消失，申言之，消费者反悔权的这一实体权利已经消灭。第二，是否受到适用范围的限制。案涉的标的物是图书，能否属于反向列举的对象之列？图书一旦被拆封、阅读之后，其初始价值会有大幅度下跌，所以，退换货将会严重影响此类商品二次销售情况。第三，收到的图书实物与网上宣传的内容不符的，而且出现了错字少页的质量缺陷。所以，根据前述《消费者权益保护法》规定的消费者反悔权与《产品质量法》规定的退货制度，小明的主张应当属于有理由退货，小明实际的消费利益受到了损害，所以，小明向经营者主张退货权利是不需要考虑消

费者反悔权的行权期限已经截止、图书是否属于反悔权适用的范围等，可直接以《产品质量法》第 40 条的规定，主张退货处理。

第五节　公平交易权

案例 2-14　雪梨直播间“2 分钱的商品需要 999 元的运费”侵权纠纷案①

【案情介绍】

2021 年 8 月 26 日，知名主播雪梨举行粉丝节。有媒体报道称，雪梨此次粉丝节直播观看量达到了 6400 万人，销售额突破 10.45 亿元。

多位参加粉丝节的消费者称，当天，为活跃活动人气，雪梨直播间多次上架“低价秒杀”活动。然而，部分秒到的低价商品，运费被设置为 999 元，这让消费者强烈不满，并引发集体投诉。在黑猫投诉平台上，涉及雪梨的投诉已达 77 条，不少网友投诉，称其遇到高价运费的情况。

河北石家庄的刘先生于 8 月 26 日晚上参加雪梨粉丝节活动，通过秒杀抢到 1 分钱的电动牙刷和 1 分钱的枕头。令刘先生没有想到的是，这笔 2 分钱的订单，运费却高达 999 元。刘先生联系了雪梨店铺，客服先是称他所在的地区为不发货地区，随后又说邮费 999 元的订单是无法安排发货的，如果消费者需要该商品，那么支付 999 元邮费才能正常安排发货。刘先生质疑称，他所在的石家庄是省会城市，并非偏远地区，为何支付 999 元高价邮费才能发货，这个运费实在太离谱了。

在黑猫投诉平台看到，此次雪梨直播间 999 元运费一事，已经引起了集体投诉。多名投诉的网友表示，包括北上广在内的多个地区都要求支付 999 元运费才能收到秒杀货物。

【法律问题】

1. 公平交易权的概念和本质是什么？
2. 可撤销合同与无效合同的区别是什么？

【法理分析】

一、公平交易权的概念和本质

消费者的公平交易权是指消费者在与经营者之间进行交易所享有的得到公平交易要求的权利，包括交易条件的公平和交易结果的公平。由于消费者作为交易主体之一，个体的多元化造成的差异较大，同时公平一直就是一个相对的概念，因此难以对交易结果的公平

① 《2 分钱商品需 999 元运费侵权纠纷案》，载光明网：https://m.gmw.cn/baijia/2021-09/05/1302553433.html，最后访问日期：2022 年 10 月 22 日。

与否予以准确的计量，所以主要是交易条件的公平。公平交易的核心就是交易各方在交易过程中获得的利益相当，即消费者以一定数量的货币可以换得同等价值的商品或者服务，是衡量消费者利益是否得到保护的重要标志。消费者付出超额对价，获得不必要的消费，就属于公平交易权受到侵害的情况。

消费者的自主选择权是自愿原则的体现，公平交易权则是民法上平等原则、公平原则的重要表现。首先，在买卖关系中的经营者和消费者的法律地位是平等的，这就要求经营者不得利用自己的优势地位，附加或者强加消费。其次，公平原则要求当事人在民事活动中应以社会正义、公平的观念指导自己的行为、平衡各方的利益，要求以社会正义、公平的观念来处理当事人之间的纠纷。公平原则强调在市场经济中，对任何经营者都只能以市场交易规则为准则，享受公平合理的对待，既不享有任何特权，也不履行任何不公平的义务，权利与义务相一致。

二、可撤销合同与无效合同

根据《民法典》第 144 条、第 146 条、第 153 条、第 154 条之规定，无效合同包括以下四种情形：

1. 无民事行为能力人签订的合同无效。
2. 双方以虚假的意思表示签订的合同无效。
3. 违反法律、行政法规的强制性规定的合同无效；但是，该强制性规定不导致该合同无效的除外。违背公序良俗的合同无效。
4. 恶意串通，损害他人合法权益的合同无效。

根据《民法典》第 147 条、第 148 条、第 149 条、第 150 条、第 151 条之规定，可撤销合同包括以下四种情形：

1. 一方当事人基于重大误解签订的合同，属于可撤销合同。
2. 一方实施欺诈或者第三方实施欺诈行为且对方当事人知道或者应当知道的情况下致使受欺诈方违背真实意思签订的合同，属于可撤销合同。
3. 一方或者第三方事实胁迫行为致使受胁迫方违背真实意思的情况下签订合同，属于可撤销合同。
4. 一方利用对方处于危困状态、缺乏判断能力等情形签订的合同，属于可撤销合同。

三、对本案的分析

本案中，仅从运费设置的角度看，天价运费并不违规。电商设置的运费等于向消费者发出了要约，消费者的下单行为就是对要约作出的承诺。我国现行法律并没有对运费的定价作限制性的规定，所以运费即使是“天价”，只要是商家的明码标价，则属于依法成立的对当事人具有法律约束力的合法订单，具备相应的法律效力。商家对商品的运费享有定价权，消费者对是否选择商品或接受服务享有最终决定权，双方在网红直播间的交易是自愿的、自由的。但是雪梨直播间采取设置“天价”运费的方式对消费者进行变相“劝退”，对消费者确实有失公平。商品的价格与运费之间巨大的差距、本末倒置的定价，消费者通过雪梨直播间秒杀链接抢购商品后，雪梨方应该按照双方约定的价格向粉丝提供相关商品，而雪梨方却将商品的运费设定为999元，并解释运费价格为999元是不发货的区域，雪梨方单方决定不给粉丝发货，明显属于违约行为，应该承担相应的违约责任。雪梨方同时跟粉丝解释，如果确实需要抢购的商品，需要支付运费999元就可以发货，这个运费明显是不合理的，变相侵犯了消费者的公平交易权。

案例2-15 顾某诉上海交行储蓄合同纠纷案①

【案情介绍】

原告顾某在被告上海交行办理了一张太平洋借记卡，与被告建立了储蓄合同关系。2003年6月，原告发现自己卡内的资金无端短少了10068元，因此向公安机关报案。经公安机关侦查，原来是犯罪分子在自助银行门禁系统上安装了盗码器，窃取了原告借记卡上的信息和密码，然后复制成伪卡，凭伪卡在异地盗取了原告卡内的资金。原告要求被告承担自己的财产损失，但是被告认为双方签订的储蓄合同中明确规定："凡是通过交易密码发生的一切交易，均应视为持卡人亲自所为，银行不应承担责任。"

【法律问题】

1. 公平交易权的主要表现是什么？
2. 格式条款无效的情形有哪些？

【法理分析】

一、公平交易权的主要表现

1. 有权获得质量保障、价格合理、计量正确等公平交易条件。交易行为的发生必须在合理的条件下进行，质量保障是消费者在购买商品或接受服务时对经营者的基本要求，这是关系到人体健康和人身安全的重大问题。商品质量或服务质量必须符合国家标准，没有标准的应当符合社会普遍公认的要求。价格合理充分地体现了等价交换的原则，要求商品或服务的价格与其价值相符，对有国家定价的必须按照定价执行，对没有国家定价的由交易双方按价值规律合理确定。计量的准确性则直接涉及消费者的经济利益，要求产品或服务计量必须准确无误。因此，经营者在提供商品或服务时，必须保证质量、价格合理、计量正确等。

2. 有权拒绝经营者的强制交易行为。有的经营者在掌握了人们非常需要而又十分紧俏的商品或服务时，往往违反平等自愿、公平交易的市场准则，违背消费者的意愿强制交易，从而损害了消费者自主选择商品或者服务的权利，侵害了消费者的合法权益。因此，消费者在自己的公平交易权受到侵害时，有权依法要求经营者改正错误，提供质量好、价格合理、计量正确的服务，有权拒绝强制交易，并获得合理的赔偿。

---

① 《顾某与交通银行上海分行储蓄合同纠纷案》，载上海市第二中级人民法院：https://www.shezfy.com/view/jpa/flws_view.html？id=22，最后访问日期：2022年10月22日。

二、格式条款无效的情形

1. 经营者不得以格式条款通知、声明或者店堂告示等方式，作出排除或者限制消费者权利、减轻或者免除经营者责任、加重消费者责任等对消费者不公平、不合理的规定，不得利用格式条款并借助技术手段强制交易。如商家规定的“发生特定情形，商家概不负责”“本商品离柜后概不负责”“钱款当面点清，离柜概不负责”等情况，也是无效的格式条款。

2. 恶意串通，损害国家、集体或者第三人利益；以合法形式掩盖非法目的、损害社会公共利益；违反法律、行政法规的强制性规定。

3. 造成对方人身伤害的或者因故意或者重大过失造成对方财产损失的免责条款。此外法律规定，当合同双方当事人对格式条款的理解有两种以上解释的，应当作出不利于提供格式条款一方的解释，可见法律的规定是保护处于弱势地位的合同一方当事人的。

三、对本案的分析

本案属于储蓄合同纠纷，争议的核心在于储蓄合同的哪一方当事人负有防范风险和承担损失的义务。笔者支持法院观点，法院认定商业银行有条件、有机会、有能力防范犯罪分子利用自助银行和ATM机犯罪，有责任承担起这个防范犯罪的义务。商业银行应当根据自助银行和ATM机在被各种犯罪活动攻击后暴露出来的弱点，随时对其进行改进。在新的改进方法未出台时，商业银行还可以通过采取不断巡查、明示使用自助银行和ATM机时的注意事项、向储户通知犯罪手段甚至是暂停使用等方法，来履行防范犯罪的义务，以确保金融管理秩序的正常运转，确保储户的存款安全，维护储户的合法权益。

原告顾某是一个普通的借记卡持有人，对自助银行的设施不具有专业知识。顾某在使用中国银行上海市南京东路支行所设的自助银行时，虽然注意到该自助银行的门禁处多了一个新装置，但在该自助银行没有操作规范、使用说明和风险提示的情况下，顾某无法识别这个新装置究竟是银行对门禁系统的改进设施，还是犯罪分子的犯罪工具，以致其借记卡信息和密码被窃取。顾某发现借记卡内的资金短少后马上报警，并及时采取了相关措施。顾某的借记卡和密码未丢失，也未委托他人使用，故对借记卡信息和密码被泄露，顾某没有过错，不应承担责任。显然，商业银行未能及时履行通知犯罪手段和保障交易场所安全的义务，是犯罪分子使用盗码器得逞的主要原因，商业银行应当承担责任。对于合同中的格式条款，是银行为加重储户责任而单方推出的，这个条款对储户不公平，因而是无效条款。

案例 2-16　大数据杀熟，差异化定价侵害消费者公平交易权案[①]

【案情介绍】

胡女士为携程App的钻石贵宾客户。依携程公司宣传内容，钻石贵宾客户享有酒店

① 《胡某芳、上海携程商务有限公司侵权责任纠纷案》，载中国裁判文书网：https://wenshu.court.gov.cn/website/wenshu/181107ANFZ0BXSK4/index.html? docId = GvdWoLTHX0XEcThcuH4aPKqFtTH/NsXalF6MXzGRxlUeASDnIR5v+WI3IS1ZgB82AehWjHo+h0nYd9mjQUtppm/lhoxgTCMNKIdP/6Vj75azmfkCfmrEbUAYkUWPuUcG，最后访问日期：2022年10月22日。

会员价 8.5 折起等特权。2020 年 7 月 18 日，胡女士通过携程 App 代理渠道预订酒店，订金为 2889 元，但退房时，酒店发票显示房价仅为 1377.63 元。据此，胡女士致电携程客服，经查询后，携程客服仅同意退还胡女士 1268 元。由此胡女士认为携程利用其个人信息，根据其“高净值客户”的标签向其报出高价，构成欺诈，遂对携程提起诉讼，要求携程对欺诈所涉的房费差价进行退一赔三的赔付，以及要求其不同意携程 App 的“服务协议”“隐私政策”仍可以使用携程 App，拒绝“大数据杀熟”。

浙江省绍兴市柯桥区人民法院作出一审判决：

1. 判决被告上海携程商务有限公司赔偿原告胡女士投诉后携程未完全赔付的差价 243.37 元及订房差价 1511.37 元的三倍支付赔偿金，共计 4777.48 元。

2. 判令携程公司在 App 中增加不同意其现有“服务协议”和“隐私政策”仍可继续使用的选项等。

携程公司不服一审判决，遂提起上诉。浙江省绍兴市中级人民法院依法作出终审判决：

1. 认定携程公司构成欺诈，判令携程公司退还胡女士订房差价并按差额房费的三倍支付赔偿金。

2. 驳回胡女士其余诉讼请求。

一、一审法院观点

1. 携程 App 作为中介平台对标的实际价值有如实报告义务，但其未如实报告。携程向原告承诺钻石贵宾享有优惠价，却无价格监管措施，向原告展现了一个溢价 100% 的失实价格，未践行承诺。携程在处理原告投诉时告知原告无法退全部差价的理由，经调查也与事实不符，存在欺骗。因此，法院认定被告存在虚假宣传、价格欺诈和欺骗行为，支持原告退一赔三诉请。

2. 新下载携程 App 后，用户必须点击同意携程“服务协议”“隐私政策”方能使用，如不同意，将直接退出携程 App，这种行为是以拒绝提供服务形成对用户的强制。携程 App 的“隐私政策”还要求用户授权携程自动收集用户的个人信息，包括日志信息、设备信息、软件信息、位置信息，要求用户许可其使用用户信息进行营销活动、形成个性化推荐，同时要求用户同意携程将用户的订单数据进行分析，从而形成用户画像，以便携程能够了解用户偏好。上述信息超越了形成订单必需的要素信息，属于非必要信息的采集和使用，其中用户信息分享给被告可随意界定的关联公司、业务合作伙伴进行进一步商业利用更是既无必要性，又无限加重用户个人信息使用风险。原告因之不同意被告现有“服务协议”和“隐私政策”合乎情理，应予支持。

二、二审法院观点

1. 胡女士通过携程 App 预定酒店的房价远高于门市价，携程公司对此构成欺诈。携程公司未依法以显著方式区分标记自营业务和他营业务，未依法向消费者披露第三方代理商信息，对他营模式下存在的风险未予告知。同时，携程公司作为携程 App 网络服务提供者，有义务、有能力、有必要对利用其平台发布高溢价房源信息、赚取高额利润的不当行为进行监管。携程公司的行为，使胡女士陷入了对交易对象的认知错误，继而又基于对携程公司的充分信赖而陷入了对交易价格优惠的认知错误，最终作出不真实意思表示，实际支付了远高于门市价格的价款。携程公司应承担欺诈的惩罚性赔偿责任。

2. 本案中携程公司存在侵害消费者个人信息权益的行为，其“强制且不指明具体内容”的信息收集方式违反有关处理个人信息的正当性原则，但民事责任的承担方式应与侵权行为相适应，且依法严格保护个人信息应当平衡信息提供者利益、数据平台使用者利益和公共利益。携程公司未对消费者个人信息肆意披露和以极端方式加以侵害，对其行为给予否定性评价并要求其承担惩罚性赔偿已可达到胡女士使用携程 App 的预期效果和合同订立初衷。同时，必要的信息收集、积累和数据加工是数字经济发展的关键要素和核心竞争力。本案中携程公司如果不收集胡女士的姓名、手机、身份信息等就无法实现酒店预订的服务事项。如允许消费者不提供任何个人信息，仍可使用携程 App 要求携程公司提供服务，系对携程公司的过分苛责。平台经营者将因此丧失支撑其经营模式的基础资源，也无法通过合理的数据处理更好地保障消费者利益。故对增加该 App 选项的诉请不予支持。

【法律问题】

1. 公平交易权的内容有哪些？
2. 何谓“大数据杀熟”？

【法理分析】

一、公平交易权的内容

公平的交易条件关系到消费者的经济利益，消费者以满足生活需要购买商品或服务，当某种消费品不能得到时，消费需求就无法满足。因此，有时消费者出于对某种商品或者服务的强烈需求，不得不接受一些不公平的交易条件。消费者与经营者是一对矛盾的统一体，双方的行为共同构成了交易行为。经营者一方想谋取更大的利润，消费者一方想尽可能地压价，讨价还价之间最终便会形成一个平衡点，即形成双方都可以接受的交易条件，这也是实现公平交易的关键。公平交易权的内容可以包括以下三方面：

1. 交易行为的发生是在合理的条件下进行的。所谓合理条件是指经营者不得有强制性的或者歧视性的交易行为；同时在商品有质量担保、准确公正的价格、真实的计量条件下从事交易。

2. 交易的结果可以达到消费者预期的目的。所谓预期的目的，是指消费者的消费期待变成现实，并且是在可以接受的公平的交易中使其付出的货币交换了等价的商品或者服务。

3. 公平交易是交易双方协作完成的。所谓协作完成，是指交易双方在交易中都以诚实可信的态度对待对方，并且都获得了不同目的的结果。

二、何谓“大数据杀熟”

大数据杀熟是指经营者运用大数据收集消费者的信息，分析其消费偏好、消费习惯、收入水平等信息，将同一商品或服务以不同的价格卖给不同的消费者从而获取更多利润的行为。经营者杀熟主要考虑以下因素：用户使用的设备；消费时所处的场所；用户消费频率等，通常情况，使用苹果设备的比安卓设备的贵，偏远地区的比靠近商场的贵，高频使用者比低频使用者贵。通俗地说，就是同一平台同一订购需求不同客户群体看到的价格不一致，老用户的价格甚至要高于新用户。国家市场监管总局《关于平台经济领域的反垄断指南》第 17 条对“大数据杀熟”进行了细化，即“基于大数据和算法，根据交易相对人的支付能力、消费偏好、使用习惯等，实行差异性交易价格或者其他交易条件”，以及对新老交易相对人实行差异性交易价格或者其他交易条件。

早期的“杀熟”形式比较简单，就是“高价宰熟客”，同一消费品对新老用户呈现出不同价格。近几年随着大数据的广泛应用和数据经济的快速发展，已经呈现出数据支撑下的个性化推送“精准杀熟”。如今消费者在下单时，会收到大量平台回馈的优惠券、价格优惠组合券，实际上，这些都是经过复杂算法计算后的“事后杀熟”，不同账号的价格差异其实比以前更大。平台经营者通过优惠返券、红包发放、支付工具推广等方式扩大巩固自己的消费者群体，在消费者具备一定黏性后，利用大数据杀熟算法，根据消费者的交易习惯、设备型号、区域位置、价位选择、个人喜好等特征，有针对性地对新老消费者显示不同的价格，以极其隐蔽的方式获得高额利润。

三、对本案的分析

往往最忠诚的消费者成为最被动的消费者，随着携程的败诉，此案迅速在网络上引起讨论，网友曝出被利用大数据“杀熟”的“价格歧视”待遇。网约车平台，同时、同地、打同类型车到同一目的地的客人，熟客反而收费更高；外卖平台，同样的送餐时间、地点、订单，会员却比非会员多付钱等。本案中，胡女士作为携程 App 的会员客户，不但没有享受到会员应有的待遇，反而被携程进行“大数据杀熟”，遭受差异化定价的区别待遇。这不仅给胡女士带来了直接经济损失，也带来了一次糟糕的消费体验。从胡女士作为消费者的角度，携程 App 的这种价格明显不合理的交易条件操作无疑侵犯了胡女士的公平交易权，属于消费欺诈行为。

我国《反垄断法》和《关于平台经济领域的反垄断指南》对“大数据杀熟”进行了专门性和系统性的规制，禁止平台利用优势地位和信息库进行差异化定价的行为。携程 App 的“服务协议”“隐私政策”均要求用户特别授权携程及其关联公司、业务合作伙伴共享用户的信息注析，且对分析结果进一步进行商业利用。其行为也涉及侵犯公民的个人信息安全，一审法院判决支持了原告胡女士的诉讼请求(不同意其现有“服务协议”和“隐私政策”仍可继续使用的选项等)，二审法院虽然未支持此项诉求，但在二审法院观点中对此作出了相关论述。《个人信息保护法》第 6 条也规定，“收集个人信息，应当限于实现处理目的的最小范围，不许过度收集个人信息。”

第六节 索 赔 权

案例 2-17 结石宝宝父亲郭某案①

【案情介绍】

2008 年“三聚氰胺奶粉事件”爆发，2008 年 9 月，国家公布了含三聚氰胺成分的“问题奶粉”名单，“施恩”牌奶粉名列其中，郭某的女儿于 2006 年 2 月出生后曾食用“施恩”牌奶粉。于是，郭某带着两岁半的女儿到医院检查，结果显示：“双肾中央集合系统内可见数个点状强回声”。2009 年 3 月起，郭某将家中剩下的和新购买的部分“施恩”牌婴幼儿奶粉送检，检出部分批次的奶粉中三聚氰胺含量较高。2009 年 4 月，郭某多次找奶粉的生产商施恩(广州)婴幼儿营养品有限公司(以下简称施恩公司)索赔，并向媒体曝光“施恩”牌奶粉存在的问题及其女儿食用后造成的危害后果。施恩公司与郭某协商，双方于 2009 年 6 月 13 日达成和解协议，施恩公司补偿郭某一方人民币 40 万元，并于当日将补偿款汇入郭某的银行账户。同日，郭某出具书面文件，表示基于问题已妥善解决，不再追诉并放弃赔偿要求。上述和解协议也得到郭某之妻高某的追认。

2009 年 6 月 25 日，北京电视台播出了《一个男人，如何使“施恩”奶粉低头》的视频，内容主要是郭某向该台反映“施恩”奶粉问题。同年 6 月 29 日，施恩公司派员主动与郭某取得联系，希望重新讨论赔偿事宜。在双方沟通的过程中，郭某提出要求再赔偿其误工费和女儿医疗费等共计人民币 300 万元。第二天，施恩公司向潮安县公安局报案，称郭某“以接受媒体采访报道，造成无法控制的局面相威胁”，向其勒索。郭某于 2009 年 7 月 23 日被羁押。随之，郭某被广东潮安县法院一审认定犯敲诈勒索罪，判刑五年，潮州市中院二审、再审均维持原判。郭某服刑期间，拒绝认罪，“只有不认罪，才对得起自己，才对得起女儿”。郭某未获减刑，于 2014 年 7 月 22 日刑满释放。

在此后的两年多里，他一直在为证明自己的清白而四处取证，不停地找有关机关递交材料。郭某的父母再次向广东省高级人民法院申诉，广东省高级人民法院经审查后提审该案，2017 年 4 月 7 日作出再审判决，最终改判郭某无罪。

【法律问题】

1. 什么是消费者的索赔权？
2. 索赔权的行使主体有哪些？

【法理分析】

一、消费者的索赔权

无救济则无权利，消费者的索赔权隐含着消费者的实质性利益，是权利救济的重要表

① 《郭某维权案》，载广东法院网：http://www.gdcourts.gov.cn/index.php? v = show&cid = 236&id = 54374，最后访问日期：2022 年 10 月 22 日。

现。消费者因购买、使用商品或者接受服务可能受到的损害，在内容上可以分为人身损害和财产损害。人身损害是指生命权、健康权、身体权等受到损害，财产损害是指受到的直接或间接的财产损失。对于索赔的主体，无论是商品的购买者、使用者或服务的接受者，还是购买、使用商品或者接受服务的过程中受到人身或财产损害的消费者以外的其他受害人，只要其人身、财产损害是因为购买、使用商品或接受服务而引起的，都享有求偿权。对于赔偿的责任主体，消费者因消费所造成的人身、财产损害，除由于消费者自身原因外，商品的生产者、销售者或服务者都要承担赔偿责任，不论其主观上是否存在过错。

二、索赔权的行使主体

根据《消费者权益保护法》第 11 条的规定，消费者因购买、使用商品或者接受服务受到人身、财产损害的，享有依法获得赔偿的权利。从文字表面上理解，索赔权主体似乎只有消费者，但其实，这里的消费者应做广义理解，也可以是商品的购买者和服务的接受者，这类常规的与经营者缔结合同的传统意义上的消费者，也包含没有与经营者产生合同关系的商品的使用者，甚至是因经营者提供的商品或服务导致人身或财产权益受损的第三人。

三、对本案的分析

本案中，郭某最终被广东省高级人民法院依法改判无罪，五年的冤狱生活之后，最终沉冤昭雪。我们不禁感叹这是一位纯粹的、执着的、有担当的父亲，正义虽然实现，但是迟到的正义对当事人的伤害是我们无法体会的，丢了高薪工作、妻离子散，生活还要靠朋友接济。这不仅引发了我们的警醒，更激发了我们的思考。消费者的高价索赔，是否构成刑法上的敲诈勒索罪？目前《消费者权益保护法》并没有对消费者索赔金额的上限作出明确具体的规定，因此，就单纯的索赔数额，消费者是享有高价索赔的权利。通常情况下，消费者在进行高价索赔时，往往会通过媒体曝光、投诉等方式“威胁”经营者，以此使商家达到妥协的目的。但是，笔者认为，此种方式所称的“威胁”与敲诈勒索罪的“威胁”的内在含义和法律性质是存在本质不同的，进行曝光的媒体的本质是充分发挥对经营者的舆论监督，是正常合理行使监督权的最简单最有利的途径，消费者求助媒体本身并不违法。如果消费者利用此种方式构成对商家名誉权的侵犯，商家可以另诉，要求承担侵害名誉权的法律责任，只要索赔的手段是合法的，不能在事实不清、证据不足的情况下直接以敲诈勒索罪进行定罪处罚，这有失公正，有损消费者权益。

依法索赔是消费者消费生活的一项正当的法定权利，消费者相对于经营者是弱者，消费者积极索赔、勇于索赔既是维护其合法权益，也是打击侵权的行为。郭某提出索赔的行为性质并没有超过民事纠纷协商解决的范畴，施恩公司主动联系郭某，郭某就赔偿数额提出要求，不论是一次赔偿还是二次赔偿的，都是由经营者主动向郭某提出的，并不是郭某主动提出，在施恩公司一方有再次赔偿的意思表示或双方皆有再次就赔偿问题进行商谈意愿的前提下，郭某就赔偿数额提出要求。虽然郭某提出的再次索赔的数额超过了最高标准，但基于郭某女儿受到伤害的程度没有评估鉴定和商家主动联系，不能以超出标准直接认定郭某非法占有的目的。郭某用九年光阴换来了消费者索赔权，通过本案例，我们应该重视消费者索赔权的价值。

案例 2-18　今麦郎巨额索赔案①

【案情介绍】

2014 年 12 月，黑龙江货车司机李某峰在一镇上小超市购买了四包今麦郎诱惑酸辣方便面，食用后出现腹泻腹痛的情况，接着发现醋包内有疑似“玻璃渣”的物体，且四包方便面均已过期。随后李某峰找到今麦郎公司投诉醋包内有“玻璃渣”，以找媒体曝光为由提出索赔 300 万元，在维权期间，李某峰以个人名义联系了上海、西安的两家检测机构对醋包的相关成分进行检测，最后西安的检测机构检出醋包内汞含量超标。于是李某峰又认为其母亲在 2014 年 10 月刚刚做过乳腺癌手术，与此前长期食用该品牌方便面有关，因此将赔偿款提高到 500 万元，最后坚持索赔 450 万元。

李某峰在得到今麦郎公司拒绝高额赔偿的答复后，开通微博，发布“今麦郎含有致癌物质，汞超标接近五倍，用的工业盐，亚硝酸含量为 11mg”“劝大家远离今麦郎黑心企业!”的网络信息，并向今麦郎公司负责协调此事的人员和公司客服手机发布短信：“昨天已经有三家媒体联系了我，微博的阅读量快要突破四万人！大家再努努力继续转发！让更多的人知道今麦郎这个黑心企业。”

今麦郎公司随后以李某峰涉嫌敲诈勒索罪为名向当地公安机关报案，2015 年 12 月 18 日河北省隆尧县人民法院〔2015〕隆刑初字第 258 号刑事判决书宣判李某峰犯敲诈勒索罪，判处有期徒刑八年六个月，并处罚金两万元人民币。

【法律问题】

1. 消费者索赔权的特点是什么？
2. 消费者索赔权的基础是什么？

【法理分析】

一、消费者索赔权的特点

消费者的索赔权，在本质上属于民事求偿权，具备民事求偿权的一般性特征之外，还具备以下特点：

1. 消费者的索赔权仅仅发生在消费领域，它只发生于消费者与相关的经营者之间，亦即消费者只可对相关的经营者主张这一权利，在消费领域之外谈消费者的索赔权就失去了现实意义。

---

① 《今麦郎天价勒索案》，载 Alpha 法律智能操作系统：https://alphalawyer.cn/#/app/tool/result/%7B%5B%5D,%7D/detail/a65a3fef71f3deecda3c0f0a09598d04? focus=1&queryId=1b7827b5548111eda27c98039b9cf6f0，最后访问日期：2022 年 10 月 22 日。

2. 消费者索赔权存在惩罚性赔偿的规定，而民事求偿权重视民事主体之间权利的平等，侧重于权利的恢复，一般不具有惩罚的性质。就消费者与经营者的实际地位看消费者无疑处于弱者的位置，一方面，消费者易受经营者的侵害而致使人身、财产权利受损；另一方面，由于求偿艰难，使消费者往往忍气吞声，放弃索赔。

因此，从保护社会弱者的宗旨出发，我国对不法经营者的惩罚性赔偿，在增强对消费者保护力度的同时，也加重不法侵害者的法律责任，惩罚性赔偿在我国现有的立法中仅见于消费者保护领域。

二、消费者索赔权的基础

民事责任请求权的基础包括违约和侵权两种事由，且只能择一适用，故消费者索赔权的基础也包括违约和侵权。消费者分别以违约和侵权进行索赔时，二者存在以下区别：

1. 基于违约事由主张消费者索赔权的前提是消费者与经营者之间必须存在消费合同关系，否则不能以此主张权利，而基于侵权事由主张索赔权时则不要求存在相关合同关系。

2. 行使索赔请求权的主体不同，以违约主张索赔的主体必须是合同一方当事人，而侵权赔偿中，对于申请索赔的主体范围更加广泛，不仅仅规定了消费者，不论其是否购买、使用商品或接受服务，只要受到损害的当事人都有权主张赔偿。

3. 从民事诉讼的角度，在举证责任的分配上也存在不同。违约责任贯彻民事诉讼举证的一般性规定“谁主张，谁举证”，消费者应当承担合同关系存在并且有损害事实的举证责任，产品质量责任纠纷实行举证责任倒置，即原告只需证明其损害是由于产品有缺陷所致就可以提出赔偿，而被告是否有过错，由被告自己举证。

三、对本案的分析

对于消费者是正常维权行为还是敲诈勒索，公众的看法和法官的认定都存在一定的疑惑，并且由于界限模糊，无法进行准确把握。本案中，消费者李先生主观上不具有非法占有公私财物的故意。本罪中的“非法占有”是一种无事实依据、无法律依据的侵占财物行为，李某峰作为消费者，遭遇侵权时有权提起索赔主张，其行为显然属于“事出有因”的正当维权，且该行为并不被法律所禁止。李某峰基于方便面过期、醋包中存在异物、醋包内汞含量超标等质量问题进行索赔，索赔目的也并不违反相关法律规定。即使其将相关检测结果向媒体公布，也是在法律允许的范围内，属正当行为，不具有非法性，不能认定为刑法意义上的向他人索取财物的方法。笔者认为，对于本案，不应由刑法予以规制。李先生完全可以依据《消费者权益保护法》向今麦郎公司主张自己的合法权益，而今麦郎公司面对如此高额的索赔要求，在正视已有错误的前提下，对行为人编造或者扩大虚假事实进而损害公司名誉的情况，可以通过起诉名誉侵权予以解决。对于消费者的天价索赔，商家也可以拒绝，因此，在法律实践中并不能当然地认为天价索赔就等于敲诈勒索。

消费者何时属于正当维权？何时又构成犯罪？正常索赔与敲诈勒索之间的界限是什么？维权不当还有被判入狱的风险，消费者还能否积极维权、敢于维权？现实生活中确实存在个案的差异性和复杂性，司法实务中同案不同判现象也是非常普遍。对于那些与公众的普遍认知、经验发生严重抵触的案件，更要注重判决或裁定中对事实和规范的说理，说明案件之间的差异之所在，以尽量厘清公众的疑惑，尽可能达到法律效果与社会效果的统一。

第七节 结 社 权

案例 2-19 浙江消保委诉铁路补票规定侵权案①

【案情介绍】

多名消费者向浙江省消费者权益保护委员会(以下简称浙江省消保委)投诉称，实名购买火车票乘车后不慎遗失车票，出站时车站拒绝消费者凭身份信息查询的要求，强制要求消费者补票出站。2014 年 12 月 30 日，浙江省消保委向上海铁路运输法院提交消费维权民事公益诉讼起诉状，请求判令上海铁路运输局立即停止这种行为。

历经了一个月的波折与等待后，2015 年 1 月 30 日，浙江省消保委却接到了上海铁路运输法院“不予受理”的裁定书。

【法律问题】

1. 什么是消费者的结社权？
2. 如何理解消费者组织的功能？

【法理分析】

一、消费者的结社权

随着消费者运动的兴起，消费者的结社权是法律规定的必然产物。消费者的结社权是消费者为了维护自身的合法权益而依法成立社会组织的权利。消费者往往是孤立、分散的个体社会成员，其所面对的经营者却时常表现为具有强大的经济实力、庞大的组织机构，拥有各种专门知识与经验的专业人员的企业，因此，尽管法律规定交易当事人地位平等，但由于交易双方实力的悬殊，实际上，很难实现真正的平等。同时，经营者为了垄断市场、获得超额垄断利润往往相互联合，通过协议、董事兼任、控股等手段控制市场，一致行动，共同对付消费者，消费者纵有苦情，也只能选择自认倒霉。为了与强大的经营者及经营者集团相抗衡，实现与经营者之间的真正平等，消费者除了通过国家支持和社会帮助以外，还应学会自我团结，进行自我救济。通过设立自己的组织壮大自己的力量，提高自身的素质，同不法经营行为作斗争。另外，消费者成立社会组织的权利源于我国《宪法》的规定。《宪法》第 35 条规定：“中华人民共和国公民有言论、出版、集会、结社、游行、

---

① 《浙江消保委诉上海铁路局消费公益诉讼案》，载中国审判网：http://www.chinatrial.net.cn/magazineinfo360.html，最后访问日期：2022 年 10 月 22 日。

示威的自由。”结社自由是指公民依法享有的为了达到某一共同目的，结成固定的社会团体组织，进行某种社会活动的自由。消费者为了维护自身的利益，组成的中国消费者协会等消费者权益保护组织即是这种权利的体现。正因为如此，我国《消费者权益保护法》第12条规定：“消费者享有依法成立维护自身合法权益的社会组织的权利。”

消费者结社权有双重含义：

1.《消费者权益保护法》赋予消费者成立社会组织并加入社会组织的权利，当然，消费者组织应当遵守宪法和法律、法规，不得从事损害国家、社会集体的利益及其他公民合法的自由和权利。

2. 消费者自发、自主成立的社会组织应当以维护消费者的合法权益为目的，并且消费者组织进行的活动应当与消费者的利益密切相关。对损害消费者权益的行为进行积极地制止，大力宣传消费者维权的知识、提高消费者的维权意识，依法依规监督经营者的活动。

二、消费者组织的功能

《消费者权益保护法》第36条对消费者协会和其他消费者组织的概念作出了明确界定，即消费者协会和其他消费者组织是依法成立的对商品和服务进行社会监督的保护消费者合法权益的社会组织，是消费者行使结社权的必然结果。消费者组织行使社会监督的方式和形式是多种多样的，比如受理消费者的投诉、对商品和服务进行监督和检查、对损害消费者权益的行为进行揭露和批评等。消费者组织的直接目的是保护消费者的合法权益，因此，消费者组织进行的一切活动应当围绕保护消费者合法权益的宗旨进行。根据不同的标准，可以对消费者组织进行分类。根据我国《消费者权益保护法》的规定，我国消费者组织有两种类型：一是消费者协会，二是其他消费者组织。

三、对本案的分析

本案作为国内首例消费维权公益诉讼案件，虽然最后并没有进入审判阶段，但对消费者维权产生了积极的推动作用和社会效益。笔者也有切身体会，以前坐普快火车出站时也发生了这种现象，出站时一旦发现没有票，不论什么原因，就算实名制购票，铁路系统也能够在后台查询旅客的购票信息，但依然会强制旅客办理补票手续，否则不让出站。高铁和动车都是刷身份证过闸机进出站，所以不存在出站补票的问题。特别是在实行实名制登记购票之前，出站查票当然是铁路商为了防止旅客逃票、买短乘长情况的有效手段，并减少经济损失的直接简单的方式。在实行实名制登记之后，凭借现在的技术手段，旅客在出站时如果票据丢失，完全能够进入后台系统查询旅客旅程信息，而且既不耗时也不费力。然而，上海铁路局给本案的回函答复，杭州站和温州南站工作人员要求消费者补票的做法符合《铁路旅客运输规程》的规定。《铁路旅客运输规程》(铁运〔1997〕101号)第43条规定：“旅客丢失车票应另行购票。在列车上应自丢失站起(不能判明时从列车始发站起)补收票价，核收手续费。旅客补票后又找到原票时，列车长应编制客运记录交旅客，作为在到站出站前要求退还后补票价的依据。退票核收退票费。”

消费者的实名购票信息在铁路售票信息系统中完全可以核查，铁路运输部门不顾消费者已经购票的事实，要求消费者必须另行购票的行为侵害了消费者的合法权益。

案例 2-20 中消协发声，上海消保委约谈加拿大鹅案①

【案情介绍】

2021 年 10 月底，一名上海消费者反映，在加拿大鹅专卖店购买售价 11400 元的羽绒服，付完款后被店员要求在写有“除非相关法律另有规定，所有中国大陆地区专门店售卖的货品均不得退货”的《更换条款》上签字，不签字就不能拿走衣服。消费者随后发现，该羽绒服存在商标绣错、缝线粗糙，面料还有刺鼻异味等质量问题。上述情况引起消费者广泛关注，进而引发对加拿大鹅中外退货政策“双标”的质疑。

上海市消保委随后就上述《更换条款》约谈加拿大鹅，并要求加拿大鹅在 12 月 2 日中午前提交《更换条款》的正式说明。上海市消保委表示，加拿大鹅参会人员确认了在加拿大鹅官网上 30 日无理由退货的相关条款，并表示该条款不适用于中国大陆，中国大陆适用 7 天无理由退货条款。

上海市消保委表示，对加拿大鹅提交的《更换条款》的正式说明不满意，将再次约谈加拿大鹅公司。12 月 9 日晚间，加拿大鹅通过微博发布公告称，在上海市消保委的指导帮助下，公司更新并优化了“加拿大鹅中国大陆地区退换货服务承诺”，直营线下专卖店将执行 14 天内免费更换同型号商品的退换货政策，以维护消费者的权益。

【法律问题】

1. 消费者结社权的作用有哪些？
2. 消费者协会的公益性职责体现在哪些方面？

【法理分析】

一、消费者结社权的作用

消费者组织与经营者的博弈过程，会给政府、消费者和宏观经济市场产生积极的影响。

1. 协调作用。消费者组织可以充分发挥“中间人”的角色，协调处理、积极推进消费者与经营者、消费者与政府之间的关系。当消费者与经营者因商品或服务的质量、品质发生纠纷时，消费者组织可以通过受理的消费者投诉，积极地代表消费者，进行沟通、索赔，维护消费者合法权益。消费者组织相较于政府，具有接触消费者的天然优势，这样消费者组织可以主动收集消费者需求和建议，并向政府有关部门进行反馈，更加有利于服务型政府的建设。

2. 保护作用。消费者组织始终代表广大消费者的合法权益，并且维护消费者的合法权益。消费者的地位劣势，在发生消费侵权行为时，大多数消费者通常表现是心有余而力

---

① 《上海市消保委就专卖店〈更换条款〉约谈加拿大鹅》，载中国消费者协会：https://www.cca.org.cn/zxsd/detail/30302.html，最后访问日期：2022 年 10 月 22 日。

不足，知难而退。消费者组织相较于消费者个体，拥有与经营者抗衡的团体力量，并且能够对侵权的经营者进行施压，高效的助力消费者依法维权。必要时，消费者组织能够为消费者提供相应的法律援助服务，支持消费者通过诉讼的手段解决纠纷，充分维护消费者的权利。

3. 教育作用。消费者组织利用自身的资源优势对消费者提供教育，提供给消费者重要的消费信息，提高消费者维权意识和保护能力。通过普及知识、强化水平，提升消费者对商品和服务的鉴别能力，防止上当受骗，从源头预防侵权行为的发生。

二、消费者协会的公益性职责

根据《消费者权益保护法》第37条消费者协会的公益性职责的规定和《最高人民法院关于审理消费民事公益诉讼案件适用法律若干问题的解释》，消费者协会的公益性职责包括：

1. 消费者协会向消费者提供消费信息和咨询服务，是消费者协会的重要职责，一方面是提高消费者自身合法权益的能力，另一方面是引导文明、健康、节约资源和保护环境的消费方式。

2. 国家制定有关消费者权益的法律、法规、规章和强制性标准，应当听取消费者和消费者协会等组织的意见。消费者协会应当认真履行有关职责，积极、认真地参与制定有关消费者权益的法律法规。

3. 根据本法和其他有关法律的规定，有关行政部门应当就涉及消费者权益的食品、药品等其他商品和服务进行监督检查，并且应当邀请消费者协会参与监督检查。

4. 消费者协会对涉及消费者合法权益的问题，应当主动向有关部门进行反映、查询，有关部门应当认真听取消费者协会的意见，积极提供有关查询信息，消费者协会应当将有关部门的反馈信息等情况及时告知广大消费者；认为有关部门应当对有关消费者权益问题的解决采取积极有效措施的，消费者协会应当在调研的基础上，有理有据地提出建设性建议。

5. 受理消费者的投诉，是消费者协会作为保护消费者权益的社会组织所具有的直接职能。消费者协会接到消费者投诉后，应当采取积极措施化解纠纷、解决问题，维护消费者的合法权益。

6. 投诉事项涉及商品和服务质量问题的，消费者协会接到投诉后，经当事人申请或者根据实际情况自行决定，可以委托具备资格的鉴定人鉴定，要求其及时出具鉴定意见，作为定分止争的依据。鉴定人接受委托的，应当及时进行鉴定，并将鉴定意见告知消费者协会。

7. 如果经营者的行为损害消费者的合法权益，受到损害的消费者可以自己的名义提起民事诉讼，消费者协会可以支持起诉，包括帮助消费者提供证据，推荐有关人员担任消费者的诉讼代理人或者接受消费者的委托代理诉讼。如果经营者的经营行为侵犯众多消费者的合法权益，中消协或者地方消费者协会可以自己的名义向法院提起诉讼，帮助消费者维权。

8. 作为对商品、服务进行社会监督的保护消费者合法权益的社会组织，消费者协会对损害消费者合法权益的行为，可以通过广播电视、报纸杂志、互联网等多媒体予以揭露、批评和监督。

三、对本案的分析

本案中，加拿大鹅作为全球知名的服装企业，2018 年正式进入中国市场，然而对中国的消费者采取“变更条款”，差别对待。接到消费者的投诉后，上海消保委积极作为，第一时间约谈了加拿大鹅，并且在上海消保委的施压下，加拿大鹅发出公告，专卖店将执行同型号 14 天内的免费退换货政策。这是消费者借助消费者组织维权的又一大胜利，同时也展现了消费者组织维权的决心、信心和能力。正是因为存在消费者的结社权，弱小的、单个消费者主体才能依法组织在一起，汇聚力量，与不法经营者进行斗争，借助消费者组织，消费者维权才有希望、有勇气。

目前，地方消费者协会纷纷改组消保委，笔者认为，这一举措能够使消保委这样的消费者组织更加地贴近消费者群体，关注消费者、保护消费者。因此，在法律的框架下，我们应该鼓励更多的像消保委这样的消费者组织的成立，只有以强大的团体力量做后盾，当发生消费者侵权行为时，消费者才会想维权、敢维权，并且能够削弱经营者主导交易行为的思想。所以，消费者的结社权不仅是消费者权利救济的前置权利，从长远看，也能影响市场经济的平稳向好。

第八节　受教育权

案例 2-21　花呗广告扭曲消费者的价值观案①

【案情介绍】

近日，蚂蚁花呗的广告海报诱导消费者超前消费引发众怒，如“我害怕我的世界只有两点一线，刚毕业的大学生用花呗开始了自己的环球旅行。”“考上大学的妹妹，想了又想的那台笔记本，我想都没想就买给她；29 岁的牧民开心地看着妹妹用着花呗买来的笔记本电脑。”“一家三口的日子，再精打细算，女儿的生日也要过得像模像样，37 岁的施工队长用花呗给女儿过生日。”这些广告语的内容给人不协调的感觉，甚至令人反感。

【法律问题】

1. 什么是消费者的受教育权？

---

① 《花呗广告传递“扭曲”消费观》，载中国国家品牌网：http://www.chinanationalbrand.org.cn/#/detail? id=16621，最后访问日期：2022 年 10 月 22 日。

2. 消费者受教育权与知情权的区别是什么？

【法理分析】

一、消费者受教育权的内容

消费者的受教育权不同于消费者的其他八项权利，消费者的受教育权具有权利和义务的双重属性。从《消费者权益保护法》第 13 条的规定可以看出，消费者依法享有获得有关消费和权益保护方面的知识权利，同时，也负有掌握商品和服务相关知识等义务。在经济现代化背景下，消费者是以他人生产、经营的产品及提供的服务作为消费对象的，消费信息偏存于经营者一方，现代科技的发展使商品服务的种类越来越多，商品的结构功能日益复杂。这就使得消费者很难凭一般经验对商品服务价值作出正确的判断，对商品及服务进行安全、合理的消费。这就决定了他们正确地选择和使用商品都要求必须以获得商品的有关真实情况为条件，否则，就很难避免在进行消费交易及使用消费品或接受服务的过程中受到损害。只有在消费者掌握了充分的消费知识的情况下，他们才能正确地使用商品、接受服务、防止损害事件的发生。

消费者获得知识的内容包括：(1)消费知识。所谓的消费知识，主要包括可以使消费者能够明确知道自己消费行为和消费态度的知识、能够指导消费者作出正确的消费选择的有关商品和服务的基本知识以及有关市场的基本知识。(2)消费者权益保护方面的知识。本书以整部《消费者权益保护法》为指引，所以必须使消费者拥有获得维权方面的知识，包括有关消费者权益保护的法律、法规和政策，消费者权益保护机构以及经营者和消费者发生争议时的解决途径等知识。

二、消费者受教育权与知情权的区别

消费者的受教育权与知情权是消费者进行消费选择的两项重要权利，在面对复杂的消费环境和技术含量较高的产品时，仅仅依赖消费者知情权，主动询问的方式很难使消费者对商品或服务有一定准确的了解，消费者接受教育也是为了更好地实现知情权，二者之间存在相似之处，但作为两项独立的权利，也存在不同之处。

1. 所涉知识范围不同。消费者受教育权给予消费者获得知识的范围更广，不仅仅包括消费者直接消费的商品和服务的有关信息，也包括消费者权益保护方面的知识等。而消费者的知情权规定的知悉消费信息，是与消费者消费的商品或服务直接相关的信息，不涉及消费者权益保护、消费理念的信息内容。

2. 提供信息的要求不同。消费者的受教育权对提供的信息要求高于消费者知情权的信息，受教育权要求义务方提供的有关消费信息不仅是基础性要求，更关注提供消费者权益保护的方面的信息，改变消费观念、提升维权意识、强化维权能力。知情权只要求提供的信息真实、可靠和准确，不涉及消费者消费知识和维权能力方面的内容。

3. 义务主体不同。消费者的受教育权的义务主体包括消费者本人、政府和社会组织，经营者是否为消费者受教育权的直接义务主体尚存异议。但是，知情权的义务主体直指经营者，不涉及经营者之外的任何主体。

三、对本案的分析

针对蚂蚁花呗发布的富有争议的广告，可能会造成年轻人消费观念和消费心理的扭曲。花呗作为一款金融产品，不可否认的是它在给消费者带来便利的同时也能够在一定程度上激发市场活力。它的广告，基本针对的是经济不怎么宽裕的人群，利用这类消费者自尊、自强的心理，道德绑架亲情、友情、爱情，只告诉你可以享受一时之快，却没有明确告知消费者下个月必须还款的义务，逾期还会产生一定数额的利息费用。只告诉消费者消费的权利，不告诉消费者还钱的义务。进行类似的广告宣传是一种不负责任的表现，使消费者产生片面认识、局部思维，侵犯消费者的受教育权。蚂蚁金服作为花呗的经营者，有责任对广大消费者进行正确地教育和引导，不能引导消费者尤其是青年人养成超前消费、透支未来的消费习惯。大学生因为虚荣心、攀比心作怪，提前超额消费导致最终无法如期还款自杀的事件时有发生。《广告法》第4条规定："广告不得含有虚假或者引人误解的内容，不得欺骗、误导消费者。"蚂蚁花呗的这些广告明显是与此相悖的，是违法的广告宣传，这种消费主义严重误导了年轻人的消费观。

商品正在改变我们的文化观和价值观，消费主义已经形成。消费本身是没问题的，但消费主义是商人用商品和营销相结合的方式发展出的一套价值体系，对生产者和消费者进行重塑。在消费主义社会，商人在重塑社会的价值观和人生观。商家制造了一种说辞，让我们相信这是一个人生目标，是一种人生哲学，消费主义已经超越了商品属性，成为一种人生观。

案例2-22　铁岭市检验检测认证服务中心开展大型宣传教育活动案①

【案情介绍】

为营造诚实守信、放心消费的快递市场环境，更好地维护消费者在快递服务中的合法权益，在《中华人民共和国邮政法》颁布十周年和《快递暂行条例》实施一周年之时，铁岭市检验检测认证服务中心消费者协会联合市邮政管理局于2019年5月24日在哥伦布广场组织开展现场宣传活动，对消费者网购中涉及的法律知识进行普法教育。

在活动现场，铁岭市检验检测认证服务中心消费者协会通过在市内地处繁华街道的哥伦布广场设置拱门、悬挂宣传标语、发放宣传资料、设置宣传台等形式，向市民广泛宣传了《中华人民共和国消费者权益保护法》《中华人民共和国邮政法》《快递暂行条例》《快递市场管理办法》等法律法规，解答了群众关于邮件快件实名制寄递、签收、快件延误、破损、丢失等有关消费维权的疑难问题，讲解了快递服务消费应有的权利、义务以及消费者维权的方式、途径，听取了群众关于快递市场信用体系建设方面的意见和建议。在此次宣传活动中，共发放宣传资料1000余份，解答市民咨询百余人次；主动邀请铁岭市电视台和《铁岭日报》社新闻媒体对此次宣传活动进行全面综合报道，制造宣传声势，扩大正面

① 《铁岭市检验检测认证服务中心消费者协会开展普法宣传活动》，载铁岭市市场监督管理局：http://scjg.tieling.gov.cn/tlgsj/gsyw/688168/index.html，最后访问日期：2022年10月22日。

影响，树立社会监督形象。

铁岭市检验检测认证服务中心开展此次宣传活动，旨在引导消费者提高依法维权意识，合理维护自身权益，主动投诉、举报失信经营行为，积极呼吁全社会形成重视、鼓励、保护消费者监督权的社会氛围，让消费者敢监督、愿监督、能监督，努力推动快递服务消费市场的良好局面。

【法律问题】

1. 消费者受教育权的义务主体是谁？
2. 实现消费者受教育权的方式有哪些？

【法理分析】

一、消费者受教育权的义务主体

权利和义务的相对性，消费者享有获得知识的权利，相应的责任主体也有承担提供知识、提供教育的义务。消费者受教育权的义务主体有四类：

1. 消费者。基于消费者受教育权具备权利和义务的统一性，消费者也是义务主体，在享受获得知识权的同时，也应该积极作为、努力提升消费意识，主动接受消费知识的培训，不断规范消费行为、强化维权能力。

2. 经营者。《消费者权益保护法》在经营者义务部分并没有直接规定经营者有保障消费者受教育权的义务，但经营者作为直接与消费者进行交易的主体，能够更加准确了解消费者的情况，并且经营者天然的优势地位，对商品和服务也有更加清晰的认识。因此，在消费者出现消费知识盲区时，经营者应当主动作为，向消费者介绍、讲解，不能刻意隐瞒，更不允许有欺骗消费者的行为。

3. 政府部门。政府公权力在维护稳定的交易秩序、健康的市场环境方面始终发挥着重要作用。依法保障消费者的受教育权是一项长期而艰巨的任务，政府应当充当首要的直接的义务主体。

4. 消费者协会。在结社权部分，笔者已经列出了消费者协会的公益性职责，其中就涉及开展消费教育、保障消费者受教育权。

二、实现消费者受教育权的方式

面对消费市场环境的复杂化，必须要重视、加强消费者获得知识的权利，才能有效面对消费中产生的新问题、新挑战。

政府教育和社会教育相结合、校内教育和校外教育相结合，打造多层次相互联动的消费者教育体系，依法保障权利、维护权利、减少损失。在消费者教育方面，政府应当起到积极的带头引领作用，毕竟政府在公众的心中有较大的公信力，能够达到较为理想的教育效果。其次，社会组织要充当好政府教育的补充，社会组织相较于政府，往往更贴近消费者群体，更能了解消费者知识的欠缺、认识的局限，所以社会组织的对消费者进行“教育”的针对性更强，更能满足消费者的消费需求、填补消费者的消费盲区。

学校是消费者获得知识的主要阵地，可以获得专业的知识解读、消费案例的分析和较为深厚的理论水准等，因此，我们应当珍惜机会，掌握更多的专业消费知识，不断更新自身的知识体系，适应消费市场的变化，树立良好的消费理念、练就过硬的维权本领。此外，学校的教育存在阶段性的特征，消费者的受教育权要求消费者必须不断学习、终身学习，实现校内学习和校外学习相统一。理论必定是服务实践的，在平时的消费活动中或多或少会出现一些新情况、新矛盾，作为消费者，我们不仅要想着如何合法合理地解决纠纷，也要在此过程中总结经验、吸取教训，这不失为一个学习的过程和机会。

三、对本案的分析

铁岭市检验检测服务中心是政府作为消费者受教育权的直接义务主体之一，其联合开展的宣传活动，是依法履行义务、保障消费者获得知识权利的直接表现，其选取的教育主题也非常贴合实际，具有非常重要的教育意义和价值。近些年来，电子商务的飞速发展，越来越多的人选择网购的方式进行消费，在选购商品时与网店的交流、决定购买商品的付款、商品的快递运输和后续的退换货等各个环节，都会发生一些问题，但是基于网购的虚拟性，消费者在出现消费问题时往往会表现得过于迷茫、过于无助，不能及时维权、有效行权，只能自己忍受损失。这不仅会激化消费者和经营者的矛盾，也不利于我国电子商务等数字经济的发展。铁岭市检验检测服务中心直击消费者关心的热点、关注的痛点，进行针对性的宣传普法活动，设置拱门、悬挂标语、发放资料，听取消费者意见、解答消费者疑惑。政府机关主动对消费者进行消费知识的宣传教育活动，保障《宪法》规定的公民受教育权，也保障了消费者依法获得消费知识的权利，起到了重要的引领和呼吁作用。消费者受教育权的实现是消费者能够正确认识其他权利、正当行使权利的必要前提，我们应该提倡政府和消费者组织能够主动对消费者宣传教育，保障消费者知悉商品和服务，知悉法定权利。只有获得对消费者自身有用的消费知识，消费市场才能长久向好，消费者才可能利用学到的知识敢维权、想维权。

第九节　受尊重权和个人信息保护权

案例 2-23　农民工进耐克店消费被侮辱案①

【案情介绍】

2021 年 8 月 13 日，毛先生一家进入云南昆明的一家耐克店买衣服，一进门，毛先生就感觉到耐克店员不友好的眼神。“从我们进去的那一刻起，店员的眼神里，就充满了歧视。”当毛先生的孩子挑选好衣服时，店员却一把抢过衣服并且重新挂回衣架，并且嘴里骂骂咧咧，出言不逊。毛先生妻子上前理论时，脖子被对方抓伤。毛先生表示，自己当时

① 《农民工进耐克店消费遭歧视》，载腾讯网：https://page.om.qq.com/page/Oatw4LrQOfBJa17HhwdPnLGA0，最后访问日期：2022 年 10 月 22 日。

穿着工地上工作的旧衣服，出门急来不及更换，他猜测是因此自己一家才遭受歧视。8 月 19 日晚，一位自称是负责云贵川地区的耐克公司的负责人给毛先生打电话道歉，并表示已开除涉事店员。之后，耐克方面公开道歉。毛先生表示，自己接受道歉，但不接受任何补偿，以后也不会再去耐克店里消费。

【法律问题】

1. 消费者的人格尊严包括哪些内容？
2. 常见的侵犯消费者人格尊严的表现形式有哪些？

【法理分析】

一、消费者的人格尊严

消费者的人格尊严是指消费者在消费过程中人格尊严等精神利益不受侵犯，经营者不得以任何形式对消费者进行侮辱、谩骂、诽谤，消费者的身体以及随身携带物品不受非法搜查，人身自由不受非法限制和控制。公民的人格尊严不受侵犯是我国《宪法》规定的公民基本权利之一，《民法典》人格权编也规定了公民的人身自由、人格尊严受法律保护，消费者的人格尊严是我国宪法和民法对公民人格尊严的相关规定在消费生活中的具体体现。人格尊严是消费者的人身权的重要组成部分，包括姓名权、肖像权、名誉权等，消费者的人格尊严受到尊重，是消费者最起码的权利之一。人格尊严是公民最基本的精神性权利，消费者的人格尊严直接影响消费者的消费体验和消费感受，直接决定消费者是否进行消费的重要影响因素。

二、侵犯消费者人格尊严的表现形式

在日常生活中，侵犯消费者的人格尊严现象时有发生、屡见不鲜，其表现形式大致可分为三类：

1. 非法搜身、搜包。实践中，个别经营者由于怀疑某消费者偷拿了商品，而强行搜查其身体及携带的物品。这种行为是对消费者人格尊严的严重侵犯。公民的人身权利受宪法和法律的保护，除了有关执法机关依照法定的权限和程序，有权对公民的身体及其携带的物品进行必要的搜查、检查外，其他任何单位和个人都无权搜查他人的身体。经营者如果发现商品被偷可以向公安机关报案，由公安机关依法对嫌疑人进行必要的检查。

2. 限制人身自由。人身自由不受侵犯是公民的基本权利，是公民参加各种社会活动和享受其他权利的先决条件。我国《宪法》第 37 条明确规定：“中华人民共和国公民的人身自由不受侵犯。任何公民，非经人民检察院批准或者决定或者人民法院决定，并由公安机关执行，不受逮捕。禁止非法拘禁和以其他方法非法剥夺或者限制公民的人身自由，禁止非法搜查公民的身体。”由此可见，消费者的人身自由不受侵犯。在现实生活中，一些经营者擅自限制消费者的人身自由，甚至扣留、非法拘禁消费者，造成了严重后果，理应承担相应的法律责任。

3. 侮辱、诽谤消费者。消费者在消费活动中不受侮辱、诽谤，是保护消费者人格尊

严不受侵犯的基本要求。经营者对消费者进行侮辱、诽谤，主要是一些经营者缺乏耐心，对消费者出言不逊，冷嘲热讽，或者以污言秽语辱骂消费者，或者故意捏造、夸大事实，诬陷中伤消费者，损害消费者的人格尊严。

三、对本案的分析

本案中，毛先生穿着破旧廉价的衣服带孩子到耐克专卖店购物，不论其从事的是什么职业，进入耐克店的那一刻，毛先生就是消费者。作为消费者的毛先生，应当享受与所有消费者同等的服务和待遇，不应因自己的穿着遭受耐克店服务员另样的眼神和不逊的言辞，服务员的做法伤害了毛先生一家人作为消费者的感情。当服务员从毛先生孩子的手中夺过已经挑好的衣服，对孩子幼小的心灵也造成了严重的冲击和伤害。虽然之后耐克公司相关负责人致电向毛先生表达歉意，并表示已辞退了涉事服务员，毛先生表示接受道歉但不会再去耐克店购物。一个企业的长久生存与发展，必须要考虑、照顾消费者的消费感受。朴素的穿着并不代表毛先生作为消费者没有购买力，当然，就算是消费者缺乏购买力，也有进店进行参观、挑选的权利。消费者的人格尊严具有很强的人身性，商家作为经营者应当自觉尊重消费者、维护消费者的人格尊严，否则会对消费者的心理和精神产生潜移默化的伤害。

案例 2-24　未穿正装进西餐厅就餐被拒案①

【案情介绍】

2001 年 8 月 30 日下午 1 点左右，京城某公司职员周先生到罗杰斯餐厅用餐，该店实习经理以衣冠不整为由拒绝让他就餐，还将其领到一个告示牌前，上面写着："为了维护多数顾客的利益，本餐厅保留选择顾客的权利。"

周先生认为，他穿的 T 恤、短裤及拖鞋不属于衣冠不整之列，也没有侵犯其他顾客的权利。故以侵犯其名誉权为由诉至法院，请求判令该餐厅赔礼道歉，拆除店堂告示牌，赔偿精神损失费 5000 元。罗杰斯公司李总经理对记者说，罗杰斯没有侵犯周先生的权益，公司不打算摘下告示牌并会积极应诉。

受理原告周先生的诉讼后，北京海淀区法院依法对该案进行了宣判，认为罗杰斯公司的行为并未构成对周先生名誉权的侵害，驳回了原告赔礼道歉、精神损害赔偿的诉求。

【法院观点】

该店的工作人员根据他们的经营习惯和周先生的衣着情况，指出周先生的衣着不符合到该店内消费的基本要求，并赠送周先生两张买一赠一的酒水餐券，请周先生改时间再来用餐。法院认为这种做法无论在言语、动作上均不构成对周先生人格上的侮辱、诽谤，结合全案案情，认定罗杰斯公司并没构成对其名誉权的侵害。

---

① 《周某诉罗杰斯餐厅案》，载中国法院网：https://www.chinacourt.org/article/detail/2002/04/id/3448.shtml，最后访问日期：2022 年 10 月 22 日。

【法律问题】

1. 经营者是否具有选择顾客的权利？

2. 经营者在行使自主选择权时有哪些限制？

【法理分析】

一、经营者选择顾客的权利

经营者选择顾客的权利，即经营者的选择权，是指经营者通过确立一定的标准，对特定的消费者提供商品或者服务，对于不符合标准的消费者享有的拒绝提供商品或者服务的权利。

我国《消费者权益保护法》第9条第2款规定“消费者有权自主选择提供商品或者服务的经营者”，消费者对交易主体(经营者)的自主选择权，但是该法并没有明文规定经营者对消费者的选择权。因此，对于经营者是否具有选择顾客的权利这一争议较大的问题，我们可以从法理层面和《消费者权益保护法》与其他部门法中寻找解答。民法的基本原则要求民事主体从事民事法律活动时应当遵循平等原则、自愿原则等，在市场交易活动中，消费者与经营者处于平等的民事法律地位，除法律有特别规定之外，消费者有选择经营者的权利，那么，经营者也同样具有选择消费者的权利。此处的法律除外具体包括两种排除经营者选择权的情形：(1)经营者负有不得拒绝消费者的义务从而排除了经营者的选择权；(2)消费者权利的规定，即消费者享有与经营者从事交易活动的权利，则同样排除了经营者的选择权。

所以，笔者认为经营者对消费者存在一定范围或程度的选择权，但是此选择权不得超过“法律除外”的相关规定。

二、经营者行使选择权的限制

任何权利的行使必定会受到一定的限制，经营者的选择权也是如此。所以，笔者认为，分析与解决本案的关键，不在于经营者是否享有选择权，而在于经营者所规定的选择标准是否合法。

对于经营者选择权，可以借鉴已有的部门法标准进行衡量，例如《劳动法》的有关规定及其立法精神可以为我们认识经营者选择权提供一定的借鉴与启发。《劳动法》第12条、第13条、第15条分别规定了对用人单位选择权的限制，即不得歧视原则。也就是说，虽然用人单位可以根据自己的要求对谋职的劳动者进行选择，但不得因其民族、种族、性别、宗教信仰的不同而拒绝录用。概言之，用人单位虽然享有选择权，但其选择标准应与民族、种族、性别、宗教信仰这些因素无关。

一以贯之，无论是何种因素作为接受消费者的条件或选择消费者的标准，笔者认为均应符合下列要求：

1. 条件或标准应具有合法性。所谓合法性，是指这些条件与标准是法律明文规定与要求的，或者不违反法律的禁止性规定。

2. 条件或标准应具有合理性。一方面这样的条件与标准应具有可实现性；另一方面，这些条件与标准应当存在正当的目的与理由，如社会公众利益、其他消费者的利益等。

3. 条件或标准应具有可预测性。条件或标准的设定应与消费活动的性质相适应，并为该消费活动所必需，这已经成为社会公众的基本认识，同时，消费者基于一般的认知常识可以预测自己的消费活动。

4. 选择条件的公开性。经营者作为为社会提供商品与服务的商事主体，自获得从事商事经营资格起，实质上与国家及社会存在一种承诺，即为社会提供服务。因此，其对消费者的选择条件也是该承诺的一部分，应向公众公开以为社会公众所了解，并接受国家与社会公众的审查与监督。同时，事先了解经营者对消费者的选择标准也是消费者知悉真情权的一项重要内容。

三、对本案的分析

本案中，未着正装的周先生欲到罗杰斯餐厅用餐，餐厅却以衣冠不整为由而拒绝其入内。从最终的裁决结果看，笔者认同法院的观点，餐厅并没有侵犯到周先生的名誉权。《民法通则》第 101 条(现为《民法典》第 1024 条)规定：“公民、法人享有名誉权，公民的人格尊严受法律保护，禁止用侮辱、诽谤等方式损害公民、法人的名誉。”名誉是对民事主体的品德、声望、才能、信用等的社会评价。从行为要件分析，罗杰斯餐厅对周先生并没有侮辱和诽谤，相反还免费赠送周先生两张买一赠一的酒水餐券，请周先生改时间再来用餐，行为上合情合理。从结果要件分析，罗杰斯餐厅只是拒绝衣着不整的周先生用餐，并且请周先生下次再来用餐，也并没有造成周先生品德、声望、才能、信用等社会评价的降低，结果并不违法。在周先生的名誉权是否受到侵犯之外，本案引起热议的关键点是罗杰斯餐厅作为经营者是否能够设定一定的标准选择消费者？经营者行使选择权的目的在于维护其他消费者的利益，消费者要求进入消费场所进行消费的理由是衣冠不整并未损害其他消费者的利益。

衣冠不整尚未违反“尊重社会公德”这一民事活动的义务与原则，并不构成对其他消费者实质利益的损害。如果勉强承认其他消费者的利益，则实际上是其一种心里的感受，即他人的不文明造成其心理的厌恶与鄙视。姑且不论此种心理感受是否属于广大消费者的真正心理反应，即使确实使部分消费者产生了心理的厌恶与鄙视，则此种所谓的损害也是应当予以容忍的。任何权利的行使都必然造成资源配置的变化，从而对权利人以外的人造成一定的损害，而这种损害正是其必须予以容忍的，直到法律明确规定的范围与边界。就我国现有的法律体系而言，这种心理感受上的利益并不属于人格利益与精神利益的范围，显然是不属于法律保护范围内的。因此，其他消费者的心理感受不能构成对消费者进行消费的权利的限制，经营者以此作为选择消费者的标准与条件显然是不合理的，从而构成对消费者权利的一定程度侵犯。

案例 2-23 和案例 2-24 都涉及经营者选择顾客的问题，同样是消费者衣冠不整，耐克服务员的行为毫无疑问侵犯了消费者的人格尊严，而北京海淀区法院的判决则认定罗杰斯餐厅不构成对消费者人格尊严（名誉权）的侵犯，可以作案例的类型化分析，值得读者进一步探讨。

案例 2-25　七旬老太超市购物被污蔑为小偷案①

【案情介绍】

2011 年 10 月 18 日，72 岁的汪婆婆在武汉家乐福光谷店购物结账时，因 4 袋促销赠送麦片是否要付费与收银员发生争执，当场被家乐福当成小偷，还被强迫拍照签字，否则不准离开。21 日上午，在记者陪同下，汪婆婆和老伴颜先生来到家乐福光谷店，找到了家乐福相关负责人。当着记者与家乐福媒体沟通经理罗明以及另外一名主管的面，汪婆婆再次讲述了整个事情经过，在讲述中，汪婆婆多次潸然泪下。汪婆婆在家乐福相关负责人面前当场下跪，请求家乐福书面致歉，还自己一个清白。家乐福承认此事是家乐福的过失，但尚未同意由超市书面道歉。

汪婆婆下跪讨清白无果，愤而将家乐福光谷店告上法院。东湖新技术开发区法院依法作出判决，家乐福公司向汪婆婆书面赔礼道歉，并在其经营的"家乐福光谷店"内张贴道歉信，同时还向汪婆婆赔付精神抚慰金 5000 元。

【法律问题】

1. 名誉权的概念和特征是什么？
2. 自助行为与人身自由权的关系是什么？

【法理分析】

一、名誉权的概念和特征

名誉作为一种综合性的社会评价，是指社会或他人对特定自然人、法人及非法人组织的品德、声望、才能、信用等方面的客观评判。这种评价直接关系到民事主体的人格尊严和社会地位，属于重要的人格利益。

名誉权，是指自然人和法人、非法人组织就其自身属性和价值所获得的社会评价，享有的保有和维护具体人格权。《民法典》第 1024 条规定了名誉权，具备以下的法律特征：

1. 名誉权的主体包括自然人、法人和非法人组织。与隐私权、肖像权等由自然人专有的人格权不同，名誉权的主体也可以是非自然人的法人或者非法人组织等。与自然人的名誉相比较，非自然人名誉的最显著的特点在于其与财产利益的联系更为密切。

2. 名誉权的客体是名誉及其利益。民事主体就其自身属性和价值所获得的社会评价，可称之为名誉利益。

---

① 《汪某兰诉武汉汉福超市有限公司光谷分公司名誉权纠纷案》，载中国法院网：https://www.chinacourt.org/article/detail/2014/03/id/1228965.shtml，最后访问日期：2022 年 10 月 22 日。

3. 名誉权的内容是就名誉受有利益和排除他人的侵害。民事主体就自己的客观公正之社会评价获得精神上的满足，并有可能利用自己良好的名誉取得财产上的利益。排除他人的侵害则表现在两方面：一方面，维护名誉，使自己的社会评价免于不正当的降低和贬损；另一方面，在名誉受到侵害时，有权获得法律救济，特别是使名誉恢复到受侵害之前的状态。

4. 名誉权不具有直接的财产内容，但是与一定的财产利益相关联。名誉权虽然不是直接的财产价值，也不能产生直接的经济利益。但是，在名誉权受到侵害时，可以主张侵权人赔偿因侵害名誉受到的经济损失，除此之外，名誉权属于潜在的影响利益的因素，对自然人、法人、非法人组织的财产或经济利益都会造成一定的影响。

二、自助行为与人身自由权

自助行为又称自救行为，是指当民事主体的合法权益受到侵害，情况紧迫且不能及时寻求国家保护和救济时，不立即采取措施将使其合法权益受到难以弥补的损害的，凭借自己的力量来恢复权利的行为。自助行为规定于我国《民法典》第1177条，民事主体实施自助行为，应当满足以下构成要件：

1. 合法权益受到的不法侵害已经发生。自救行为以不法侵害行为已经存在为前提，属于一种事后救济，所以对未发生或将来发生的不法侵害，亦不允许实施自救行为。

2. 情况紧迫且不能及时获得国家机关保护。如果不是情况紧急，只能寻求国家救济等途径，并依法定程序进行。

3. 自救行为的方法手段具备正当性。自救行为方法之正当性必须以不超过必要限度为基准，也就是说，自救行为不得超过保护请求权所必需的程度。

人身自由权的核心内容是人身自由不受侵犯。人身自由是近代以来伴随个人的解放所确立的一项传统的基本人权，它指的是无正当理由身体的活动不受拘束的权利，故而又称身体自由。人身自由是人们一切行动和生活的前提条件，为此也是基本权利之中最重要的权利。在内容上，人身自由权包括身体自由权和精神自由权。身体自由权也称作行动的自由权，是指自然人按照自己的意志和利益，在法律规定的范围内作为和不作为，不受非法限制、剥夺、妨碍的权利。身体自由权所包含的是自然人自由支配自己外在身体行动的权利。以非法强制治疗的方法，限制受害人的身体自由，就是侵害了身体自由权的行为，受害人有权依法请求行为人承担民事责任。精神自由权，也称为决定意思自由、意志自由权，自然人依自己的意志和利益从事正当的思维活动，观察社会现象，是进行民事活动的前提，法律应当予以保障。因而，精神自由权是自然人按照自己的意志和利益，在法律规定的范围内自主思维的权利，是自然人自由支配自己内在思维活动的权利。非法限制、妨碍自然人的精神自由，行为人应当承担一定的民事责任。

自助行为的行使往往会与当事人的人身自由相冲突，应当确定各方权益的平衡点。只有合法权益受到侵害的，行为人才能依照法律规定进行自助(自救)。因为合法权益受到侵害的一方当事人往往会通过采取扣押、限制侵权人的财物或人身自由的行为，达到维护自身合法权益的目的。因此，法律对当事人行使自助行为也是进行了严格的规定，其中之一就是必须是不法侵害已经发生，如果是假设的不法侵害，事实上却并不存在的，当事人则不能通过短暂地限制人身自由的方式进行所谓的“维权”，否则限制他人的人身自由的行为，就属于侵权行为，情节严重的，有可能触犯《刑法》的非法拘禁罪。

三、对本案的分析

本案中，当72岁的汪婆婆为了得到家乐福方面的书面致歉，竟然潸然泪下地跪在家乐福相关负责人面前，这一幕是令人揪心的。家乐福作为经营者早已忘却“顾客是上帝”的响亮口号，反而在消费者面前颐指气使、趾高气扬，肆意践踏消费者的尊严、恶意伤害消费者的感情。随意给消费者汪婆婆贴上“小偷”的标签，这样的做法不仅是不负责任的，也是违法的。《消费者权益保护法》第14条明确规定，“消费者在购买、使用商品和接受服务时，享有人格尊严得到尊重的权利”。家乐福不但没有维护消费者的人格尊严，而且利用作为经营者的强大优势地位，污蔑汪婆婆是小偷，当场要求其签字拍照，这会对汪婆婆的日后生活产生很大的影响。最终，法院认定家乐福方面侵犯了汪婆婆的名誉权，判处家乐福作为侵权方进行书面道歉并赔偿5000元的精神损害赔偿金。

家乐福强制要求汪婆婆签字拍照、承认自己是小偷，否则不准离开，此行为既侵犯了汪婆婆的名誉权，也侵犯了汪婆婆的人身自由权。家乐福限制他人的人身自由，并不属于行使民法上的自助行为，因为当时汪婆婆并没有偷东西或者家乐福方面不能完全证明汪婆婆存在偷窃行为，即不法侵害并没有发生，所以，就不能认定是当事人家乐福的行为系自助行为。虽然，经营者在法院的公正审判下得到了应有的处罚，但这似乎并不会给家乐福公司带来什么影响，或者说影响是渺小的、短暂的。可是对于消费者的伤害却远远不是经营者的书面道歉和5000元所能弥补的。因此，事后救济对此项权利受损的挽救毕竟杯水车薪。我们应该从源头、从制度的顶层设计进行事前的积极预防，尽可能在源头扼杀侵犯消费者人格尊严的行为。

案例2-26　3·15曝光“科勒卫浴偷脸”案①

【案情介绍】

2021年央视“3·15”晚会曝光著名卫浴品牌科勒利用摄像设备侵犯消费者隐私。经查明，科勒卫浴从万店掌公司购买摄像设备等软硬件系统，安装在科勒卫浴的经销商门店。截至2021年3月15日，科勒卫浴全国222家门店安装了565台万店掌摄像头，科勒卫浴向万店掌支付了99万余元。

万店掌公司提供的摄像设备会自动抓取到店人员的人脸信息，并通过软件系统将收集到的人脸信息图片上传至万店掌租用的阿里云服务器，再经过算法计算筛除门店员工及重复进店的顾客，达到去重目的。科勒卫浴的门店据此来精准统计客流，方便制定销售政策。

但是，科勒卫浴使用人脸识别摄像头抓拍消费者人脸信息时，并未取得消费者的明示

① 《上海市静安区市场监督管理局处罚决定》，载中国市场监管行政处罚文书网：https://cfws.samr.gov.cn/detail.html? docid=20211216151046067492，最后访问日期：2022年10月22日。

同意或默示授权。在“3・15”晚会曝光前，科勒卫浴共抓取了220万余条人脸信息。执法人员查明，这些摄像头收集到的人脸信息均存储在万店掌租赁的阿里云服务器上，科勒卫浴无法下载，仅使用这些数据来精准计算门店有效客流，也未将消费者个人信息用于商业交易，无违法所得。

被央视点名后，万店掌已于3月16日删除和科勒卫浴相关的全部数据，科勒卫浴也已无法登录万店掌软件系统。安装了摄像头的门店，已于3月15日、16日将设备拆除并寄回。

上海市静安区市场监督管理局认为，科勒卫浴公司未经消费者同意擅自在门店安装摄像设备抓取人脸信息的行为，违反了《消费者权益保护法》，决定对其处以50万元罚款。

【法律问题】

1. 消费者的个人信息权的概念和特征是什么？
2. 个人信息权的内容是什么？

【法理分析】

一、消费者的个人信息权的概念和特征

个人信息是以电子或者其他方式记录的能够单独或者与其他信息结合识别特定自然人的各种信息，包括自然人的姓名、出生日期、身份证件号码、生物识别信息、住址、电话号码、电子邮箱、健康信息、行踪信息等。个人信息中的私密信息，适用有关隐私权的规定；没有规定的，适用有关个人信息保护的规定。区分了隐私权和自然人个人信息权，分别设置了不同的保护规则。

隐私与个人信息既有重叠，也有差异。个人信息可能涉及自然人的隐私，也可能不涉及自然人的隐私。消费者的个人信息权特征包括以下内容：

1. 主体的特定性。消费者的个人信息所涉及的权利主体必须是消费者，只有当行为主体具备消费者身份时，其个人信息受到侵犯时才能适用《消费者权益保护法》的相关规定进行规制。

2. 客体的多元性。消费者的个人信息权指向的客体对象是个人信息，根据个人信息的概念可知，随着个人信息包括所有的个人资料和个人数据，表现形式也是多种多样，可以表现为文字、图表、图像等。

3. 内容的广泛性。其内容包括个人信息的决定权、同意权和删除权等。消费者的个人信息决定权指消费者本人有权控制和支配与其自身具有紧密联系的个人信息，并且排除他人干涉，能够决定个人信息以怎样的方式、目的来进行收集、处理和使用的权利。消费者个人信息的同意权是指任何个人和组织要想对个人信息进行收集、处理和使用必须通知消费者本人并获得其同意。消费者个人信息的删除权，指的是消费者在使用网站之后有权要求网络经营者删除其个人信息，或者是在消费者的个人信息被泄露之后要求删除其个人信息的权利。

从性质上讲，个人信息控制权是人格权的一种，但它在客体、内容、行使方式等方面

有别于传统的具体人格权，发挥着这些权利不可替代的作用。因此，《消费者权益保护法》对消费者的个人信息也给予关注，《个人信息保护法》也将其确定为一项新的独立权利。

二、个人信息权的内容

个人信息权是指个人依法对其本人信息所享有的支配、控制并排除他人侵害的权利。其权利内容具体包括信息决定权、信息占有权、信息知情权、信息更正权、信息锁定权、信息删除权和信息报酬请求权等。

1. 信息决定权。信息决定权是指本人得以直接控制与支配其个人信息，并决定其个人信息是否被收集、处理与利用以及以何种方式、目的、范围收集、处理与利用的权利。决定权集中反映了个人信息权的人格权属性，即绝对性与支配性，在各项权利内容中居于核心地位。

2. 信息占有权。信息占有权是指个人信息完全由权利人自己占有，他人不得非法占有。

3. 信息知情权。信息知情权是指信息本人对于任何组织和个人掌握的自己的个人信息，权利人有权查询个人信息以及有关的处理情况，并且有要求答复的权利。对信息的控制与支配，必须首先了解哪些个人信息被收集、处理与利用的情况，特别是在此过程中信息是否被保持完整、正确与适时。信息知情权是重要的当事人权利，除非因公益或保密之需要，任何机关不得任意剥夺。

4. 信息更正权。信息更正权是指本人得以请求信息处理主体对不正确、不全面、不时新的个人信息进行更正与补充的权利。更正权具体包括：个人信息错误更正权，即对于错误的个人信息本人有更正的权利；个人信息补充权，即对于遗漏或缺失的个人信息，本人有补充的权利；个人信息更新权，即本人要求对于过时的个人信息及时更新的权利。

5. 信息锁定权。信息的锁定权又称信息封锁权，是指在法定或约定事由出现时，本人得以请求信息处理主体以一定方式暂时停止信息处理的权利。该项请求权是依照公平信息使用原则建构的。根据该原则，在没有通知当事人并获得其书面同意之前，信息处理主体不得将个人为某种特定目的所提供的资料用于其他目的。

6. 信息删除权。信息删除权是指在法定或约定的事由出现时，本人得以请求信息处理主体删除其个人信息的权利。

7. 信息报酬请求权。信息报酬请求权是指本人因其个人信息被商业性利用而得以向信息处理主体请求支付对价的权利。报酬请求权来源于“信息有价”的社会观念。特定的信息处理主体必须在对信息控制、处理与利用前后向本人提供一定的报酬。

三、对本案的分析

互联网科技的兴起，个人信息安全已经成为法律关注的话题。本案中，科勒卫浴作为知名的跨国公司，其业务遍布各地，然而，科勒卫浴违规抓取客户人脸信息被点名。科勒卫浴未经消费者的同意，且在广大消费者毫不知情的情况下在多家门店安装多个摄像头等拍摄装置，侵犯消费者对个人信息的知悉同意权。消费者的人脸面容系消费者的生物特征信息，是消费者个人信息的一部分。即使科勒卫浴公司方面没有进行信息的贩卖等不法的商业交易，也没有违法所得，但是自科勒卫浴安装摄像头进行抓拍之时，其行为已经侵犯了消费者的个人信息。《消费者权益保护法》第 14 条将消费者的个人信息应当依法受到保护纳入其中，一方面体现出在日常的消费生活中消费者的个人信息受到侵犯的现象已经日趋严重，特别是在科技手段的助推下；另一方面，也能看出国家对消费者个人信息保护的立法重视，这符合社会发展的实际要求。

2021 年 11 月 1 日，我国《个人信息保护法》正式生效实施，这是一部专门针对个人信息保护的法律，在《民法典》对个人信息保护的基础上要求个人信息处理者在制定有关收集、存储、使用、加工、传输、提供、公开、删除个人信息的规则和说明时，必须满足易于获取、易于理解的要求；并且信息处理者应事前主动向信息主体告知包括信息处理者身份、处理目的、处理方式、处理种类、保存期限、个人行使权利的方式和程序等内容。

第十节　批评监督权

案例 2-27　百龙公司等诉韩某刚侵犯名誉权案①

【案情介绍】

被告韩某刚(华北航天卫星通讯有限公司职工)于 1993 年 10 月至 1994 年 9 月间，先后在《太原日报》《山西日报》《工人生活报》《保健纵横报》等报刊上发表了《矿泉壶的“神力”有待商榷》《当心矿泉壶的副作用》《小心矿泉壶》《矿泉壶也有害》《矿泉壶、诓人乎?》《矿泉壶产不出矿泉水》《矿泉壶有害、纯水壶不纯》《矿泉壶名不符实》等文章，并在上述文章中称，据有关专家及科技杂志研究结果，矿泉壶的矿化、磁化、灭菌装置有害，进而得出了矿泉壶有害的结论，同时提醒消费者“慎用”“当心”。在韩某刚的文章中对矿泉壶企业所做的一些广告提出了批评，认为该广告宣传欺骗消费者并违反了《广告法》，其中对北京百龙绿色科技企业总公司(简称百龙公司)、唐山富豪集团公司(简称富豪公司)的广告点名进行了批评。韩某刚的文章见报后，中国日用玻璃协会人工矿泉水器具专业委员会、百龙公司等矿泉壶企业曾致函、派人与韩某刚联系，表示欢迎对矿泉壶的生产提出改进意见，并要求韩某刚“停止不符合实际并且有害于矿泉壶行业发展的文章继续发表”。韩某刚于 1994 年 7 月 30 日、8 月 16 日、8 月 18 日及 10 月 18 日先后致函矿泉壶协会称，“将在更大范围宣传矿泉壶之害”“揭露矿泉壶欺骗大众，坑害消费者的宣传”。故原告百龙公司、天津市天磁公司(简称天磁公司)、富豪公司及天津市矿泉水设备厂(简称天矿厂)以侵害其名誉权为由向太原市中级人民法院提起诉讼，要求被告停止侵权行为，公开登文赔礼道歉，赔偿因侵权行为给原告造成的经济损失 3 万元。韩某刚答辩并反诉称其发表的文章，主观上无过错，客观上没有违法损害他人名誉之行为，对矿泉壶市场存在的虚

① 《百龙公司等诉韩某刚侵犯名誉权案》，载中华人民共和国最高人民检察院：https://www.spp.gov.cn/llyj/201502/t20150212_91018.shtml，最后访问日期：2022 年 10 月 22 日。

假广告的揭露是正当舆论监督，不构成侵害名誉权，却被起诉，给其精神和经济上造成很大损失，且侵害了其名誉权。要求被反诉人向其登报赔礼道歉，消除影响，赔偿因侵权行为给其造成的部分经济损失 3898 元。

山西省太原市中级人民法院作出一审判决：

1. 韩某刚停止对北京百龙公司、天津市天磁公司、唐山富豪集团公司、天矿设备厂名誉权的侵害；

2. 判决生效后 10 日内，韩某刚在《工人生活报》第一版显著位置登载向四原告赔礼道歉声明，以恢复名誉，消除影响（道歉声明的内容经本院审定）；

3. 韩某刚赔偿四原告各 1250 元。

韩某刚不服，提起上诉称，文章介绍专家关于水处理技术中矿化、磁化、灭菌、净化方面的论述没有超出学术争鸣范畴，被上诉人生产矿泉壶无批准许可手续，属不合法生产经营。上诉人所写文章没有侮辱被上诉人的内容，文章揭露违法广告和虚假宣传是正当的舆论监督。

山西省高级人民法院作出二审终审判决：

1. 撤销太原市中级人民法院〔1994〕并民初字第 87 号民事判决；

2. 驳回被上诉人百龙公司、天磁公司、富豪公司、天矿厂的诉讼请求；

3. 驳回上诉人韩某刚的反诉讼请求。

【法院观点】

一、一审法院观点

公民、法人依法享有名誉权，四原告生产的矿泉壶符合由国家轻工部颁布的《人工矿泉水器具行业标准》，且四方原告所生产的矿泉壶均有卫生防疫站出具的检测报告。韩某刚本人仅凭其从有关报刊摘抄的资料就认定矿泉壶有害证据不足，而且超出了科普探讨和舆论监督的范围，已构成了对原告名誉权的侵害，韩某刚反诉理由不成立。

二、二审法院观点

被上诉人百龙公司、天磁公司、富豪公司及天矿厂依据《中华人民共和国人工矿泉水器行业标准》以及在此之前参照《中华人民共和国饮用天然矿泉水国家标准》，经有关部门批准并许可生产的矿泉壶，其出水水质经卫生防疫部门检测合格，其质量经有关质量监督部门鉴定合格，证据充分，在未有有关部门或国家权威部门以相反的结论否定之前，矿泉壶的生产、销售是合法的，并无不当。生产矿泉壶的企业有权通过正当合法的途径维护矿泉壶的声誉来维护企业法人的名誉。

上诉人韩某刚从维护消费者权益角度出发，以撰文发表的形式，对矿泉壶的作用、出水性质以及人工矿泉水形成的技术构成进行探讨和质疑，并对作用矿泉壶的后果提出警示，引述了有关资料及学术界专家的研究结果，其主观上并无侵害他人名誉权的故意，其文章主旨是对矿泉壶的作用、功能进行分析，属公民行使舆论监督权的一种方式。在其文章中虽有某些结论和用语不当，对矿泉壶的声誉可能造成一些不良的影响，但不能构成对被上诉人企业法人名誉权的侵害。法律保护企业法人的名誉权，亦保护公民行使舆论监督的权利，上诉人在行使舆论监督权时，应在合法的范围内行使。

【法律问题】

1. 什么是消费者的监督权？
2. 行使监督权与侵犯名誉权有何区别？

【法理分析】

一、消费者的监督权

消费者对商品和服务的质量、价格、计量、侵权行为等问题以及保护消费者权益工作，有向有关经营者或机构提出批评、建议或进行检举、控告的权利。

消费者的监督权对于维护消费者的合法权益有着重要的作用。通过消费者的监督，可以促使经营者提高商品和服务质量以及经营水平，促使从事保护消费者权益的国家机关及其工作人员改进工作作风，全心全意为消费者服务。根据本条规定，监督权可具体表现为：消费者有权检举、控告侵害消费者权益的行为和国家机关及其工作人员在保护消费者权益工作中的违法失职行为，有权对保护消费者权益工作提出批评、建议。

消费者监督权的行使，既可以与购买、使用商品或接受服务行为有关系，也可以毫无关系。消费者购买、使用某种商品或接受某种服务时当然可以提出批评、建议或进行检举、控告。没有进行某种消费的也可以提出批评、建议或进行检举、控告。另外，消费者行使监督权应当是善意的。监督权和无理取闹、恶意诽谤有严格区别，消费者不能以借行权之名作出违法的事情。

二、行使监督权与侵犯名誉权的区别

名誉权与舆论监督权之间的界限在现实生活中一直存在不小的争议，《民法典》第1025条、第1026条对二者作出了较为清晰的界定，并对监督权的行使进行依法约束。一般在实践操作中，舆论监督的权利包括批评、建议、申诉、控告、检举等权利，合法范围内的舆论监督行为受到法律保护，但也应受到法律约束。第1025条规定："行为人为公共利益实施新闻报道、舆论监督等行为，影响他人名誉的，不承担民事责任，但是有下列情形之一的除外：(一)捏造、歪曲事实；(二)对他人提供的严重失实内容未尽到合理核实义务；(三)使用侮辱性言辞等贬损他人名誉。"第1026条规定："认定行为人是否尽到前条第二项规定的合理核实义务，应当考虑下列因素：(一)内容来源的可信度；(二)对明显可能引发争议的内容是否进行了必要的调查；(三)内容的时限性；(四)内容与公序良俗的关联性；(五)受害人名誉受贬损的可能性；(六)核实能力和核实成本。"

消费者行使批评监督权分为两个层面的内容，分别是事实陈述和意见表达。首先，在事实陈述方面，应当区分事实类型，采取差异化审查标准。消费者评价中的事实陈述主要包括两类：关于经营者提供的产品和服务质量的事实及关于消费过程、消费经历的事实。对第一类事实，原则上以消费者认为产品质量或服务质量存在瑕疵的事实作为基本事实进行审查。对第二类事实，在审查时应将与消费经历相关的主要事实作为基本事实。其次，在意见表达方面，应当区分批评对象，采取差异化审查标准。消费者批评中的意见表达主要包括两类：直接针对经营者的产品和服务质量的意见及针对经营者的意见。对第一类意见的审查标准应宽于第二类意见。因此，消费者有权基于自身的消费体验对经营者提供的产品或服务给予好评、中评或差评。与之对应，对意见表达的审查侧重于其是否存在超出社会正常观念的侮辱性言辞，而非评价是否妥当。

三、对本案的分析

本案中，韩某刚作为普通的消费者利用媒体发文，揭露矿泉壶有害。案涉企业以韩某刚侵犯其名誉权为由诉诸法院，一审法院支持了原告的诉求。二审法院依法作出与一审法院截然相反的判决，采取了折中的处理方式，消费者韩某刚与相关企业之间并不存在侵犯名誉权的行为。对于本案，笔者赞成二审法院山西省高级人民法院的判决，韩某刚在媒体上发文对相关企业的相关产品进行质疑，毫无疑问在一定程度上会影响到企业的信誉和产品的声誉，但是其阅读并引用了有关专家的研究成果，并非作者毫无根据的主观臆测的结果，可见消费者韩某刚并没有侵犯企业名誉权的主观故意，仅仅是作为一名有担当的消费者行使舆论监督权的途径和方式而已。

对此，笔者坚决支持二审法院的判决，不能过分夸大、随意扭曲消费者在日常消费生活中行使监督权的行为。

法律保护民事主体的名誉权，也保护消费者合法行使监督权。只要消费者依法行使批评监督的权利，都应当得到法律的支持和维护。特别是消费者的弱势地位，会使得广大消费者在行使监督权时唯唯诺诺。明确消费者行使监督权与侵犯名誉权之间界限，更有利于消费者及时有效充分地行使权利，使监督权的行使产生可期待的社会效果。

案例 2-28　网上留言差评反被判侵权案①

【案情介绍】

2020 年 2 月，北京一高校研究生张同学购买了“文科考研网”的复试班课程，一个多月后，他在知乎“文考网怎么样”话题下，匿名评价时称“……文考虎视眈眈在微信上拉架，谁敢实名谁必定被网暴……”2021 年 9 月，张同学收到广西来宾市兴宾区人民法院的传票和起诉状，法院审理认为，被告张同学上述言论中“虎视眈眈”“网暴”用词系侮辱或诽谤原告，构成侵犯名誉权。另一名被告知乎账号为“马倩”的因评价文考网言论中“烂、白给都不要、恶心等”用词，也构成侵犯名誉权。

法院一审判决，被告张同学和“马倩”在知乎网显著位置持续登载致歉声明 24 小时，向原告赔礼道歉；分别向文考网赔偿经济损失 2500 元；分别赔偿原告为制止侵权行为的开支 772.5 元。

---

① 《研究生“差评”考研机构一审被判侵权，二审胜诉》，载澎湃网：https://m.thepaper.cn/quickApp_jump.jsp? contid=2132，最后访问日期：2023 年 8 月 4 日。

张同学不服判决结果，他认为自己作为消费者，有权对文考网的产品和服务进行评价，于是提起上诉。该案于2022年5月23日在来宾市中级人民法院开庭审理。

二审法院认为，消费者享有对经营者的监督权。面对消费者的消费评价，尤其是批评意见，经营者必须具有适度的容忍义务，这既是维护良好的市场秩序，保护消费者的合法权益，也是市场经营主体应承担的社会责任。此案中，张同学与文考网是消费者与经营者的关系，张同学有权对文考网的产品质量和服务进行评价，甚至是负面批评。张同学的言辞虽有不妥当之处，但不存在诋毁的主观故意，亦未超过消费者表达意见的必要限度。此外，该评价的关注度很低，不足以损害文考网的社会评价，故张同学的言行不构成名誉权侵权。

二审法院的调查结果显示，"知乎网"上"马倩"账户确为马某所注册，但证据显示，相关言论并非马某所为。故此，马某不存在侵害文考网名誉权的行为。

最终，来宾市中级人民法院撤销了一审判决，并驳回了文考网的全部诉讼请求。

【法律问题】

1. 合理差评与恶意诽谤的界限是什么？
2. 评价权与监督权的区别是什么？

【法理分析】

一、合理差评与恶意诽谤

消费者的评价权，是指消费者在消费之后，对所消费的产品或者服务进行真实消费感受的书面或口头呈现。目前立法层面并没有直接规定评价权，理论界对此研究较为丰富。合理差评既是消费者行使监督权的具体体现，也是保护消费者知情权和选择权的关键。因为只有消费者通过分析各种好评和差评，并参考商品总体评分，才能作出最符合自己真实意思的判断和选择。

合理差评和恶意诽谤的边界，其实主要在于是否使用侮辱性的语言，导致他的人格尊严受到损害，或者其社会评价受到降低，还有是否捏造和歪曲事实。从《宪法》的规定到《民法典》，再到《消费者权益保护法》的规定，消费者都有对于商家的商品和服务提出批评的权利，这是任何人都不能剥夺的。但是需要注意的是，我们所发表的评论、评价、批评或者建议必须建立在已有的、确定的事实的基础之上。

二、评价权与监督权

消费者的评价权属于一项新型权利，具有监督权的权利外观，固二者之间存在必然的联系。但是随着交易类型的不断发展，特别是数字经济的到来，这两项权利又表现出本质上的不同。

1. 权利主体不同。评价权的权利主体必须是平台内购买商品或接受服务的消费者，如果不是与经营者经营的产品或服务存在直接利害关系的消费者，则无权对平台内的商品或服务的性能、品质简单随意地发表看法。监督权的权利主体可以是所有消费者，不论其是否在平台内直接进行消费活动，只要具备消费者的身份，就可以依据《消费者权益保护法》第 15 条依法行使监督权。

2. 行权对象不同。消费者行使评价权只能针对其在平台内已经进行消费的商品和服务，不能针对经营者作出评论，更不能对电商平台进行评价。而根据《消费者权益保护法》的规定，消费者行使监督权的对象可以是商品和服务，也可以是经营者是否合规经营，还可以是平台是否尽到监管义务。在权利指向的对象上，监督权比评价权的行权对象更加广泛。

3. 行权时间不同。消费者的评价权只能在消费之后，即平台内的一笔交易订单完成后行使。监督权则是一种全过程性的权利，既可以发生在消费前也可以发生在消费后。

三、对本案的分析

案件中的当事人所作的负面评价就是在行使评论权和监督权，是《消费者权益保护法》明确赋予消费者享有对商品和服务进行监督的权利。但在现实中，一些商家却有选择性地对待这种监督权，欢迎好评，抵制差评，即便是商品和服务确实有瑕疵或问题的商家，也不惜以好评返现等形式利诱消费者作出好评。这既是对正常市场秩序的扰乱，也是对消费者的不尊重。对于质量很差的商品和服务，消费者自然有“吐槽”的自由，拥有作出差评的权利。因此，笔者认同二审法院的判决结果和理由。消费者基于真实的消费感受给商品或服务作出评价，这是消费者应有的法律权利。消费者在消费后并没有达到预期的消费后果，甚至遭受到不愉快的消费待遇，难免会发布一些夸张的过激的言语评论，这属于很正常的现象。经营者不能只接受好评，应该有更大的容忍度，欢迎消费者的“差评”，不断改进提升商品性能、服务品质才是王道，而不是对消费者吹毛求疵。

笔者认为，本案中的被告所述评价是客观的、真实的，虽然言语可能稍有不当，但是并未达到原告所称侵犯其名誉权的严重程度，更没有达到诽谤的地步，仍然是在行使消费者批评、监督权的正常合理范围之内，司法更应该保持谦抑性，予以准确认定。

案例 2-29　医学博士随意“吐槽”却遭跨省两千公里逮捕案①

【案情介绍】

2017 年 12 月 19 日，广州医生谭某东在美篇 App 的个人主页上发表《中国神酒“鸿茅药酒”，来自天堂的毒药》的文章，点击率为 2200 多次。文章称，患有高血压、糖尿病的老人不适合饮酒，“鸿毛药酒”通过电视广告“夸大疗效”，幕后推广公司有巨大商业利润。

2018 年 1 月 10 日，该企业所在地警方——内蒙古凉城县公安局办案人员来到广州，跨省对谭某东实施抓捕。

2018 年 1 月 25 日，因涉嫌损害商品声誉罪，谭某东被检察机关批准逮捕。支持这项罪名的主要理由是鸿茅药酒公司报警称，谭某东发布帖子后，有 2 家公司、7 名个人退

① 《关于“谭某东损害鸿茅药酒商品声誉案”的情况通报》，载内蒙古自治区人民检察院：http://www.nm.jcy.gov.cn/ygjw/qwfb/201804/t20180420_2185914.shtml，最后访问日期：2022 年 10 月 22 日。

货，给鸿茅药酒公司造成损失共计140余万元，严重损害了鸿茅药酒的商品声誉。

2018年4月15日，凉城县公安局官方微博发文称“内蒙古鸿茅国药股份有限公司商业信誉、商品声誉被损害案已移送审查起诉”。《起诉意见书》称，此文给鸿茅国药公司造成直接损失接近142万元。

2018年4月17日，公安部官方微博称，针对近期媒体高度关注的“鸿茅药酒”事件，公安部高度重视，立即启动相关执法监督程序，已责成内蒙古公安机关依法开展核查工作，加强执法监督，确保以事实为依据，以法律为准绳，严格依法办理，相关工作抓紧依法推进中。

2018年4月17日，内蒙古人民检察院通报，根据最高人民检察院的指示，内蒙古人民检察院听取凉城县检察院案件承办人的汇报，查阅了案卷材料。经研究认为，目前案件事实不清、证据不足，据此指令凉城县人民检察院将该案退回公安机关补充侦查，并变更强制措施。当天18点，谭某东经取保候审后，从凉城县看守所离开，羁押期三个月。

【法律问题】

1. 什么是刑事犯罪管辖权？
2. 虚假宣传与虚假广告的区别和联系是什么？

【法理分析】

一、刑事犯罪管辖权

根据《刑事诉讼法》的规定，刑事案件的地域管辖以犯罪地人民法院管辖为原则，如果被告人居住地人民法院管辖更为适宜的，也可以由被告人居住地人民法院管辖。其中“犯罪地”应作广义理解，包括犯罪预备地、犯罪行为实施地、犯罪结果发生地等。若行为实施犯罪行为涉及多个犯罪地的，多个犯罪地所在法院均有管辖权。几个同级人民法院都有权管辖的案件，由最初受理的人民法院审判。在必要的时候，可以移送主要犯罪地的人民法院审判。有管辖权的两个以上同级人民法院，对管辖权发生争议的，应当在审限内协商解决；协商不成的，由争议的人民法院分别逐级报请共同的上一级人民法院指定管辖。有管辖权的人民法院因案件涉及本院院长需要回避等原因，不宜行使管辖权的，可以请求上一级人民法院管辖；上一级人民法院也可以指定与提出请求的人民法院同级的其他人民法院管辖。上级人民法院在必要的时候，可以将下级人民法院管辖的案件指定其他下级人民法院管辖。

二、虚假宣传与虚假广告

《反不正当竞争法》第8条第1款规定：“经营者不得对其商品的性能、功能、质量、销售状况、用户评价、曾获荣誉等作虚假或者引人误解的商业宣传，欺骗、误导消费者。”《广告法》第4条规定：“广告不得含有虚假或者引人误解的内容，不得欺骗、误导消费者。”当经营者利用广告对商品进行虚假宣传，该行为既构成了《反不正当竞争法》所指的虚假宣传行为，同时也构成了《广告法》所指的虚假广告行为。

1. 宣传目的不同。虚假广告与虚假宣传都是宣传行为，但是，《反不正当竞争法》规定的虚假宣传是侧重以不正当竞争为目的虚假宣传行为，而《广告法》规定的虚假广告是侧重以欺骗和误导消费者，达到非法牟利为目的虚假宣传行为。

2. 调整主体不同。虚假广告的主体是广告主、广告经营者和广告发布者；虚假宣传的主体通常是商品经营者和服务提供者。

3. 侵犯客体不同。虚假广告侵犯的直接客体是消费者利益，侵犯的间接客体是正当竞争者的合法利益；而虚假宣传侵犯的直接客体是正当竞争者的合法利益，侵犯的间接客体是消费者利益。

三、对本案的分析

本案中，对于谭某东医生有关鸿茅药酒的评论文章，引起了各界的高度重视和关注。当地公安机关不惜舟车劳顿、不远千里也要跨省实施抓捕。对此，我们必须要考虑刑法的谦抑性，避免将民事案件刑事化，防止将民事侵权行为视为刑事犯罪案件处理。即使定性为刑事案件，对于本案的刑事地域管辖问题，笔者认为也是存有异议的。行为人谭医生发表文章的地方是在广州，并且广州也是行为人的经常居住地，根据法律的相关规定，应当由广州当地人民法院行使管辖权更为适宜。鸿茅药酒当地的公安机关认为正是由于谭医生有关鸿茅药酒的不正当评论，导致部分经销商的退货退单，给鸿茅药酒带来了较大的损失，因此鸿茅药酒当地公安机关认为可以由犯罪结果地的人民法院行使管辖权，但是公安机关并没有证据证明谭医生的文章与商家的退货存在因果关系。

谭某东作为一名医学博士，对药物的研究有一定的经验，并且在有关鸿茅药酒的文章中引用了很多权威的文献，并不是空穴来风、胡编乱造，对鸿茅药酒的疗效提出了质疑，起到一定的科普和警醒作用，是在行使消费者的监督权。虽然文章使用“毒药”的字眼，带有一定的攻击性，但经过对鸿茅药酒的鉴定，成分中含有的何首乌、槟榔等物质，确实具有一定的毒性。所以，笔者认为，谭医生的文章并不存在侮辱、诽谤行为，更没有达到入罪的程度。同时，鸿茅药酒大肆宣传，明示或暗示夸张鸿茅药酒的效能，不仅违反了《广告法》的规定，也很容易误导消费者，侵害消费者的知情权，不利于鸿茅药酒的品牌效应向着良好方向发展，也有损害消费者身体健康的可能。为了更好地保护消费者，拓展维权的范围，《食品安全法》规定了代言人、广告的经营者和食品、药品的经营者承担连带责任。消费者因虚假广告推荐的食品、药品存在质量问题遭受损害的，广告经营者、广告发布者承担连带责任。社会团体或者其他组织、个人，在虚假广告中向消费者推荐食品、药品，使消费者遭受损害的，其与食品、药品的生产者、销售者承担连带责任。

第三章　经营者的义务

第一节　依法定或约定履行义务

案例 3-1　魏某华与武汉市汉商集团股份有限公司二十一世纪购物中心、武汉市汉商集团股份有限公司生命权、健康权、身体权纠纷案①

【案情介绍】

被告汉商集团二十一世纪购物中心是被告汉商集团设立的分公司，无独立法人资格。原告魏某华系武汉市硚口区太平洋小学聘用教师。2017 年 4 月 30 日下午，原告魏某华在汉商集团二十一世纪购物中心四楼的冰雪奇园游玩时，因地面湿滑不慎摔伤。原告受伤后被送往武汉市普爱医院住院治疗 13 天，共花费医疗费 21000 元(由被告汉商集团二十一世纪购物中心垫付)。2017 年 8 月 20 日，湖北中真司法鉴定所对原告的伤情进行了鉴定，鉴定意见为：魏某华伤残程度属十级伤残。

另，冰雪奇园门票背面的游客须知，印有"园内冰面湿滑请注意防滑"字样，进园入口处、廊柱、墙面等多处张贴了游客须知及温馨提示，园内有视频播放游客须知，告知游客冰面湿滑的注意事项以及正确的摔倒姿势。

【法律问题】

1. 经营者义务的基本内容是什么？
2. 经营者法定义务的具体类型有哪些？

---

① 《魏某华、武汉市汉商集团股份有限公司二十一世纪购物中心生命权、健康权、身体权纠纷》，载中国裁判文书网：https://wenshu.court.gov.cn/website/wenshu/181107ANFZ0BXSK4/index.html? docId=rnZKb0y5gfzfbO9BN2QczLqim8/qJl/S3AGOL + YNRStJmS/xlG/ZJWI3IS1ZgB82AehWjHo + h0nYd9mjQUtppm/lhoxgTCMNKIdP/6Vj75bx0UJ9GB4mFYG6AOtY76pQ，最后访问日期:2022 年 10 月 23 日。

【法理分析】

一、经营者义务的基本内容

消费者权益能否有效实现直接取决于经营者是否依法忠实地履行相应的义务。我国《消费者权益保护法》以专章的形式对经营者的义务作了全面、系统的规定，与消费者权利章节相呼应，更能加强对消费者权利的保护。此外我国的《产品质量法》《反不正当竞争法》《商标法》《广告法》《食品卫生法》《药品监督管理法》等法律也就经营者对消费者承担的义务从不同的角度作出了相应规定。

我国《消费者权益保护法》第 16 条第 1、2 款规定："经营者向消费者提供商品或者服务，应当依照本法和其他有关法律、法规的规定履行义务。经营者与消费者有约定的，应当按照约定履行义务，但双方的约定不得违背法律、法规的规定。"据此，经营者的义务根据其来源的不同，分为法定义务和约定义务。

(一)经营者的法定义务

经营者的法定义务体现在包括《消费者权益保护法》在内的所有规定了经营者应当履行义务的各部门法之中，法定义务是对经营者行为的强制性规定，经营者应当严格按照法律的规定履行义务，否则将会对消费者权益造成现实或者潜在的危害。

(二)经营者的约定义务

约定义务是相对于法定义务而言的。在市场经济活动中，法律尊重交易双方的当事人在法律规范下的意思自治，经营者与消费者作为合同的当事人可以约定义务，这种义务是当事人由协商而定，是作为法定义务的一种补充形式，只是约定的义务不得违反法律、法规的规定。在消费法律关系中，经营者和消费者之间的关系是一种合同关系，双方就商品和服务所实施的行为是一种合同行为。不论是口头合同还是书面合同，双方必然要在合同中约定彼此的权利和义务，且必须履行己方的义务。

二、经营者法定义务的具体类型

经营者的法定义务是《消费者权益保护法》对经营者的最基本要求，也是经营者履行义务的最低标准。其具体类型包括：

1. 依法定或者约定履行义务。包括依法履行法定义务和依约履行合同义务。

2. 听取意见和接受监督的义务。经营者应认真听取消费者对其提供的商品或者服务在质量、价格、品种、数量、服务态度、售后服务等方面的意见和建议，不断改进经营作风，提高经营水平，更好地服务于消费者。经营者不但要接受消费者的监督，而且要接受社会的监督。

3. 保障人身和财产安全的义务。经营者要切实保护消费者人身和财产安全，采取各种措施保障提供的服务不危害消费者的合法权益。

4. 提供真实情况的义务。经营者不得做虚假宣传，应提供真实、全面的信息。

5. 标明真实名称和标记的义务。经营者的名称和标记，代表着经营者的信誉，是体现商品或者服务的重要标志，经营者应当如实标明。

6. 出具购货凭证和服务单据的义务。凭证和单据是消费者购买商品或者接受服务的重要依据，也是事后维权的重要证据，经营者必须予以出具。

7. 保证质量的义务。经营者应提供符合消费者消费要求的商品和服务，不能以假乱真、以次充好。

8. 退货、更换、修理的义务。经营者提供的商品或者服务存在瑕疵，不能满足正常的消费需求时，经营者应当及时作出退货处理或者予以更换、修理。

9. 特定领域的信息披露义务。特殊领域的从事经营活动的经营者应在符合消费者的合理期待的前提下，提供经营地址、联系方式、安全注意事项等信息。

10. 尊重消费者人格的义务。经营者不得对消费者进行侮辱、诽谤；不得搜查消费者的身体及其携带的物品；经营者不得侵犯消费者的人身自由。

三、对本案的分析

本案属于经营者未履行法定的安全保障义务，致使消费者人身利益、财产利益遭受损害的情形。《侵权责任法》第37条(现为《民法典》第1198条)规定："宾馆、商场、银行、车站、机场、体育场馆、娱乐场所等经营场所、公共场所的经营者、管理者或者群众性活动的组织者，未尽到安全保障义务，造成他人损害的，应当承担侵权责任。"被告汉商集团二十一世纪购物中心作为公共场所经营管理人，是否要对原告魏某华的损失承担赔偿责任，应视其是否已经尽到了安全保障义务，是否为消费者提供安全的消费环境而定。本案中被告在其所经营的园内印有"园内冰面湿滑请注意防滑"字样，进园入口处、廊柱、墙面等多处张贴了游客须知及温馨提示，园内有视频播放游客须知，告知游客冰面湿滑的注意事项以及正确的摔倒姿势。可见，经营者尽管尽到了警示、提醒义务，但未能有效避免危险的发生，应当对原告魏某华的损失承担一定的损害赔偿责任，赔偿原告一定比例的损失。被告汉商集团二十一世纪购物中心作为分公司，不具有法人资格，其民事责任由被告汉商集团承担。原告作为完全民事行为能力人，在以冰雪项目为主的游乐园内游玩，应当知道该项目存在的风险，应对自己的行为有一定预见和防范能力，但原告疏于防范，故其自身对摔伤应承担较大比例的法律责任。

案例3-2　婚宴现场酒店要求"先付全款才能上菜"消费纠纷案①

【案情介绍】

2021年10月16日，在江苏镇江发生了一件让人瞩目的事。一场婚礼马上要开始了，宾客已经就座，就差上菜吃饭了，但是令人没有想到的是，服务人员过来和新郎说，如果不付完余款就不上饭菜。新郎听完酒店工作人员的要求，直接就蒙了，当时订酒店的时候，酒店也没要求说要付全款才能上菜啊？早不说晚不说，婚宴就要开始了，两边的亲朋好友也都到齐了，就等着上菜，结果酒店工作人员过来才说要付全款才给上菜。

---

① 《婚宴前要求付全款，否则不上菜消费纠纷案》，载腾讯网：https://view.inews.qq.com/a/20211018A069XR00，最后访问日期：2022年10月23日。

随后，新郎立马找到该酒店的管理人员询问清楚，该管理人员表示："交完全款才能上菜，这到哪里都是一样，投诉我也不怕。"

很多人对酒店的行为表示不能理解，纷纷表示：这是遇到霸王酒店了，第一次听说要付全款才能上菜的酒店，若提前说明上菜前付款没问题，但若突然说上菜要付全款，不付款就不上菜，这就霸道了。按理来说，这么重要的事项，之前预订酒店交预付款的时候，酒店理应向客人说清楚才对，婚宴即将开始，酒店突然来这么一茬，换谁心里都会不舒服。

【法律问题】

1. 经营者义务的特征是什么？
2. 经营者应当恪守社会公德的内涵是什么？

【法理分析】

一、经营者义务的特征

权利和义务构成法律关系的内容，经营者与消费者是消费法律关系的主体，经营者应当依照消费者的请求为一定的行为或不为一定的行为，消费者的权利是通过经营者履行相应的义务实现的。所以，经营者的义务应当具备以下特征：

1. 义务的主体是经营者。商品或者服务的经营者，包括商品的生产者、销售者和服务的提供者。事业单位、慈善机构等非营利民事主体不是经营者义务的主体。例如，公立医院在诊疗活动中负有对患者说明病情和诊疗措施的告知义务，但是该告知义务不属于《消费者权益保护法》对经营者的义务要求，而应当属于《民法典》侵权责任编所规定的民事告知的义务。

2. 义务的内容表现可以是消费者请求经营者为一定行为，也可以是消费者请求经营者不为一定行为。例如《消费者权益保护法》规定经营者提供商品或服务应当要明码标价，披露商品或者服务的价格就是经营者必须作为的义务要求；经营者不得利用格式条款，并且采取技术手段强制消费者进行交易，这种禁止性的行为则属于经营者不作为的义务。

3. 义务的来源是法定或者约定。除了法律强制规定外，经营者还应当遵守其与消费者之间的自愿约定。一些经营者向消费者提供定制商品或服务，如礼服的定制、窗帘的定做、一对一的培训服务以及精品小团的旅游产品等非常具有个性化的商品和服务，经营者的特殊义务也往往是由双方进行约定的。

4. 经营者义务的履行是由国家强制力保障的。当经营者不履行或不能履行义务时，消费者有权提起仲裁或者诉讼或者向有关主管机关投诉，依据国家强制力来促使经营者履行义务。

二、经营者应当恪守社会公德的内涵

《消费者权益保护法》第16条第3款规定："经营者向消费者提供商品或者服务，应当恪守社会公德，诚信经营，保障消费者的合法权益；不得设定不公平、不合理的交易条件，不得强制交易。”一些经营者之所以违法经营，销售假冒伪劣商品，进行虚假宣传，恶意设置交易障碍等，一个重要原因就是缺失诚信，悖离社会公德。此规定强调加强社会诚信建设，保护消费者享有公平交易的权利，有利于引导经营者自觉履行义务并承担社会责任，进一步明确经营者的义务，培育诚信的消费环境，增强人民群众的消费信心。

三、对本案的分析

本案中，经营者酒店方选取婚宴现场客人们都落座准备吃饭的关键时间节点，通知新郎“如果不立即支付全款，将无法上菜”，给消费者制造了严重的消费障碍。经营者的行为于法律和情理不容。对于是否需要先付钱后消费还是先消费后付款，法律没有规定，经营者和消费者在婚宴预订合同中也没有明确约定。所以，按照一般市场交易习惯，先付款后消费通常是针对快餐店、外卖服务等，这类消费速度快，先收钱的方式能够尽可能地提高市场的运行效率。然而，像承办婚宴这样的高端场所，通常情况下，消费会有一定的浮动，例如顾客中途可能要添加酒水等，所以，往往采取支付部分定金，消费结束后再支付全款的方式。酒店也是在断定消费者处于不可能把客人晾在一旁的尴尬境地，所以，才口出狂言“不怕投诉”。显然，经营者的行为已经违反了《消费者权益保护法》第 16 条第 3 款的规定，属于违法行为，也违背了不应当在别人喜结良缘的美好日子，给别人制造不愉快的社会公德。《民法典》第 7 条规定：“民事主体从事民事活动，应当遵循诚信原则，秉持诚实，恪守承诺。”可见，本案中的经营者并没有诚信经营以保障消费者的合法权益。

第二节　听取意见、接受监督的义务

案例 3-3　张某投诉某超市销售过期食品案

【案情介绍】

成都的张先生元宵节当日在家旁边的某大型超市购物，买了两盒某品牌的汤圆，回家开心地煮汤圆和全家准备过元宵节。当张先生在拆汤圆包装时，发现其购买的汤圆已经过了保质期，于是，一气之下便来到超市主张赔偿。

到了超市，张先生发现自己选购的同类品牌的汤圆均已过了保质期。张先生在向超市主张赔偿的同时，找到经理要求将这些过期汤圆下架处理，该超市积极向张先生做了退货处理，并支付了一定数额的金钱作为赔偿。但是，该超市经理对张先生要求将过期汤圆下架的意见置之不理。对此，张先生非常气愤，随后打电话向当地的消费者协会和市场监管局进行投诉。

【法律问题】

1. 经营者接受消费者监督的主要表现有哪些？
2. 经营者接受监督的义务有哪几类？

【法理分析】

一、经营者接受监督的主要表现

经营者听取消费者意见、接受消费者监督的义务，对应消费者的监督权。要使消费者的监督权得到充分实现，就必须从另一个角度要求经营者主动承担接受监督的义务。这里要指出的是听取消费者意见、接受消费者监督作为经营者的一项法定义务，经营者必须忠实地履行。对消费者的意见要及时答复，对消费者的合理建议要及时采纳，对消费者提出的批评要认真听取，并在以后工作中加以改进，对消费者的投诉要指定专人及时处理。否则就是对自己义务的违背，就需承担相应的法律责任。

经营者接受消费者监督的义务主要表现包括：

1. 经营者应当允许消费者对商品和服务提出不同的看法。经营者必须虚心听取和接受消费者对有关商品和服务提出的不同看法，虚心听取和接受消费者有关商品质量、服务态度、计量标准、售后服务、价格状况等各方面的意见和监督。

2. 经营者应当为消费者反映意见和监督提供便利的渠道，以便消费者的意见和监督能够顺利到达经营者的决策层，对经营者的行为产生影响。

3. 经营者应当正确对待消费者的意见和监督。经营者应当在对消费者的意见和监督进行鉴别的基础上，视不同情况进行认真处理。对其工作人员态度恶劣、损害消费者利益的行为应当坚决予以制止；对有关产品、服务质量等的合理意见亦应认真听取，并采取措施提高商品、服务的质量水平。

4. 除了直接接受消费者的监督外，经营者还应当认真对待和接受消费者组织、市场监督管理部门等的监督。

二、经营者接受监督的义务分类

消费者对经营者的监督是全方位的。消费者既可以就经营者提供商品或者服务的合法性进行监督，也可以就商品或者服务的价格是否合理等问题提出意见。消费者可以就经营者提供商品或者服务的某一方面进行监督，也可以就经营者提供商品或者服务全方位进行监督，总的来说，可以分为以下三类：

1. 商品或者服务本身存在的问题。这包括商品或者服务是否符合国家规定或者双方约定的质量要求，是否存在价格违法行为等。对可能危及人身财产安全的商品或者服务，是否有明确的警示，是否标明正确的使用方法、防止危害发生的方法等。

2. 经营者在提供商品或者服务过程中的行为。这包括经营者是否尽到信息提供义务，提供的商品或者服务的质量、性能、用途、有效期等信息，是否真实、全面，是否存在虚假宣传行为；宾馆、商场、餐馆、银行、机场、车站、港口、影剧院等经营场所的经营者，是否对消费者尽到安全保障义务；是否存在侵害消费者人格尊严或者限制消费者人身自由的行为；是否存在有侵害消费者个人信息的行为等。

3. 后续义务履行或者民事责任承担问题。这包括经营者是否拒绝或者拖延对缺陷商品或者服务采取停止销售、警示、召回、无害化处理、销毁、停止生产或者服务等措施，对消费者提出的修理、重作、更换、退货、补足商品数量、退还货款和服务费用或者赔偿损失的要求，是否故意拖延或者无理拒绝。

三、对本案的分析

本案是食品消费纠纷的案件。《食品安全法》第 3 条规定："食品生产经营者应当依照法律、法规和食品安全标准从事生产经营活动，保证食品安全，诚信自律，对社会和公众负责，接受社会监督，承担社会责任。"该法第 28 条第(8)项规定，超过保质期的食品属于禁止生产经营的食品。食品销售者负有保证食品安全的法定义务，应当对不符合安全标准的食品自行及时清理。本案中，张先生作为消费者，在发现超市销售的某知名品牌的汤圆过期时，要求超市的经理将过期的汤圆下架，其行使的是法律赋予的监督权，经营者应当听取张先生的合理建议，接受其监督。超市经理对张先生的合理要求置之不理，认为其是多管闲事的行为，属于违反《消费者权益保护法》第 17 条的情形。因此，超市应当接受张先生的建议，将过期的汤圆下架，主动作为、履行义务，切实维护消费者的合法权益。

案例 3-4　外卖平台订餐吃出异物案①

【案情介绍】

2019 年 10 月 21 日，消费者张女士通过某外卖平台在台江区某餐饮店订了一份面食，并在线支付价款 21.5 元。在之后的食用过程中，她发现面汤中有一只死蟑螂，就立即对食物外包装及剩余食物等进行拍照留存，并与餐饮店进行联系。餐饮店表示同意将餐费退还给张女士，但对张女士提出的因食用不洁食物可能带来的后续赔偿要求却不愿进行赔付。于是，张女士向外卖平台进行投诉，平台工作人员表示会与该餐饮店进行协商。10 月 25 日，张女士接到外卖平台来电，回复称餐饮店不愿赔付，平台可向消费者赔付保险金 86 元，最多还可在此基础上再增加赔偿 21.5 元，即 107.5 元。张女士对此结果不予认可，于 10 月 25 日向福州市消委会进行投诉，要求餐饮店按照《食品安全法》相关规定赔付 800 元。

张女士在向消委会工作人员提供食物外包装及剩余食物图片以及平台商家信息、订餐记录、支付凭证等截图后，认为她是在吃了一大半面食后才发现有蟑螂，虽然餐饮店负责人说带她去医院检查，但虫子吃下去后会有一定的潜伏期，因此要求餐饮店对后续可能产生的身体损害作出赔偿。由于消费者是通过外卖平台订餐，当事双方容易就相关证据产生分歧，于是消委会转变思路，通过消费者手机客户端、外卖平台数据后台等渠道，查询张女士订餐及投诉记录，发现其自 2019 年以来在外卖平台订餐约 200 次，投诉记录仅此一次，而该餐饮店在外卖平台系统评价页面上则有多起消费者发现异物的相关留言，因此在综合消费者提供证据以及网络相关数据后，消委会认为消费者反映的情况基本属实，排除恶意投诉可能。之后，消委会联系该外卖平台相关负责人，要求其在核实相关数据后，督

① 《外卖平台订餐吃出异物》，载百家号：https://baijiahao.baidu.com/s?id=1660769536476634299&wfr=spider&for=pc，最后访问日期：2022 年 10 月 23 日。

促餐饮店按照《食品安全法》规定，对消费者合理诉求进行赔付。在外卖平台的积极配合下，双方最终达成一致意见，由餐饮店一次性赔偿张女士 800 元，张女士对此结果表示认可。

【法律问题】

1. 经营者接受监督的方式有哪些？
2. 经营者如何正确对待消费者的意见和监督？

【法理分析】

一、经营者接受监督的方式

经营者听取消费者意见、接受消费者监督，必须要拓宽相关的渠道、途径，否则经营者接受监督的义务就是空中楼阁。经营者接受监督有以下几种方式：

1. 设置意见箱。经营者可以在经营场所设置固定的意见箱，定期查看消费者对经营者提出的意见。

2. 设置意见簿。意见簿的方式类同于意见箱，都需要消费者亲自到经营者的所在地提出意见，这两种方式收集的意见通常比较真实，消费者付出的成本也相对较高。

3. 投诉电话。很多经营性企业往往都会设定专门的投诉电话，消费者可以通过电话形式向经营者提出消费意见，此种方式的监督成本较低。

4. 与消费者面对面。当面沟通，能够更加准确、真实、全面地了解消费者的消费意见，从而使经营者履行监督义务。

5. 书面征询消费者意见。经营者主动地面向不特定的消费者，以例如调查消费者对经营者满意度和改进意见的问卷形式征求消费者意见。

6. 新闻媒介。在互联网媒体相对发达的时代，消费者通过网络进行投诉，经营者在舆论的压力下，会更加重视消费者的意见，主动履行自觉接受监督的义务。

二、经营者正确对待消费者的意见和监督

对于消费者的意见和监督，经营者应当理性对待、直面接受。在信息化经济时代，消费者的意见和投诉内容之多、涉及面之广，即使处于优势地位的经营者也无法进行准确预料。所以经营者对于消费者的意见、投诉首先应当全盘接收，这也是经营者忠实履行此项义务的前提。其次，在全盘接收的基础上进行一定的比较、鉴别和筛选，视消费情况的不同，进行分门别类，高效、认真处理；并审视自己的经营行为，加以改进，不断提高商品的质量和服务的品质。最后，对提出相关意见的消费者，可以进行反馈，以经营者的实际行动证实对消费者合法权益的重视。

三、对本案的分析

本案中，消费者张女士通过外卖平台订餐，在就餐中发现死蟑螂，第一时间选择向外卖平台进行投诉。外卖平台接到张女士的投诉后，积极协调餐饮店与张女士之间的消费侵

权纠纷，属于积极履行经营者接受监督的忠实义务。但是，餐饮店却拒绝对张女士进行相应的赔偿。接到投诉的餐饮店显然是没有履行听取消费者意见、接受监督的义务，这不仅违反了《消费者权益保护法》第17条、第18条的规定，也侵犯了消费者张女士的安全权。我国《食品安全法》第148条第2款规定："生产不符合食品安全标准的食品或者经营明知是不符合食品安全标准的食品，消费者除要求赔偿损失外，还可以向生产者或者经营者要求支付价款十倍或者损失三倍的赔偿金；增加赔偿的金额不足一千元的，为一千元。但是，食品的标签、说明书存在不影响食品安全且不会对消费者造成误导的瑕疵的除外。"张女士在订购的外卖食物中发现蟑螂，显然该份外卖不符合食品安全的相关标准，因此，经营者（本案的餐饮店）负有不可推卸的赔偿责任。该外卖平台在接到消委会投诉转办后高度重视，依托大数据技术，主动提供消费者交易及投诉记录，并积极联系餐饮店进行赔付，最终促成此次消费纠纷得到解决，同时也按照平台内部管理规定，对餐饮店进行了相应处罚，切实履行了法律规定的相关义务。

第三节　安全保障的义务

案例3-5　消费者因"果冻内包装未标警示语"成功索赔三倍案①

【案情介绍】

原告万某在被告某超市购得某品牌芒果味果冻（6杯装）5盒用于生活消费。在食用时发现，上述果冻外包装标签有标示警示语"勿一口吞食：三岁以下儿童不宜食用，老人和儿童须在监护下食用"，但内包装单个食用果冻却没有标注警示语。万某认为，果冻须在产品的外包装和最小食用包装上都标示安全警示语和食用方法。被告某超市作为取得食品流通许可证的食品零售企业，在日常经营活动中未对所售商品予以审查，导致原告购买到此类不符合食品安全标准的食品，请求判决被告某超市退还货款，并给予三倍赔偿金。

被告某超市辩称，公司在销售涉案产品之前要求生产厂家提供了涉案产品的检测报告，该报告显示的检测结果为合格，公司在销售涉案产品前已尽到了审查义务。公司所销售的涉案产品标签上的瑕疵不是食品安全事项，该产品未给原告造成人身和财产损失。公司与原告签订的买卖合同真实有效，属双方真实意思表示，公司不应退还购物款。

法院生效判决认为：原告在被告某超市购买的果冻，虽然其外包装背面有文字标明了警示语，但最小食用包装上面并没有标明警示语，应认定被告某超市所售涉案产品为不符合国家标准的产品，被告也认可其所售原告商品小包装标识存在瑕疵，并在接到原告投诉后及时对问题商品进行下架处理，故对原告依据《消费者权益保护法》的规定，要求被告退还货款，并赔偿其购买价款三倍经济损失的请求，符合法律规定，应当予以支持。被告在向原告赔偿后，可依法向生产厂家追偿。

---

① 《果冻未标警示语 消费者起诉三倍赔偿》，载江苏法院网：http://www.jsfy.gov.cn/article/21198.html，最后访问日期：2022年10月23日。

【法律问题】

1. 经营者保证商品、服务安全义务的内容有哪些？

2. 安全保障义务的分类是什么？

【法理分析】

一、经营者保证商品、服务安全义务的内容

1. 经营者保证商品、服务安全的义务是指经营者应当保证其提供的商品或者服务符合保障人身、财产安全的要求。具体来讲，可以分为以下几个方面：

(1)经营者提供的商品或者服务应达到有关的商品和服务质量标准。经营者提供的商品或服务必须符合保障人身、财产安全的国家标准、行业标准、地方标准、企业标准，没有国家标准、行业标准、地方标准、企业标准的，必须符合社会公认的安全要求。

(2)对于可能危及人身、财产安全的商品或者服务，其应当向消费者作出真实的说明和明确的警示，并说明和表明正确使用商品或者接受服务的方法以及防止危害发生的方法。

2. 特定经营场所经营者的安全保障义务。特定经营场所的经营者负有在其合理限度范围内保护消费者人身、财产安全的义务，这是《民法典》侵权责任编安全保障义务在消费法律关系的具体体现。

二、安全保障义务的分类

《消费者权益保护法》中的安全保障义务所保护的对象只限于消费者，经营者与消费者之外的其他安全保障法律关系由《民法典》侵权责任编调整。对于安全保障义务的内容，可以根据危险发生的时间顺序，分为安全预防义务、危险消灭义务和救助义务三个方面。

1. 安全预防义务。此阶段的义务主要是事前预防。要求经营者提供安全可靠的经营场所、配套设施、警示警告以及数量足够的合格安保人员。例如，去商场乘坐扶手电梯会看到电梯口的地板上往往会贴有安全的注意事项；去餐厅吃饭，刚刚清洁过的地面，会放置“小心地滑”的路牌；酒店、机场等公共场所的墙上往往会贴有“紧急出口”的标识。

2. 危险消灭义务。此阶段的义务主要是事中制止。当消费者的人身、财产在经营场所遭受侵害时，经营者应当及时、有效地采取保护措施，防御侵权行为，制止危险的继续发生。例如，银行储户在银行大厅遭遇抢劫，银行的保安人员就应当立即采取保护措施以保障储户的人身、财产安全。

3. 救助义务。此阶段的义务主要是事后救济。经营者应当对已经或者正在受到侵害的消费者进行积极救助，减少消费者损失的进一步扩大。例如，游泳池发现有人溺水，救生员和管理员应当积极展开救助、实施心肺复苏，并且及时拨打120急救电话。

三、对本案的分析

本案中，销售果冻的超市作为经营者，负有保证商品安全的义务，由于交易对象是食品，且具有一定的特殊性。产品或者其包装上的标识必须真实，并符合下列要求：使用不当，容易造成产品本身损坏或者可能危及人身、财产安全的产品，应当有警示标志或者中文警示说明；销售者应当执行进货检查验收制度，验明产品合格证明和其他标识；生产不符合食品安全标准的食品或者销售明知是不符合食品安全标准的食品，消费者除要求赔偿损失外，还可以向生产者或者销售者要求支付价款十倍的赔偿金。食品安全基本标准即食品无毒、无害，产品或者其包装上的标识必须真实，并符合国家等标准，对使用不当，容易造成产品本身损坏或者可能危及人身、财产安全的产品，应当有警示标志或者中文警示说明。《中华人民共和国国家标准》GB19883-2005 第 8. 1. 4 条规定，凝胶果冻应在外包装和最小食用包装的醒目位置处，用白底(或)黄底红字标示安全警示语和食用方法，且文字高度应不小于 3mm。本案中，作为经营者的超市和生产厂家并没有按照法律、法规标识安全警示语，对消费者的人身存有潜在的危险，违反了《消费者权益保护法》和《食品安全法》的相关规定，应当承担相应的法律责任。

案例 3-6　超市老人偷鸡蛋猝死案①

【案情介绍】

2020 年 6 月 13 日下午，江苏南通 67 岁的谷某在超市购物时，在口袋里放了两个鸡蛋未结账便欲离开，超市店员将其拦下询问。交涉未果后，谷某边说边走，在走到冰柜旁时，谷某突然倒地。随后，超市工作人员立即拨打 110、120 电话。其间，正在超市中购物的两名顾客对谷某实施了急救，但最终未能抢救成功，谷某的死亡原因经诊断为心肌梗死。谷某的家属认为，超市应对老人的死亡承担责任，遂向南通市崇川区人民法院起诉，要求超市赔偿各项损失共计 38 万余元。

原告谷某家属认为，有知情人向原告透露，事情起因系谷某在事发前几天购买了不新鲜的鸡蛋而交涉退货无果，谷某便作出了拿被告超市两个鸡蛋的行为。谷某系知识分子并无恶意，即便谷某拿鸡蛋不对，但其把鸡蛋放回后，被告不应当也无权利限制其行动自由。其次，被告限制谷某自由并引起群众围观是谷某猝死的直接原因。而且，原告在事发当天看监控有被告店员大动作扯谷某 360 度旋转的行为，但在庭审的视频中未看到，可见，被告任意截取了对其有利的片段。被告未及时拨打 120，未能尽到安全保障义务和基本的救助义务。谷某倒地后 20 分钟才有路过顾客对其进行胸部按压采取急救措施，且被告在谷某倒地后的 20 分钟才拨打 120，延误了抢救时间。

被告超市辩称，谷某在购物时偷拿超市鸡蛋，结算商品时被被告员工发现，员工出于岗位责任制止该行为，没有辱骂也没有殴打对方。在员工制止时，谷某忽然倒地，员工立即拨打 110、120 电话进行急救。后谷某经医院抢救无效死亡，医院诊断为心肌梗死。被

① 《谷某、杜某华与崇川区辉田日用品超市生命权、健康权、身体权纠纷》，载中国裁判文书网：https://wenshu.court.gov.cn/website/wenshu/181107ANFZ0BXSK4/index.html? docId=nQaEQdsLTgsdQGWPBWaubEaqvZso9Xbk8BPytX+lz5GvCR3wOBsUVWI3IS1ZgB82AehWjHo+h0nYd9mjQUtppm/lhoxgTCMNKIdP/6Vj75YzJbpuzwaT7aS0cc5ju0s+，最后访问日期：2022 年 10 月 23 日。

告认为，被告在制止谷某的偷窃行为时是行使自己的合法权利，被告未有任何过激或者违法行为。同时，根据医院的诊断，谷某系因自身疾病死亡，其死亡与被告的合法行为不存在因果关系。综上所述，请求法院驳回原告的诉讼请求。

一审判决驳回原告的全部诉求。谷某的家属不服一审判决，认为超市未尽到安全保障义务和基本的救助义务，向南通市中级人民法院提起上诉，请求撤销原审判决，改判支持全部诉讼请求。

二审法院驳回上诉请求，维持原判。

【法院观点】

一、一审法院的观点

一审法院审理认为，超市工作人员的行为属于自助行为，是权利人对合法权利的自我保护，遂判决驳回原告的全部诉求。

二、二审法院的观点

二审法院审理认为，本案超市工作人员发现谷某的不当行为后即与其交涉，其目的是维护超市正常的经营秩序，制止不当行为，且双方并无大幅度、过激的动作。超市员工拉扯谷某的衣袖、继续与其交谈，制止不当行为的举措具有正当性，即便谷某因情绪波动导致猝死，两者亦没有法律上的因果关系。

同时，谷某在倒地后，超市工作人员第一时间拨打了 110，客观描述了纠纷的原因和过程以及老人晕倒的事实。在接处警民警提醒下，随即又迅速拨打了 120 抢救。虽然超市拨打 120 系在谷某倒地后近 20 分钟，但鉴于先前双方曾经发生过纠纷，谷某倒地又具有突发性，超市工作人员对谷某的身体状况并不知情，其在第一时间拨打 110 报警求助符合一般公众的社会认知，具有合理性，故认定超市已经尽到了安全保障义务。

【法律问题】

1. 安全保障义务的合理限定是什么？
2. 经营者的安全保障义务的判断标准是什么？

【法理分析】

一、安全保障义务的合理限定

安全保障义务存在与否，根据个案的不同情况而定，《民法典》侵权责任编没有明确规定，但这是司法实践中首先需要解决的一个前提要件。法律很难完全列举不同情形下安全保障义务的内容，且安全保障义务的规则适用本身也需适应社会生活的不断发展和变化。然而，安全保障义务追求的某种理想化的有序社会状态又具有相对确定的标准。

笔者认为，合理限度可从以下三个角度衡量把握：

1. 安全保障义务人的保障行为是否符合法定要求。即凡是法律、法规、规章及其他规范性文件对当事人行为规范有明确规定的，义务人应严格遵照有关规定行事。

2. 安全保障义务人的保障行为是否达到了同类经营活动或者社会活动的从业者现阶段所应当达到的通常程度。在没有法定标准可供参照的情况下，行业规范或通常做法也可作为合理与否的判断标准。

3. 安全保障义务的履行是否达到作为一个理性、审慎、善良的人所应达到的合理注意程度。没有法定标准及行业做法可予借鉴的，也可凭法官的内心自由心证，并遵循一定社会发展阶段所公认的公平正义价值观来衡量。同时，对于合理限度的理解亦要考虑安全保障义务人在不同的客观环境或自身状态下，对危险防止或者控制所应具备的能力。

二、经营者的安全保障义务的判断标准

法律之所以对经营场所、公共场所的经营者、管理者和群众性活动的组织者课以安全保障义务，是因为这些主体对其经营、管理或组织的场所具有他人不具有的控制和管理能力，能够及时预见到场所内可能发生的危险，能够以最小的成本排除安全隐患和潜在危险，防止或减轻损害后果的发生。对于义务人是否尽到安全保障义务的判断标准，可以从以下几个方面把握：

1. 法定标准。例如，法律法规对治安、消防等安全保障内容有明确规定的，以相关规定作为判断依据。

2. 行业标准。安全保障义务人是否达到了同类经营活动或者社会活动的从业者现阶段所应当达到的通常程度，如游乐场、健身房、体育场馆经营者对相关器材的专业维护，是否对隐蔽性危险进行了告知以及其他一般保护事项等。

3. 合同标准。如果合同明确约定一方负有某些事项的安全保障义务，则可依据合同的明确约定进行判断。若合同未明确安全保障义务的内容，则可以实现合同目的的合理标准进行判断。

4. 善良管理人标准。安全保障义务的履行是否达到作为一个理性、审慎、善良的人所应达到的合理注意程度。

5. 特别标准。在特定场合，如未成年人集中活动的公共场所，应当采取符合国家或者行业安全标准的相应安全保护措施。

三、对本案的分析

本案中，谷老先生到超市购物，作为消费者，其安全权受到保护毋容置疑。但是作为处于弱势地位的消费者，不能抱着“我弱我有理”的理所当然的心理解决问题、化解纠纷。经事后查明，老人偷拿鸡蛋是对之前在该超市购买到变质鸡蛋不满的报复，从一般理性人的角度分析，不论当事人出于什么心理因素和动机，盗窃的事实已经存在，作为经营者的超市依法维护自己的合法权利(要求老人结账)的行为手段是合法的、限度是合理的，并没有对消费者的人身安全制造积极的危害或者潜在的危险，换句话说，消费者的不幸猝死

与经营者的合法维权行为之间不存在必然的因果关系。

通过对案情细节的分析，并依据经营者的安全保障义务内容和判断标准，可以认定超市已经尽到了安全保障义务和合理的救助义务，所以，不应当承担所谓的赔偿责任。医院推断谷某的死亡原因为心肌梗死，而心肌梗死有多种情况，包括可能导致致命性极高的心脏骤停。即便谷某因藏匿鸡蛋未结账被追问而引起情绪波动，导致其突发疾病倒地猝死，但两者并没有法律上的因果关系。因此，该案的判决合理确定了安全保障义务应有其相应的内涵和边界，确定安全保障义务的范围是应符合社会公众对安全保障的一般期待，既要为受害人提供必要的保护，也要避免对安全保障义务人课以过重责任。随着法治观念的不断普及，民事主体平等保护理念逐渐深入人心。本案中，法院最终判决超市不承担责任，充分体现了法律平等保护民事主体权益，体现了从个案侧重保护社会困难群体到民事主体平等保护理念的转变。对消费者安全的保护，并不意味着可以漠视经营者的合理需求和其自身合法的利益。不能过度扩张安全保障义务的主体和适用范围，否则势必增加相关主体的成本与风险，最终的成本和风险仍是由整个社会来承担，这不符合《消费者权益保护法》的立法目的，也不利于经济社会平稳发展。

第四节　对存在缺陷的产品和服务及时采取措施的义务

案例 3-7　丰田汽车召回案①

【案情介绍】

2009 年 8 月 28 日，在美国加州圣迭戈的高速公路上，一名警察驾驶的一辆雷克萨斯 ES350 轿车突然加速，导致一家四口死亡，这个案件成为丰田汽车被召回的触发点。在此之前美国有关部门就收到多起有关丰田汽车无故突然自动加速的报告，美国州立农业保险公司早在 2004 年 2 月就向美国公路交通安全监管部门提交了报告，指出了丰田汽车在行驶中会突然加速并导致事故。2009 年 9 月，丰田公司在美国宣布：因部分汽车可能由于前排处的脚垫“向前滑动并卡住油门”而引发“只能加速不能刹车”的严重缺陷，共召回 380 万辆“脚垫问题汽车”。11 月 26 日，召回车型扩大到 420 万辆。到了 2010 年 1 月 21 日，丰田公司又宣布，由于部分车辆电子油门系统机械方面的原因，导致汽车油门踏板在驾驶者脚松开后可能出现自然加速的现象，为此将召回 RAV4、卡罗拉、Matrix、Avalon、凯美瑞、汉兰达、Tundra、Sequoia 八款车型，召回总量达到 230 万辆。1 月 27 日，丰田公司进一步召回 110 万辆脚垫缺陷汽车，并暂停在美国销售此八款车型。此后，丰田公司相继在欧洲、中东、拉美及其他地区市场召回数百万辆汽车。在我国，1 月 28 日丰田中

① 《丰田汽车召回事件》，载百度百科：https://baike.baidu.com/reference/8009958/09efBw58CSjk4Az6SU1ZEj9qQ-ryRthj_DSdFA5XdKR-qhWsJxtJu6k4SAisF1UXL3Zj9KiajKLC-FnzBjdZOn7gp9QngkDRBsnkYcylxBBC，最后访问日期：2022 年 10 月 23 日。

国宣布对自 2009 年 3 月开始上市销售的国产 RAV4 全部召回，涉及车辆 75552 辆，同时，已经停止对 RAV4 所有车型的销售。

【法律问题】

1. 产品缺陷是什么？
2. 经营者对存在缺陷的产品和服务及时采取的措施有哪些？
3. 因产品缺陷导致的惩罚性赔偿责任是什么？

【法理分析】

一、产品缺陷

1. 产品缺陷的概念和种类。产品缺陷，是指产品存在危及人身、他人财产安全的不合理的危险；产品有保障人体健康和人身、安全的国家标准、行业标准的，则是指不符合该标准。因此，判断产品是否存在缺陷，有法定标准和一般标准两种。法定标准，是国家或行业针对某类产品制定的，保障人体健康和人身、财产安全的标准。在判断产品是否有缺陷时，有法定标准的，应当优先适用法定标准；没有法定标准时，方才适用一般标准。一般标准是指产品不存在危及人身、他人财产安全的不合理的危险。缺陷主要包括：

（1）设计上的缺陷，是指产品在设计上存在不安全、不合理的因素。例如结构设置不合理，设计选用的材料不适当，没有设计附加应有的安全装置等。

（2）制造上的缺陷，是指产品在加工、制作、装配等制造过程中，不符合设计规范，或者不符合加工工艺要求，没有完善的控制和检验手段，致使产品存在不安全的因素。

（3）指示上的缺陷，是指在产品的警示说明上或者在产品的使用标志上未能清楚地告知使用人应当注意的使用方法，以及应当引起警惕的注意事项；或者产品使用了不真实、不适当的甚至是虚假的说明，致使使用人遭受损害。如油漆具有易燃性，生产者应附警示标志，提醒使用者存在的危险性，并告知如何避免。如果未履行上述义务，就属于指示上的缺陷。

2. 产品缺陷的赔偿范围。产品质量缺陷造成他人财产损失的，受害人有权要求获得赔偿。赔偿的范围包括：

（1）因产品缺陷造成财产损失，受害人可要求产品的责任人恢复原状、修理，如果不能恢复原状，则要根据损失的情况折价补偿；

（2）直接损毁的财物的实际价值。如果产品质量缺陷导致损害，被直接损毁的物品要按实际价值计算赔偿的数额；

（3）除直接损毁物品以外的其他经济损失；

（4）为处理事件而耗费的钱财等，包括误工收入、交通费、鉴定费等必要费用。

二、经营者对存在缺陷的产品和服务及时采取的措施

《消费者权益保护法》第 19 条规定：“经营者发现其提供的商品或者服务存在缺陷，

有危及人身、财产安全危险的，应当立即向有关行政部门报告和告知消费者，并采取停止销售、警示、召回、无害化处理、销毁、停止生产或者服务等措施。”本条规定的这些措施，都是经营者为了避免对消费者人身、财产安全造成危害应当主动采取的措施。

1. 停止销售。停止销售，是指经营者发现提供的商品或者服务存在缺陷，如果发现时经营者仍然在销售存在缺陷的商品，那么经营者首先应当采取的措施是停止销售商品。

2. 警示。警示，是指对产品有关的危险或产品的正确使用给予说明、提醒，提请使用者在使用该产品时注意已经存在的危险或者潜在可能发生的危险，避免危险的发生，防止或者减少对使用者的损害。

3. 召回。召回，是指产品的生产者、销售者依法定程序，对其生产或者销售的缺陷产品以换货、退货、更换零配件等方式，及时消除或减少缺陷产品造成危害的行为。

4. 无害化处理。无害化处理，是指经营者对其生产或者销售的有缺陷的商品做不污染环境的处理。

5. 停止生产或者服务。停止生产或者服务，是指经营者发现其提供的商品或者服务存在缺陷的，停止继续生产或者服务。

三、因产品缺陷导致的惩罚性赔偿责任

《民法典》第 1206 条规定：“产品投入流通后发现存在缺陷的，生产者、销售者应当及时采取停止销售、警示、召回等补救措施；未及时采取补救措施或者补救措施不力造成损害扩大的，对扩大的损害也应当承担侵权责任。依据前款规定采取召回措施的，生产者、销售者应当负担被侵权人因此支出的必要费用。”第 1207 条规定：“明知产品存在缺陷仍然生产、销售或者没有依据前条规定采取有效补救措施造成他人死亡或者健康严重损害的，被侵权人有权请求相应的惩罚性赔偿。”

根据上述规定，缺陷产品投入流通，生产者、销售者应当及时采取停止销售、警示、召回等补救措施，若未及时采取召回等补救措施，生产者、销售者应当对扩大的损害承担侵权责任，而且，若造成他人死亡或者健康严重损害的，被侵权人有权请求生产者、销售者承担相应的惩罚性赔偿责任。

四、对本案的分析

众多不特定消费者权益受损，会产生对市场诚信经营秩序的破坏，导致社会公共利益受到损害，根据《消费者权益保护法》第 19 条以及《产品质量法》的规定，经营者负有保障消费者人身财产安全的义务，经营者发现其提供的商品或者服务存在缺陷，危及人身财产安全的，应采取停止销售、召回、无害化处理、销毁等措施，除承担赔偿损失的民事责任外，还应向社会公众赔礼道歉，以示真诚悔改其过错，并主动接受公众监督。本案中，丰田公司销售的汽车存在严重缺陷，突然加速会导致车辆不受控制，车辆的缺陷导致了美国警察悲剧的发生，丰田公司应当立即向有关行政部门报告和告知消费者车辆存在缺陷的情况，并采取停止销售、警示、召回、无害化处理、销毁、停止生产或者服务等措施。采取召回措施的丰田公司，应当承担消费者因商品被召回而支出的必要费用。

第五节　提供真实、全面信息的义务

案例 3-8　顾某与蔡某网络购物合同纠纷案

【案情介绍】

原告顾某在被告蔡某经营的淘宝店铺购买商品“分期免息 Apple/苹果 iPhone8 代全新手机 8plus 国行正品 8P 三网通”1 件，支付价款 4400 元。2 月 11 日，被告点击发货。2 月 15 日，顺丰速运开始运送货物。2 月 18 日，原告签收货物。2 月 19 日，原告确认收货，订单完成。5 月 5 日，原告通过阿里旺旺询问被告“我查了一下居然是个二手的”“2 月份买的现在过保了还行么”，被告回复“没有联保，我们店保 2 年”。5 月 6 日，原告发起维修申请，说明商品为二手翻新机并已过保，要求退款并进行三倍赔偿。5 月 8 日，被告同意了本次售后服务申请，并提供了退货地址及联系方式。后淘宝客服介入处理，修改协议为退货退款，问题描述修改为假冒品牌，被告再次提供退货地址及联系方式。5 月 16 日，因原告超时未处理，本次申请关闭。

案涉商品交易快照显示，原告选购的商品类型为“全新”，机身颜色为“iPhone 8Plus 5.5 寸金色”，存储容量为“256GB”，版本类型为“中国大陆”，套餐类型为“官方标配”，保修为“有”，卖家承诺“如实描述”。宝贝详情展示：版本类型包含“美版”和“国行”，其中，“国行”解析为“中国大陆正品行货”。

原告顾某向法院提出诉讼请求：判令被告蔡某退还货款 4400 元，并赔偿货款三倍金额，以上共计 17600 元。

【法律问题】

1. 经营者提供信息义务的内容有哪些？
2. 提供真实、全面信息的义务的法理基础是什么？

【法理分析】

一、经营者提供信息义务的内容

经营者的此项义务与消费者的知情权相对应，经营者提供信息义务包括以下几个方面：

1. 经营者所提供的信息应当是真实的。真实信息，是指有关商品或者服务的真实情况。经营者向消费者提供一切关于商品或者服务的信息，包括价格、产地、生产者、用途、性能、规格、等级、主要成分、生产日期、有效期限、检验合格证明、使用方法说明书、售后服务，或者服务的内容、规格、费用等，都必须是真实的。无论经营者通过何种途径提供，如产品包装、标签、说明或者通过广告的方式，所有的信息必须是真实的。

2. 经营者提供的信息应当是全面的。信息全面，是指经营者向消费者提供的信息，应当是可能影响消费者选择权的所有重要信息。信息全面义务是《消费者权益保护法》修改新增的内容，主要是考虑到实践中有的经营者虽然向消费者提供的信息是真实的，但存在故意隐瞒一些可能影响消费者选择权的重要信息的情况，因此，在提供信息真实的义务外，又增加规定提供信息必须全面。值得注意的是，本条规定经营者向消费者提供信息应当全面，并不是要求经营者应当提供商品或者服务的全部信息，而是可能影响消费的安全权、选择权等的全部信息。

3. 经营者不得作虚假或引人误解的宣传，虚假宣传，是指宣传的内容与商品或者服务的客观事实不符。引人误解的宣传，则是指可能使消费者对宣传或者服务的真实信息产生不正确的认识，误导消费者。

经营者对消费者就其提供的商品或者服务的质量和使用方法等问题提出的询问，应当积极回应，作出真实、明确的答复，这有助于消费者全面准确获取商品信息，正确地行使选择权。

二、提供真实、全面信息的义务的法理基础

《消费者权益保护法》规定经营者应当依法履行提供真实、全面信息的义务，是为了维护公平的市场交易环境。在市场经济下，经营者通常掌握绝对的信息优势，为了实现经营利益的最大化，通常会对提供的商品或者服务做夸大其词甚至背离事实的虚假表述，消费者在海量的消费信息中，容易产生错误的认识，从而丧失理性，影响消费者的消费选择、损害消费者的消费权益。《民法典》第6条规定："民事主体从事民事活动，应当遵循公平原则，合理确定各方的权利和义务。"公平原则是民法对民事权益确定的基本原则，是对市民社会的人身利益、财产利益进行分配，确定权利和义务时，需以社会公共人的公平观念作为基础，维持民事主体之间利益均衡的基本准则。

三、对本案的分析

一方当事人故意告知对方虚假情况，或者故意隐瞒真实情况，诱使对方当事人作出错误意思表示的，可以认定为欺诈行为。本案中，被告在商品页面承诺为全新手机且为国行正品，原告购买商品后，经官方网站查询，激活日期早于案涉订单日期，即案涉商品并非全新商品，且商品并非用于在中国大陆区域销售。后原告向被告求证时，被告亦告知商品不能全国联保，仅提供店铺保修，故被告明确知晓所售商品并非中国大陆行货手机。被告将非全新、非国行正品的商品以全新商品、国行正品的价格向原告销售，且未告知手机已激活、真实来源等情况，应当认定被告具有告知商品虚假情况及隐瞒商品真实情况的主观故意，且上述情况属于商品重要信息，是消费者选择购买商品的主要参考因素，原告亦陷入错误意思表示而购买商品，故被告的行为与原告错误的意思表示之间具有因果关系。

被告销售的商品质量不符合约定，原告有权要求被告承担退货的违约责任。原告要求被告退还货款的诉讼请求于法有据，法院应当予以支持，根据权利义务相对等原则，原告亦应向被告退还涉案商品。被告提供商品存在欺诈行为，原告要求增加赔偿价款三倍金额的诉讼请求于法有据，应当予以支持。

案例 3-9　辛巴直播间虚假宣传燕窝案①

【案情介绍】

2020年11月5日，某短视频平台上一网友质疑辛巴团队所售燕窝“像糖水一样，没什么固体”。11月19日，“职业打假人”王海发布检测报告，称辛巴团队所售燕窝产品中蛋白质和氨基酸的含量为0，且作为真燕窝重要指标之一的唾液酸只含0.014%。11月27日，辛巴发布道歉信回应，表示确实存在夸大宣传，产品实为一款燕窝风味饮品，愿意退一赔三赔付消费者，该产品涉及订单共57820单，成交价1549万余元，预计共需赔付6198万余元。

12月23日晚间，快手电商发布辛巴燕窝事件的官方处罚结果，辛巴个人账号被封停60天。广州市市场监督管理局发布“‘辛巴直播带货即食燕窝’事件调查处理情况”，调查处理情况通报。根据《中华人民共和国反不正当竞争法》的规定，市场监管部门对其作出责令停止违法行为、罚款90万元的行政处罚。

【法律问题】

1. 夸大宣传与虚假宣传的区别是什么?
2. 直播带货“主播”与商业广告“代言人”有什么不同?

【法理分析】

一、夸大宣传与虚假广告的区别

夸大宣传和虚假广告的区别主要在于表现形式不同。虚假广告，是指广告内容是虚假的或者是容易引人误解的，一是指商品宣传的内容与所提供的商品或者服务的实际质量不符，另一方面就是指可能使宣传对象或受宣传影响的人对商品的真实情况产生错误的联想，从而影响其购买决策的商品宣传。虚假广告行为在法律上表现为作为和不作为两种形式，作为是指故意发布虚假广告；不作为就是广告发布者有义务说明或者警告而不进行说明或警告。夸大宣传，是指通过滥用溢美之词，甚至是违反科学规律的结论，对商品或者服务进行不切实际的宣传，诱骗他人过高估计广告中宣传产品的质量、性质、功效，从而达到推销商品或者服务目的的违法广告。虚假广告的表现形式包括：夸大失实的广告；语言模糊、令人误解的广告；不公正的广告；消息虚假的广告，即所宣传的商品或者服务根本不存在。夸大宣传的表现形式包括：产品信息的夸大、附赠利益的夸大、恐惧威胁的夸大、语言数字的夸大、广告承诺的夸大。

---

① 《“辛巴直播带货即食燕窝”事件》，载中国法院网：https://www.chinacourt.org/article/detail/2020/12/id/5641974.shtml，最后访问日期：2022年10月23日。

二、直播带货“主播”与商业广告“代言人”的不同

直播带货，是指通过网络直播形式来销售货物或服务的活动。商业广告，是指广告法意义上的广告活动。直播带货中的主播与传统广告中的广告代言人表面上确实有很多相似之处，但是两者也存在许多不同之处。

1. 直播带货主播，代表的利益群体与传统的广告代言人代表的利益群体不完全相同。传统广告代言人，代表的是商家(广告主)的利益，属于商家代言人，为商家利益“代言”；而直播带货中独立主播更多地代表的则是消费者(粉丝)的利益，某种程度上属于消费者代言人。传统广告代言人在收取代言费时，很少会考虑消费者的利益，主要考虑的是自己的收益。而带货主播(尤其是头部主播)在收取“坑位费”时，会从消费者利益角度与商家进行谈判，把价格压到最低，为规避自身风险还会更加注重货品的品质。

2. 直播带货中的主播在法律上的独立性与传统广告代言人也不同。广告代言人在法律上依附于广告主，一般不直接与消费者发生联系，不是一个独立的商事主体。广告代言人通常与广告主之间或与广告经营者之间存在合同关系，是接受广告主或广告经营者的委托来进行广告代言的。直播带货中的主播主要有两种：一种是商家自己做主播(比如网店经营者或雇员)；另一种主播本身是个独立的经纪主体(如头部主播)。商家主播可以构成《电子商务法》中的电子商务经营者身份。独立主播不一定与商家之间具有合同关系，对商家的依附性很小，具有更强的法律主体独立性。

3. 法律对直播带货主播与传统广告代言人的要求不同。《广告法》对广告代言人的要求是：代言人必须是广告主以外的，在广告中以自己的名义或者形象对商品、服务做推荐、证明的自然人、法人或者其他组织。广告代言人在广告中对商品、服务做推荐、证明，应当依据事实，符合《广告法》和有关法律、行政法规的规定，并不得为未使用过的商品或者未接受过的服务做推荐证明。而绝大部分主播本身就是网店的店主或雇员，即便是独立主播，因为其本身是个商事主体，独立从事商品和服务的营销活动，法律是按照独立的商事主体或交易主体来要求主播的。

4. 直播带货主播与传统广告代言人需要具备的知识结构也不同。广告代言人通常是公众人物，有的甚至家喻户晓，具有更高的社会知名度，这正是商家希望聘请明星做广告代言人的主要原因。但是广告代言人并不需要掌握太多与代言产品有关的专业知识，法律也只是要求代言人“使用过商品和接受过服务”，并不要求代言人更深入地了解代言的产品或服务。广告代言人所起的作用主要是对产品和服务的“推荐、证明”作用，实践中不少广告代言人的代言仅仅是按照事先策划好的“文案”和商家的要求“背台词”表演而已，没有深度了解代言产品和服务的品质等，也不需要去关心消费者的需求。直播带货中的主播则不同，绝大部分主播都不是公众人物，其知名度仅限于其“粉丝”的范畴。主播作为一种新兴的营销传播职业，其“知识工作者”定位要求其必须花更多时间和精力去了解消费者和产品，主播需要对产品有深度的专业了解。

5. 直播带货中的主播与传统广告代言人承担的法律责任也不同。广告代言人承担责任的法律依据主要是《广告法》。根据《广告法》的规定，广告代言承担的责任主要有：关系消费者生命健康的商品或者服务的虚假广告，造成消费者损害的，广告代言人应当与广

告主承担连带责任。其他商品或者服务的虚假广告，造成消费者损害的，广告代言人明知或者应知广告虚假仍作推荐、证明的，应当与广告主承担连带责任。对在虚假广告中作推荐、证明受到行政处罚未满三年的，不得作为广告代言人。可见广告代言人承担的法律责任是有条件的。相比较而言，直播带货主播“翻车”承担责任的法律依据主要是《民法典》侵权责任编、《消费者权益保护法》、《反不正当竞争法》等，而且是无条件的，即在货品方面不需要考虑是否属于“关系消费者生命健康的商品或者服务”，在追求责任的条件上也不需要考虑主观上是否“明知或者应知”。可见，带货主播的法律责任比传统代言人的法律责任要重。

三、对本案的分析

自“糖水燕窝”事件发酵以来，辛巴一开始拒不承认燕窝存在问题，并叫嚣要起诉最早质疑燕窝是糖水的消费者。直到职业打假人王海亮出产品成分检测报告之后，辛巴将产品信息资料存在虚假描述的责任推给了厂家。

辛巴的行为是广告代言行为还是自主销售行为？主播作为直播带货行为的主体，其角色可能是广告代言人，也可能是产品销售者。如果是广告代言人，则需要与广告主承担连带责任。《广告法》第 56 条规定：“关系消费者生命健康的商品或者服务的虚假广告，造成消费者损害的，其广告经营者、广告发布者、广告代言人应当与广告主承担连带责任。前款规定以外的商品或者服务的虚假广告，造成消费者损害的，其广告经营者、广告发布者、广告代言人，明知或者应知广告虚假仍设计、制作、代理、发布或者作推荐、证明的，应当与广告主承担连带责任。”

在“假燕窝”事件爆发后，辛巴在微博上晒出了辛选与广州融昱公司签署的《品牌推广合作协议》，其中约定，广州融昱公司必须保证提供给辛选展示销售的产品说明、介绍、图片等信息资料不存在虚假、不侵犯任何第三方的合法权益，并且符合生产国及销售国的相关法律、法规、政策等，否则产生的一切责任和损失均由广州融昱公司承担。也即据此可判断辛巴系广告代言人的身份，因此，应按照上述《广告法》第 56 条的规定与广告主承担连带责任。

第六节　标明真实名称和标记的义务

案例 3-10　裴某与北京蓝天印象美容美发中心服务合同纠纷案①

【基本案情】

原告裴某诉称：被告所在地址的店铺名称原为“威申国际”，原告在店内曾预付过美

① 《裴某与北京蓝天印象美容美发中心服务合同纠纷一案》，载 Alpha 法律检索平台：https：//alphalawyer. cn/#/app/tool/result/% 7B% 5B% 5D，% 7D/detail/f0d5691f7637068fc2c82f5219ce8026？ focus = 1&queryId = c089c520713611eda27c98039b9cf6f0，最后访问日期：2022 年 12 月 2 日。

容、美发项目，VIP 卡名称为“蓝天印象美容美发中心”。2015 年 12 月 30 日，原告进店剪发时店铺招牌仍为“威申国际”，但是更换了一批新店员，并自称是“怡瑞”品牌连锁店，店员称旧店铺已经转让，需要充值激活账户才能将旧店的项目及金额转至新卡。当日至 2016 年 2 月 5 日期间，原告分五次在被告店内累计预付了 153111 元，拥有“怡瑞”VIP 卡和美容档案。被告方店长承诺可不限次数使用三年，其中 142000 元为美容美体。原告除做过 1 次项目体验之外，尚未消费。4 月 22 日，原告到店协商因搬家能否部分退款，店长确认了原告预付的金额和未消费的内容，但是店长强调公司没有退款一说，只能转到怡瑞集团其他店铺。原告要求提供相关收据而被告表示无法开具，还强调从不与客户签订合同，关于退款一事双方并无事先约定。同时，被告也一直未出示过明确的美容美体价目表。原告的怡瑞卡内余额为 56083 元，仅包括最后两次充值的 53000 元及原威申国际转入的 3083 元，其余未消费又未计入卡内的钱款，被告方店长解释为虚拟金额。

被告方收取五次预付费所使用的商户名称为北京怡美瑞兴美容美发中心，但根据北京市企业信用信息网登载，这家企业不存在，只有类似的北京怡美瑞兴美容中心，是位于东城区的另一投资人的个人独资企业。原告通过东城区工商部门了解到名称类似的商家，但该商家表示完全不知情。被告发售的怡瑞卡背面英文拼写也有误，其记载的总部电话拒绝透露具体地址。该 VIP 卡标注有“怡瑞”字样，但在中国商业特许经营网没有查询到品牌名称为怡瑞的备案。被告店铺于 2015 年 3 月进行了装修并更换招牌为怡瑞美肤造型。4 月 22 日，被告店内摆放的营业执照名称为北京蓝天印象美容美发中心，是个人独资企业，不是分支机构。原告询问执照名称为何与怡瑞出入很大，店员回答是怡瑞的法人没有将执照作变更，并表示原告的账款在怡瑞上，只要店铺存在就不会丢失。原告认为被告存在多种欺诈行为，因此被告应当返还未使用的全部预付款，包括威申国际及怡瑞名义的两部分。

原告请求返还预付费 161079 元；

法院判决：被告北京蓝天印象美容美发中心于本判决生效之日起七日内返还原告裴某预付服务费 161079 元。

【法院观点】

依法成立的合同受到法律保护，双方当事人均应当按照合同约定履行自己的义务，非因法定条件、非经法定程序，不得解除合同。本案被告从事的行业在市场上存在普遍竞争，原告选择在被告处消费除了看中服务质量外，消费方便也是其预交费用的原因之一。现原告住所已经变更，其再在此消费客观上存在很大障碍，如继续履行合同会造成事实上对原告的不公平。解除双方的服务合同，退还未消费的费用，被告也不会发生信赖利益损失。在双方未明确约定合同解除的条件时，被告单方声称任何条件下都不退款缺乏法律依据，也有违交易的公平和自愿原则。因此，在综合考虑本案预付费的性质和双方交易习惯、终止交易的后果等因素，判决解除原被告的服务合同关系，由被告退还原告未消费的预付费用。

除此之外，被告作为经营者未能严格遵守《消费者权益保护法》的规定，未能在显著位置标明其真实名称和标记，在收取预付费后也拒绝出具收费票据和明示收费标准。被告的行为表明其服务存在瑕疵，这也足以让原告对被告服务产生不信任感。从保护消费者权益，提升经营者服务水平的角度出发，本院对原告要求退还未消费预付费的请求也应予以支持。

【法律问题】

1. 标记真实名称和标记义务的目的是什么？
2. 标记真实名称和标记的要求有哪些？

【法理分析】

一、标记真实名称和标记义务的目的

经营者的名称和标记，是经营者之间相互区别的重要标志，对消费者来说是判断商品或者服务来源及其品质的重要依据之一。如果经营者不标明其名称和标记，或者标明虚假的名称和标记，一是可能让消费者无法正确判断是否其真正想要选择的商品或者服务；二是如果商品或者服务发生质量问题，消费者受到损失，无法找到真正的经营者，也无法及时向有关行政管理部门和司法机关寻求救济。

二、标记真实名称的标记的要求

经营者的名称和标记，代表着经营者的信誉，是体现商品或者服务质量的重要标志。标明真实名称和标记的义务要求经营者不得使用未经核准登记的企业名称；不得假冒他人的企业名称和特有的企业标记；也不得仿冒、使用与他人企业名称或营业标记相近似的和容易造成消费者误解的企业名称和营业标记；在租赁柜台或者场地进行交易活动时，经营者不得以柜台或场地出租者的名称和标记从事经营活动。

三、对本案的分析

本案中，裴某在充值时的店铺招牌名称为“威申国际”，后来消费时发现，虽然店铺名称没有改变，但是新进店员自称是“怡瑞”连锁店；在裴某主张退款时，发现店铺的招牌名称虽然换成了“怡瑞美肤造型”，但是店内的营业执照仍然显示为“北京蓝天印象美容美发中心”。经营者名称与实际经营者身份不符，显然，经营者没有履行标明真实名称和详细标记的义务，产生了消费的不确定性、增强了消费者的不信任性，侵害了消费者权益。

从合同解除的角度看，合同的解除分为法定解除和约定解除。原、被告双方建立的是服务合同关系，且没有明确合同解除的条件，故合同解除与否应当检视是否满足法定解除条件。消费者进行选择消费时，不仅关注产品或服务的品质，消费的便捷性也是其重要的考虑因素。原告住所变更，继续在此地消费会产生巨大的障碍，继续履行合同会对原告方产生事实上的不公平，所以，双方应当解除合同，被告方也应当返还相应款项。

第七节　出具发票的义务

案例 3-11　美缘美公司与利达公司合同纠纷案①

【案情介绍】

2013 年 10 月，美缘美公司与利达公司签订购销合同，约定美缘美公司向利达公司采购墨西哥铁矿 2 万吨，美缘美公司于合同签订后预付货款，双方最终根据相关的品质证书和港口过磅单结算，货款多退少补。

合同签订后，美缘美公司向利达公司预付货款共计 2030 万元，利达公司收到预付款后向美缘美公司交付货物 2 万吨。但利达公司迟迟未向美缘美公司开具增值税专用发票。2014 年年底，美缘美公司到法院起诉，称利达公司未按照合同约定向其开具增值税发票，造成美缘美公司未能抵扣税费的损失 295 万元，请求判令利达公司承担该项损失 295 万元，并支付相应的利息损失 45.9 万元。

经查，因利达公司未向美缘美公司交付相应发票，美缘美公司因此损失 295 万元税费抵扣款事实成立。

【法律问题】

1. 发票的法律意义是什么？
2. 经营者出具发票义务的情形有哪些？

【法理分析】

一、发票的法律意义

所谓购货凭证，是指消费者向经营者购买商品后从经营者处获得的发票或其他购物单据。所谓服务单据，是指消费者接受服务后从经营者处获得的发票或其他书面凭据。发票、信誉卡、价格单、保修单等都是购货凭证与服务单据的具体表现形式。购货凭证和服务单据的基本表现形式是发票。

发票是指一切单位和个人在购销商品、提供或接受服务以及从事其他经营活动中，所开具和收取的业务凭证，是会计核算的原始依据，也是审计机关、税务机关执法检查的重要依据。

二、经营者出具发票义务的情形

为了保障消费者的损害赔偿权等权利的实现，《消费者权益保护法》第 22 条规定："经营者提供商品或者服务，应当按照国家有关规定或者商业惯例向消费者出具购货凭证

---

① 《卖方未开发票致买方损失》，载人民法院报：http://rmfyb.chinacourt.org/paper/html/2015-08/09/content_101060.htm? div=-1，最后访问日期：2022 年 10 月 23 日。

或者服务单据；消费者索要购货凭证或者服务单据的，经营者必须出具。”这就以法律的形式赋予经营者出具购货凭证或者服务单据的义务，经营者对此义务必须依法履行。这主要有以下三种情形：

（1）根据法律规定必须出具的。如根据财政部发布的《发票管理办法》销售商品、提供服务的单位和个人，对外发生经营业务收取款项时一般情况下应向对方开具发票。对于法律规定必须出具购货凭证或者服务单据的经营者必须主动出具，不得以任何形式推诿。

（2）依照商业惯例应当出具的。商业惯例是指在商业领域经过长期的商业活动所形成，并为广大参与者所公认的习惯做法。商业惯例虽不是出自法律的直接规定，但它一经法律确认即具有法律约束力，必须执行。

（3）消费者索要购货凭证或服务单据的。消费者为维护自己合法权益，在购买商品或者接受服务后，可向经营者索要购货凭证或者服务单据。对于消费者的请求，经营者应予满足而不得拒绝。如经营者拒绝的，消费者可以向有关部门检举、揭发。消费者也并不因未取得购货凭证或服务单据而丧失请求经营者赔偿、修理、更换、退货等权利。

三、对本案的分析

未开具发票造成的损失能否作为一项独立诉讼请求是本案的主要焦点。

1. 未开具发票造成损失请求赔偿的诉讼请求有别于请求开具发票的诉讼请求，前者主要诉求的是经济损失，后者诉求的是交付发票。在民商事审判中，比较典型的还有社会保险金账户的缴纳问题，如劳动者以用人单位未缴纳社会保险为由诉求缴纳社会保险金的诉讼请求法院一般不予受理，但若其以上述同样事由诉求未缴纳社会保险金造成的损失则应予支持。

2. 既然因卖方未开具发票造成了买方不得不自行代为缴纳税费，以遵守市场的税务管理规定，那么，根据公平原则，买方自行缴纳税费的损失理应由卖方承担，这也是维护诚实信用与保障公平交易秩序的应有之意。

本案所涉及的买卖合同系当事人的真实意思表示，内容形式均合法，未违反法律、行政法规的禁止性规定，合同合法有效。在美缘美公司依约支付预付货款后，利达公司却未按照合同约定向美缘美公司开具增值税发票，造成美缘美公司损失295万元，应承担损失赔偿责任。

第八节　质量担保义务、瑕疵举证责任

案例3-12　舒某与宁波中哲慕尚电子商务有限公司等网络购物合同纠纷案①

【案情介绍】

被告天猫公司系天猫平台的经营者。被告中哲慕尚公司系入驻天猫平台的商家，其在

① 《舒某与宁波中哲慕尚电子商务有限公司等网络购物合同纠纷》，载中国裁判文书网：https://wenshu.court.gov.cn/website/wenshu/181107ANFZ0BXSK4/index.html? docId = kENm3y/kWP4bPNmy7fQqooth7aLGYU89iqYqmBH9oub6T38r115iemI3IS1ZgB82AehWjHo+h0nYd9mjQUtppm/lhoxgTCMNKIdP/6Vj75Z0gIKQvy8LlkAYkUWPuUcG，最后访问日期：2022年10月23日。

天猫平台开设店铺名称为：GXG 旗舰店。2018 年 7 月 30 日原告作为买家在卖家 GXG 旗舰店购买“男装 2018 新款夏季黑色裤休闲裤子(男韩版潮流修身)”一条，单价为 341 元。2018 年 7 月 31 日原告收到涉案商品。打开货物后，原告发现裤子左侧后裤兜开裂，且临近裤脚处出现开线情况，整条裤子显得皱皱巴巴的。于是原告在收货当天 19 时 29 分发起退货服务；第二天上午 9 时 57 分退货申请被被告拒绝，原告与 GXG 客服沟通，客服说上传图片经过核实后可退货，在原告上传图片后依然被拒绝退货，原告拨打 GXG 客服电话询问原因，客服告知原告，该问题并不影响正常穿戴，不属于质量问题，不能按质量问题商品作退货处理，原告之后多次与被告及官方客服联系，被告均拒绝退货申请。

【法律问题】

1. 质量担保义务的内容有哪些？

2. 质量担保义务的分类有哪些？

【法理分析】

一、质量担保义务的内容

1. 经营者的质量担保义务以消费者正常使用商品或者接受服务为前提。如果消费者非正常使用商品或者接受服务，经营者则不承担此项义务。以对商品的正确使用为例，消费者应按照该产品的使用要求使用，而不能凭自己的主观意愿去使用。对经营者标出的警示标志或警示说明，消费者应给予高度重视，以防危险事件的发生。对消费者非正常使用商品造成的损害，一般由消费者自行承担。

2. 经营应当保证消费者在正确使用商品或者接受服务的情况下其提供的商品或者服务应当具有相应的质量、性能和用途，亦即商品或者服务应当具有适用性，能满足消费者的消费需求。

3. 消费者在购买该商品或者接受该服务前已经知道其存在瑕疵的，经营者不受上述质量义务的约束。一般情况下，法律规定经营者较严格的质量义务，这是完全有必要的。但消费者在购买该商品或接受该服务前已经知道其存在瑕疵的，则应另当别论。

4. 经营者以广告、产品说明、实物样品或者其他方式表明商品或者服务的质量状况的，应当保证其提供的商品或者服务的实际质量与表明的质量状况相符。经营者应以诚实的态度表明其商品或服务的质量而不得无根据地提高自己商品或者服务的质量指标。商品或者服务无法达到经营者吹嘘的质量要求应作为有缺陷的商品或者服务来对待，消费者可依此提出索赔要求。

二、质量担保义务的分类

根据我国《产品质量法》的规定，生产者或销售者的质量担保义务可分为明示担保义务与默示担保义务，具体如下：

1. 明示担保义务，是指生产者或销售者对产品的性能、特性、质量等，直接通过语言或行为作出保证或者承诺，明示担保通过以生产者或者销售者证明其产品符合某一标准、某些状态要求的产品说明、广告等方式表现出来，也可通过样品的形式加以表现出来，当产品的生产者或销售者通过明示方式说明产品的质量状况时，意味着生产者或销售者已作出对产品质量的陈述或承诺，保证产品符合宣传、说明或样品等所陈述的产品质量状况。

2. 默示担保义务，是指生产者或销售者的担保义务，不依或不取决于合约，而是直接根据法律的规定成为合同的一部分的义务，换言之，默示义务不需要当事人的合约，而主要是法律上的强制性义务。

三、对本案的分析

原告从被告中哲慕尚公司在天猫平台开设的店中购买涉案裤子，中哲慕尚公司与原告成立买卖合同关系，该合同关系系双方当事人真实意思表示，未违反法律、法规的强制性规定，应为合法有效。

经营者应当保证在正常使用商品或者接受服务的情况下其提供的商品或者服务应当具有的质量、性能、用途和有效期限。原告所购的裤子存在裤兜开裂、裤脚处开线、裤身皱皱巴巴，已属无法正常使用、不符合质量要求的商品。

经营者提供的商品或者服务不符合质量要求的，消费者可以依照国家规定、当事人约定退货，或者要求经营者履行更换、修理等义务。没有国家规定和当事人约定的，消费者可以自收到商品之日起 7 日内退货；7 日后符合法定解除合同条件的，消费者可以及时退货，不符合法定解除合同条件的，可以要求经营者履行更换、修理等义务。依照上述规定进行退货、更换、修理的，经营者应当承担运输等必要费用。涉案裤子所出现的质量问题，足以导致原告无法实现订立网络购物合同的目的，故原告可以要求被告退还货款，原告应将涉案裤子返还给被告中哲慕尚公司，由此产生的邮寄费用由被告中哲慕尚公司负担。

案例 3-13　冯某军与江苏升辉装饰建材实业有限公司、浙江普森电器有限公司产品责任纠纷案①

【案情介绍】

冯某军因案涉集成灶纠纷于 2018 年 10 月 22 日向法院提起诉讼，并在诉讼中提交徐州普森电器专卖店销售服务单一张，载明“日期：2016 年 5 月 1 日，产品名称：悦怀，型号：900×800×600，金额：7000 元，全款付清，安装地址：宝信润山×号楼×单元×××，联系人：冯某军。”该单据上有销售人员夏某的签字，并注明电话号码。冯某军另提交徐州普森电器有限公司夏某经理名片一张，该名片显示徐州普森电器有限公司的地址在

① 《冯某军与江苏升辉装饰建材实业有限公司、浙江普森电器有限公司产品责任纠纷案》，载中国裁判文书网：https://wenshu.court.gov.cn/website/wenshu/181107ANFZ0BXSK4/index.html? docId = py8FkeEzlwbsQ + X10 + 2y0atUOo65SUTMppSuxWNqNGOtr1uePkYYxWI3IS1ZgB82AehWjHo + h0nYd9mjQUtppm/lhoxgTCMNKIdP/6Vj75Y9yPMlYkFs8SPacyZ0OBNS，最后访问日期：2022 年 10 月 23 日。

徐州市。

庭审中，冯某军陈述其购买涉案集成灶后，在使用过程中发现该产品隔三差五打不着火，天气凉就无法正常工作，但因不能确定不能打火的具体时间，也无法取证，后他联系过夏某，经厂家数次维修后仍存在问题，也曾向卖家升辉装饰建材公司反映该问题，表示所购商品存在“瑕疵”，要求退换货。结果，对方未置可否。

【法律问题】

1. “瑕疵”的含义是什么？

2. 经营者承担瑕疵担保责任的条件是什么？

【法理分析】

一、“瑕疵”的含义

“瑕疵”作为法学上的一个专有名词，是指标的物低于法律规定或者合同约定的质量标准。经营者提供的商品或者服务存在瑕疵，是指商品或者服务不符合消费者在正常使用商品或者接受服务情况下所期望的良好质量、性能、用途、适用期限，不符合广告、说明、实物样品或者其他方式表明的质量状况。经营者提供的商品或者服务存在瑕疵，意味着商品或者服务欠缺应有的某种属性，其安全性、可用性、可靠性等方面的价值会减少或者贬损，从而危及消费者的人身、财产及其他的切身利益。

二、经营者承担瑕疵担保责任的条件

经营者承担瑕疵担保责任是基于民事合同关系产生的，属于应当承担的民事责任的范畴。所以，经营者承担瑕疵担保责任应当具备以下条件：

1. 存在合法的合同关系。经营者与消费者之间存在的合同关系是经营者承担瑕疵担保责任的基础和前提，合同的形式分为口头和书面。

2. 商品或者服务存在瑕疵的事实。商品或者服务存在瑕疵，是经营者承担瑕疵担保责任的实质性条件。

三、对本案的分析

根据法律规定，所有产品质量瑕疵侵权纠纷，均应根据“谁主张、谁举证”之原则，先由受害人承担产品质量瑕疵举证责任，受害人不能证明的，应承担举证不能的责任。当诉争产品为耐用品或装饰装修等服务时，自原告接受商品或者服务之日起 6 个月内发生质量争议的，适用举证责任倒置，由被告承担产品无质量瑕疵的举证责任。本案中，原告冯某军自购买集成灶产品至发生争议时已超过上述规定的 6 个月时间，其也未能提供证据证明自己在上述时间内提出产品质量异议。冯某军提供的证据不足以证明其购买的集成灶产品存在质量瑕疵、因该产品瑕疵造成的损失，以及该产品瑕疵与其损失之间存在因果关系，所以应承担举证不能的后果。

第九节　退货、更换、修理义务

案例 3-14　杨某诉东台市东盛房地产开发有限公司商品房销售合同纠纷案①

【案情介绍】

2006 年 3 月 25 日，原告杨某与被告东盛房地产开发有限公司签订商品房买卖合同一份，该合同载明，原告购买被告开发的坐落于东台市水景湾 10 号楼 A 室房屋一套，房屋用途为居住，房屋总价款为 441430 元。《住宅质量保证书》作为合同的附件，约定出卖人自房屋交付使用之日起，按照《住宅质量保证书》承诺的内容承担相应的保修责任，在房屋保修范围和保修期限内发生质量问题，出卖人应当履行保修义务，因不可抗力或者非出卖人原因造成的损坏，出卖人不承担责任，但可协助维修，维修费用由购买人承担。水景湾 10 号楼为叠加别墅，除去顶楼阁楼层后有 4 个结构层，为砖混结构，屋面未设置保温层，对此，被告向原告出售房屋时未予告知。

2006 年 6 月 21 日，原告杨某领取了涉案房屋的房屋所有权证。在装修、居住过程中，原告发现存在墙体多处裂缝、窗户渗漏等问题，多次报修，被告东盛房地产公司多次派员维修，但均未能根本修复。原告向法院提起诉讼，要求被告承担修复房屋裂缝及相关费用的民事责任，赔偿因裂缝渗漏造成的损失 7100 元。

一审法院东台市人民法院判决：

1. 被告东盛房地产开发有限公司于本判决生效之日起三个月内对属于原告杨某所有的坐落于东台市水景湾 10 号楼 A 室按南京东南建设工程安全鉴定有限公司作出的第 SF207078-1 号《东台市水景湾 10 号楼 A 室裂缝原因及维修方案鉴定报告》中所明确的整改修复方案进行整改修复；

2. 驳回原告杨某的其他诉讼请求。

东盛房地产开发有限公司不服一审判决，向江苏省盐城市中级人民法院提起上诉。

二审法院盐城市中级人民法院判决：驳回上诉，维持原判。

【法院观点】

一、一审法院观点

第一，被告东盛房地产开发有限公司出售给原告杨某的房屋存在质量缺陷。根据《中华人民共和国建筑法》第 60 条、第 62 条的规定，竣工验收的建筑工程的屋顶、墙面不得

① 《杨某诉东台市东盛房地产开发有限公司商品房销售合同纠纷案》，载中华人民共和国最高人民法院公报：http://gongbao.court.gov.cn/Details/ddcedb1ead0ed1d367bb70d0d0ef2a.html，最后访问日期：2022 年 10 月 23 日。

有渗漏、开裂等质量缺陷，且建筑工程实行质量保修制度。建设部《房屋建筑工程质量保修办法》第3条规定："本办法所称房屋建筑工程质量保修，是指对房屋建筑工程竣工验收后在保修期限内出现的质量缺陷，予以修复。本办法所称质量缺陷，是指房屋建筑工程的质量不符合工程建设强制性标准以及合同的约定。"参照该条规定，只要房屋建筑工程质量不符合法定标准以及合同目的，则可以认定存在质量缺陷。本案中，原告购买的房屋存在裂缝、渗漏等问题，这是一个客观事实。综合以上三点，足以认定本案被告出售给原告的房屋存在质量缺陷，被告认为房屋的施工设计文件经有关行政部门审核批准、房屋竣工后经有关单位验收合格，因此应当认定房屋质量合格的理由，不予采纳。

第二，被告东盛房地产开发有限公司应当对本案的房屋质量缺陷承担相应的民事责任。我国实行建筑工程质量保修制度。在正常使用条件下，房屋主体结构工程的保修期限为设计文件规定的该工程的合理使用年限，房间和外墙面的防渗漏工程的保修期限为5年，保修期自竣工验收合格之日起计算。根据司法鉴定结论，本案讼争房屋的主体结构虽然不存在安全问题，但存在裂缝的质量缺陷，且出现了渗漏。原告杨某在保修期内主张权利，应当予以支持。根据《中华人民共和国合同法》第155条(现为《民法典》第617条)的规定，出卖人交付的标的物不符合质量要求的，买受人可以要求其承担相应的违约责任。所以，原告向被告主张权利有法律规定上的依据。本案中，被告交付给原告的房屋存在的质量缺陷比较隐蔽，经鉴定，质量缺陷的产生原因在房屋交付时即已存在，只是在交付后才被发现。在原、被告双方签订的《住宅质量保证书》中，也约定了在房屋保修范围和保修期限内发生质量问题，出卖人应当履行保修义务。综合以上三点，原告有权主张被告承担相应的民事责任。

二、二审法院观点

上诉人东盛房地产开发有限公司与被上诉人杨某签订房屋买卖合同，其应当保证出卖的房屋符合法律规定或者合同约定的质量，现上诉人交付给被上诉人的房屋出现墙体裂缝及渗漏问题，经专业部门鉴定，其主要原因系温度变化时结构材料不均匀收缩所致，而屋面未做保温层和墙体砌筑质量较差导致顶部楼层温度裂缝明显。对此，上诉人作为房屋的出卖人，对其出售房屋存在的质量缺陷，依法应当承担相应的修复义务，一审判决并无不当。

上诉人东盛房地产开发有限公司认为，其已向被上诉人杨某出具了房屋的相关图纸资料，被上诉人应当知道屋面未设置保温层的事实。对此本院认为，房屋的图纸资料属于专业技术材料，没有上诉人的相关告知，被上诉人仅凭常识，不可能得知房屋未设置保温层，即使被上诉人知道未设置保温层的事实，在上诉人交付房屋时，被上诉人也不可能知道未设置保温层会产生裂缝渗漏等问题。且本案中的房屋质量缺陷具有隐蔽性，被上诉人在使用过程中才得以发现。上诉人不能以订立合同时所拥有的信息优势来免除保证房屋质量的法定责任。故上诉人的这一上诉理由，不予采纳。

【法律问题】

1. 销售者、修理者及生产者的义务如何分配？

2. 退货、修理、更换的例外情形有哪些？

【法理分析】

一、销售者、修理者及生产者的义务分配

1. 销售者应当履行下列义务：

(1)不能保证实施“三包”规定的，不得销售“三包”目录所列产品；

(2)保持销售产品的质量；

(3)执行进货检查验收制度，不符合法定标识要求的，一律不准销售；

(4)产品出售时，应当开箱检验，正确调试，介绍使用维护事项、“三包”方式及修理单位，提供有效发票和“三包”凭证。

(5)妥善处理消费者的查询、投诉，并提供服务。

2. 修理者应当履行下列义务：

(1)承担修理服务业务；

(2)维护销售者、生产者的信誉，不得使用与产品技术要求不符的元器件和零配件，保证修理后的产品能够正常使用30日以上；

(3)保证修理费用和修理配件全部用于修理，接受销售者、生产者的监督和检查；

(4)承担因自身修理失误造成的责任和损失；

(5)接受消费者有关产品修理质量的查询。

3. 生产者应当履行下列义务：

(1)明确“三包”方式。生产者自行设置或者指定修理单位的，必须随产品向消费者提供“三包”凭证、修理单位的名单、地址、联系电话等；

(2)向负责修理的销售者、修理者提供修理技术资料、合格的修理配件，负责培训，提供修理费用。保证在产品停产后5年内继续提供符合技术要求的零配件。

(3)妥善处理消费者直接或者间接的查询，并提供服务。

二、退货、修理、更换的例外

属下列情况之一者，不实行“三包”，但是可以实行收费修理：

(1)因消费者使用、维护、保管不当造成损坏的；

(2)非承担“三包”修理者拆动造成损坏的；

(3)无“三包”凭证及有效发票的；

(4)“三包”凭证型号与修理产品型号不符或者涂改的；

(5)因不可抗拒力造成损坏的，修理费用由生产者提供。

三、对本案的分析

本案涉及的是房屋买卖纠纷，适用《消费者权益保护法》《合同法》《房屋销售管理办法》等相关法律法规。对于质量不符合约定的，房屋的买受人可以合理选择要求对方承担

修理、更换、重作、退货、减少价款或者报酬等违约责任。本案中，被告交付给原告杨某的房屋因出现裂缝渗漏质量问题，严重影响居住使用、无法满足正常的消费需求，被告东盛房地产开发有限公司应当对房屋质量缺陷承担修复责任。即使商品房的设计经过了行政部门的审核批准，开发商仍需要就房屋质量问题承担责任。建设行政主管部门的审批文件以及建筑工程勘察、设计、施工、工程监理等单位分别签署的质量合格文件，在关于房屋建筑工程质量的诉讼中仅属诉讼证据，对人民法院认定事实不具有当然的确定力和拘束力，如果存在房屋裂缝、渗漏等客观事实，并且该客观事实确系建筑施工所致，则应当依法认定房屋存在质量缺陷，开发商有义务对其进行退货、更换、修理，不得侵害消费者的正当合法权益。

案例 3-15　未开箱验货即签收致退货无门案①

【案情介绍】

北京胡女士花 3000 多元，购买了一台洗衣机，当洗衣机送到家时，孩子正在哭闹，一着急，就没有开箱检查，直接在送货单上签了字。等到晚上她丈夫回家拆开包装后，却发现洗衣机正面箱体上有一个明显的凹痕，于是向商家提出换货。但商家却称胡女士已经签了字，当时也没有提出异议，而洗衣机箱体上的凹痕不能证明就是商家造成的，所以拒绝换货。商家还称，只有洗衣机的质量有问题才可以免费换货。无奈，胡女士只好自认倒霉，可是每当看到洗衣机上的凹痕就郁闷不已，后悔当时太疏忽，同时也质疑商家太不厚道。

【法律问题】

1. “三包”的有效期和确定方式分别是什么？
2. “三包”的对象有哪些？

【法理分析】

一、“三包”的有效期和确定方式

(一)“三包”有效期

“三包”有效期自开具发票之日起计算，扣除因修理占用和无零配件待修的时间，“三包”有效期内消费者凭发票及三包凭证办理修理、换货、退货。

产品自售出之日起 7 日内，发生性能故障消费者可以选择退货、换货或修理。退货时，销售者应当按发票价格一次退清货款然后依法向生产者、供货者追偿或者按购销合同办理。产品自售出之日起 15 日内，发生性能故障消费者可选择换货或者修理。换货时销

① 《未开箱验货即签收 三包权益受损》，载找法网：https://china.findlaw.cn/xfwq/sanbaofa/jdsb/67552.html，最后访问日期：2022 年 10 月 23 日。

售者应当免费为消费者调换同型号同规格的产品然后依法向生产者、供货者追偿或者按购销合同办理。

在"三包"有效期内，修理两次，仍不能正常使用的产品，凭修理者提供的修理记录和证明，由销售者负责为消费者免费调换同型号同规格的产品。

在"三包"有效期内因生产者未供应零配件，自送修之日起超过90日未修好的，修理者应当在修理状况中注明，销售者凭此据免费为消费者调换同型号同规格产品。然后依法向生产者、供货者追偿或者按购销合同办理。因修理者自身原因使修理期超过30日的由其免费为消费者调换同型号同规格产品。费用由修理者承担。

在"三包"有效期内，符合换货条件的，销售者因无同型号同规格产品，不愿调换其他型号规格产品而要求退货的，销售者应当予以退货；有同型号同规格产品消费者不愿调换而要求退货的，销售者应当予以退货。对已使用过的商品按规定收取折旧费。折旧费计算自开具发票之日起至退货之日止，其中应当扣除修理占用和待修的时间。换货时凡属残次产品、不合格产品或者修理过的产品均不得提供给消费者。换货后的三包有效期自换货之日起重新计算。由销售者在发票背面加盖更换章并提供新的"三包"凭证或者在"三包"凭证背面加盖更换章。

在"三包"有效期内除因消费者使用、保管不当致使产品不能正常使用外，由修理者免费修理(包括材料费和工时费)。对应当进行"三包"的大件产品，修理者应当提供合理的运输费用然后依法向生产者或者销售者追偿或者按合同办理。在"三包"有效期内，提倡销售者、修理者、生产者上门提供三包服务。

(二)"三包"的确定方式

1. 国家规定的，依照规定实施"三包"。目前，我国有关部门针对一些复杂、特殊的商品发布有强制性"三包"规定，涉及洗衣机、电冰箱、钟表、微型计算机、移动电话、家用汽车、家用视听商品等商品。国家对这些特殊商品的"三包"期限、经营者具体的"三包"义务作出了明确规定，消费者可以依法保护自身合法权益。

2. 消费者与经营者的"三包"约定。要注意的是，约定的"三包"标准不得低于国家规定的标准。

3. 既没有国家规定也没有当事人约定，经营者则依照《消费者权益保护法》第24条承担"三包"义务。"自收到商品之日起7日"是一个时间节点：(1)7日之内，只要经营者提供商品或者服务不符合质量要求，无论质量是否严重到符合合同解除条件，消费者均可在7日内退货；(2)7日之后，消费者仍然享有《民法典》所赋予的法定解除权以及《消费者权益保护法》所赋予的更换权、修理权。

二、"三包"的对象

根据《消费者权益保护法》第24条的规定，"三包"覆盖面扩大到所有商品。我国实行"三包"的产品由国家《部分商品修理更换退货责任规定》(2014)等文件确定，"三包"产品目录分批公布，国家已经公布的如下：

(1)第一批实施"三包"的部分产品共18种：自行车、彩电、黑白电视、家用录像机、摄像机、收录机、电子琴、家用电冰箱、洗衣机、电风扇、微波炉、吸尘器、家用空调器、吸排油烟机、燃气热水器、缝纫机、钟表、摩托车。

(2)新“三包”规定中明确规定，实行“三包”的产品目录将由国务院有关部门制定和调整。国家将根据消费水平的提高，采用《实施三包的部分商品目录》的形式，逐批公布“三包”产品适用范围。随着移动电话、固定电话、微型计算机、家用视听产品4种产品加入，截至目前，我国共有22种产品被纳入“三包”范畴。

(3)各地方政府在国家统一规定“三包”产品目录的基础上，增加“三包”产品目录，如浙江省自2011年3月15日起，更新“三包”产品目录，在国家原统一规定的18个“三包”产品目录上再增加了如平板电脑、手持式个人数字信息处理设备、手持视频产品、移动存储器、GPS导航、电磁炉、装饰装修材料、饰品、家用饮用水处理装置、照相器材、电热水器内胆、水龙头、台盆这些家居用品等30种商品，达48个产品。

(4)进口产品同样适用于“三包”规定。

三、对本案的分析

本案中，消费者胡女士由于一时疏忽，未经开箱验货，便在收货单上签字确认，导致其购买的洗衣机出现凹痕，未及时发现，导致消费损失。此种现象，不论是在线上消费还是线下消费，收货时都会经常遇到。胡女士的签字行为表示其对货物已经进行了必要的检查和确认，其不能以洗衣机在运输过程遭到碰撞出现凹痕为由请求商家做退换货处理，商家也没有此项义务。家电产品在出厂运输的过程中，有时会因碰撞而损坏外壳，对此，消费者在收货时一定要及时检验。另外有的家电产品随箱还装有一些必要的配件，消费者在收货时也要注意仔细检查，看是否齐全。

产品出售时，应当开箱检验。家电厂商将验货以消费者的签字为准，消费者在收到货时，即使没有打开检验，但只要签了字，就视同已经验货，此后如果出现配件缺少或是产品外壳瑕疵，都不再负责。所以在家电产品送货上门时，消费者务必开箱验货，以免权益受到损害。

第十节　无理由退货制度

案例3-16　海鲜退货纠纷案①

【案情介绍】

2018年4月，吴某在某平台商城举行的生鲜大卖场活动中购买了1852.08元的商品，在配送过程中，商品被拆分为4个订单，并由吴某支付全部快递费用。对此吴某不满，拒

① 《滥用七天无理由规则，退换货未获支持》，载惠城区人民法院：http://www.hcqfy.gov.cn/web/content/31481-? lmdm=1102，最后访问日期：2022年10月23日。

收了其中的商品白虾，并申请办理退货退款手续。吴某购买了该平台的超级 VIP 服务，享有无限免邮和免费退货等权利，但因吴某于短时间内在该商城频繁购物，且退货拒收率高达 84.54%，某平台遂暂停其部分账户权限和超级 VIP 服务。

吴某诉请：

1. 平台停止侵害，立即恢复账户的完整使用权限，恢复超级 VIP 等级及所有购买使用功能；

2. 平台赔偿 500 元；

3. 平台赔礼道歉，赔偿合理费用 30800 元。

广州互联网法院判决：驳回原告吴某的全部诉讼请求。

【法律问题】

1. 无理由退货制度的适用情形是什么？

2. 无理由退货的条件有哪些？

【法理分析】

一、无理由退货制度的适用情形

经营者采用网络电视、电话、邮购等方式销售商品，除部分特殊商品外，消费者有权自收到商品之日起 7 日内退货，且无须说明理由。考虑到设立无理由退货制度的初衷，是解决消费者在特定交易领域因信息不对称而导致的意思表示真实受影响的问题。本条的适用范围应作广义理解，即包括采用网络、电视、电话、优 E 购等远程方式的销售，也包括上门推销、直销等非固定经营场所的销售。针对非现场购物，可根据新出现的情况增加适用范围，“比如销售人员未携带实物上门推销，如果消费者下单购买了商品，在收到实物后也可以适用无理由退货的规定”。

二、无理由退货的条件

为防止无理由退货权被滥用，消费者选择无理由退货是有条件的。

1. 法律规定以下四类商品不能退货：

(1)消费者定做的。消费者定做的商品，比如贺卡，可能会印上一些个人信息等，无法进行第二次销售。

(2)鲜活易腐的商品。比如蛋糕，一般是当天生产，当天送到消费者手中，退货后已不能再次出售。

(3)在线下载或者消费者拆封的音像制品。在线下载的或消费者拆封的音像制品、计算机软件，其内容为数据化信息，一般无法证明是否已经使用。

(4)计算机软件等数字化商品以及交付的报纸、期刊。报纸、期刊，因为时效性比较短，也不适用无理由退货。

这些商品不适用无理由退货，也是世界各国通行的惯例。

2. 消费者退货的商品应当完好。消费者在收到商品时，发现不能符合消费预期，选择退货的，应当保证商品完好，不影响二次销售。

3. 退回商品的运费由消费者承担。由于消费者放弃消费导致退货，为了维护市场经济秩序，原则上运费由消费者承担。当然，有约定遵从约定。

三、对本案的分析

本案中，吴某作为某平台商城的会员，虽然购买了超级 VIP 服务，但从权利的名称和规则来看，超级 VIP 享有的免费退货权利只是对部分商品可以由某平台公司免费上门取件，但不等于无限退货。吴某于短时间内频繁购物，退货拒收率高达 84.54%，结合日常生活经验判断，此确属不合常理的高退货率。网络购物的用户虽然依法享有退货的权利，但吴某短时期内有如此高的退货率，反映其在购物时未能尽到起码的谨慎义务，在行使退货权利时又过于随意，这种做法不合理地增加了企业和社会的成本，有悖于诚实信用原则，是对自身权利的滥用。

《消费者权益保护法》虽将 7 天无理由退货确立为网络购物方式下消费者行使后悔权的依据，但未赋予消费者滥用退货规则的权利。7 天无理由退货规则是《消费者权益保护法》为保护作为在交易一方处于弱势地位的消费者，根据网络购物线上非实物性购物方式的特点，对消费者收到不符合购物预期商品得以退货的权利的保障，同时督促网络销售者提升自身商品质量，不在平台上作出虚假承诺或欺诈行为。此规则的出发点依旧是诚实信用原则。对于滥用退货规则，法律法规并未禁止电子商务平台通过制定平台规则的方式予以制止。只要平台规则不违反法律法规，就应该允许平台根据该规则对平台内用户作出管理性措施。

第十一节　格式条款的限制

案例 3-17　马某珊、六安市金安区蜕变健身会所服务合同纠纷案①

【案情介绍】

2019 年 12 月 19 日，原告马某珊经蜕变健身会所的教练张某红接待，与被告蜕变健身会所签订《蜕变健身私教课程协议》一份，约定由张某红教练为原告提供 10 课时的健身私教服务，张某红教练承诺在约定的 10 节课之外加送原告课程，原告在被告提供的制式《蜕变健身私教课程协议》上签字，并支付课程费 2000 元。《蜕变健身私教课程协议》第 3 条约定："课程费不予退回。"第 4 条约定："当指定私人教练无法完成课程时，会所保留更换私人教练的权利。"上述合同签订后，原告由于疫情原因一直未预约上课。2020 年 5

① 《马某珊、六安市金安区蜕变健身会所服务合同纠纷案》，载中国裁判文书网：https://wenshu.court.gov.cn/website/wenshu/181107ANFZ0BXSK4/index.html? docId = kPOB9XJWQhcnuz4QTKr3O + YlxIZ/B8LzO9yjpIvettEjjJs/d/GyjmI3IS1ZgB82AehWjHo + h0nYd9mjQUtppm/lhoxgTCMNKIdP/6Vj75aUEsWbC06f9iPacyZ0OBNS，最后访问日期：2022 年 10 月 23 日。

月，原告通过微信预约张某红教练，张某红告知原告其肩膀受伤未上班。后原告因张某红教练一直未能上班向被告蜕变健身会所交涉，蜕变健身会所表示可为原告更换教练，原告对此拒绝，并要求退还已交纳课程费2000元，双方为此产生矛盾。

【法律问题】

1. 格式条款的含义及特点是什么？
2. 格式条款的要求与解释是什么？

【法理分析】

一、格式条款的含义及特点

1. 含义

格式条款又称为标准条款，是指当事人为了重复使用而预先拟定、并在订立合同时未与对方协商的条款。如保险合同、拍卖成交确认书等，都是格式条款。

2. 特点

第一，格式条款是由一方预先拟定的。格式条款是由一方于订立合同前拟定的，而不是在双方反复协商基础上形成的。拟定格式条款的一方一般是固定提供某种商品或服务的单位，也有的是由政府的有关部门为固定提供某种服务或商品的单位制定，而由这些单位使用的。由于格式条款是一方事先拟定的，因此，无论是何方先提出订立合同的建议，提供格式条款的一方总是处于要约人的地位。

第二，格式条款是为重复使用而拟定的。格式条款是为重复使用而不是为一次性使用而制定的。由于固定提供某种商品或服务的当事人无论向何人提供该种商品或服务都要遵行同样的条件，因此，当事人将该条件标准化从而拟定出格式条款。格式条款的重复使用性一方面决定了提供格式条款的一方作为要约人总是特定的，而受要约人是不特定的；另一方面决定了使用格式条款具有减少谈判时间和费用从而节省交易成本的优点。

第三，格式条款是当事人在订立合同时不必协商的，具有不变性、附合性特点。在订立合同过程中，提供格式条款一方并不与相对方就格式条款的内容进行协商，也就是说，格式条款的内容是不能改变的，相对方只能或是同意格式条款的内容与对方订立合同，或是拒绝接受格式条款的内容而不与提供方订立合同，而不可能与提供方协商修改格式条款的内容。也正是在这一意义上，格式条款又称为标准条款、附合条款。订立合同时当事人是否可以协商，这是格式条款与其他条款的一个根本性区别。在实务中当事人利用事先拟定好的合同条款订立合同的情形较多，但事先拟定的合同条款未必均为格式条款。

二、格式条款的要求与解释

1. 要求

第一，格式条款应公平地确定当事人之间的权利义务。格式条款是由一方事先拟定的，未能与对方当事人协商。因此，从格式条款拟定上说，提供格式条款的一方在拟定格式条款时就应遵行公平原则，公平合理地确定当事人之间的权利义务，而不能将义务和责任全推给对方，将权利全留给自己。

第二，提请对方注意格式条款的内容并予以说明。由于采用格式条款订立合同时，相对方并不能就格式条款提出修改的要求，而只能完全同意或者拒绝，相对方往往对格式条款的内容注意不够或者不理解条款的内容，因此，提供格式合同的一方应当采取合理的方式提请对方注意免除或者限制其责任的条款，在相对方要求就该条款内容作出说明的，提供格式条款的一方须予以说明，以便相对方决定是否同意接受该条款。若提供格式条款的一方未以合理的方式提请对方注意，或者虽提请对方注意但未应对方的要求予以说明，则该条款不能发生效力。

2. 解释

对格式条款的解释应采用以下三项规则：

(1)按照通常理解解释规则。格式条款是由一方事先拟定并提供重复使用的，它不是针对特定相对人而是针对不特定的相对人制定的，因此，在发生争议时，不能按照提供格式条款的一方的特别理解来解释，也不能按照相对方在订立该合同时的特定情形下的理解来解释，而应当按照通常的理解来解释。所谓通常的理解，是指通常情形下会订立该合同的一般人的理解。

(2)作不利于格式条款提供方的解释。对合同条款的解释，有所谓"用语有疑义时，对使用者为不利益的解释"的法谚，此也为各国法上通用的合同解释规则。如果一方当事人所提出的合同条款含义不清，则应作出对该方当事人不利的解释。格式条款因是由一方事先拟定的，且未经对方协商也不允许对方协商，因此，在格式条款按照通常的理解出现两种以上的解释效果时，应当作出不利于提供格式条款一方的解释，也就是应为对相对方有利的解释。

(3)非格式条款优于格式条款。合同中既有格式条款又有非格式条款，且两者不一致的，应按照非格式条款优于格式条款的规则解释，亦即应采用非格式条款而否定格式条款。这是因为格式条款是由一方提供而未经协商的，非格式条款是由当事人双方协商一致的，如果格式条款与非格式条款不一致，实际上是当事人双方以其合意排除了格式条款的适用。在这种情形下，若采用格式条款，无疑是否定了当事人的真实意思，而采用非格式条款，则恰好能反映当事人的真实意思。

三、对本案的分析

本案中，原告诉请解除服务合同，返还课程费 2000 元的主要理由为指定的教练因故未能及时提供课程服务，被告以已经为原告更换其他教练，符合合同约定为由抗辩，双方争议的焦点在于：

1.《蜕变健身私教课程协议》第 4 条约定"当指定私人教练无法完成课程时，会所保留更换私人教练的权利"是否具有法律约束力；

2. 原告是否有权解除合同，要求返还课程费。

健身场所的私教服务人员的选择确定，系消费者对于教练技能、经验、服务态度等方面的综合选择，该合同履行具有较强的人身性质；如变更教练人员对于消费者的期待利益可产生重大影响，故从案涉合同的性质分析，服务机构不应当享有随意更换教练的权利。

《蜕变健身私教课程协议》系被告预先印制，可重复使用，并未与消费者磋商一致的合同条款，属于格式合同，其中第4条限制了消费者对于指定教练提供服务的期待利益，排除了消费者在服务合同中享有的主要权利，属于无效条款，不产生法律约束力。

基于本案事实，张某红教练因故未能及时为原告提供私教服务，对于原告在合同履行中享有的利益产生重大影响，致使合同目的不能实现，原告有权诉请解除合同，返还已交纳课程费。

案例3-18 特价商品概不退换案①

【案情介绍】

福州市消委会接到消费者林女士投诉，称其于2021年10月底看到福州一家服装店在做鞋子促销，进店试穿了某款短靴的右脚后，感觉合适就现场购买了一整双短靴，价格为159元。短靴买回家放置了十来天，等拿出来穿时却发现左脚后跟位置有一硬物硌脚，根本无法正常行走。于是找到服装店要求退换货，该店工作人员却以销售时已明示“特价商品概不退换”，且消费者购买的特价商品超过了店内规定的7天无理由退货时间为由，拒绝予以退换。无奈之下，林女士向福州市消委会求助。

接到投诉后，福州市消委会与该店负责人进行沟通调解，指出该鞋内出现异物，致使消费者无法正常穿着，明显属于不符合质量要求的产品，最终该店同意为消费者办理退货退款手续，消费者对此处理结果表示满意。

【法律问题】

1. “特价商品概不退换”告示是否具有法律效力？
2. 对消费者权益损害较大的格式条款有哪些表现？

【法理分析】

一、“特价商品概不退换”告示的法律效力

在促销时，商家会注明“特价商品不退不换”的提示，而消费者也会默认这条提示，认为特价商品一旦出现了质量问题，消费者就应自己承担后果。其实该告示并不具有法律效力。《零售商促销行为管理办法》第18条规定，“零售商不得以促销为由拒绝退换货或者为消费者退换货设置障碍”。《消费者权益保护法》第26条规定：“经营者不得以格式条款、通知、声明、店堂告示等方式，作出排除或者限制消费者权利、减轻或者免除经营者责任、加重消费者责任等对消费者不公平、不合理的规定，不得利用格式条款并借助技术手段强制交易。格式条款、通知、声明、店堂告示等含有前款所列内容的，其内容无效。”所以，对于经营者作出的“特价商品概不退换”的格式条款，自始就是无效的，且不

① 《特价商品概不退换案》，载中国质量新闻网：https://www.cqn.com.cn/ms/content/2022-03/15/content_8795523.htm，最后访问日期：2022年10月23日。

论消费者是否知情、同意。

二、对消费者权益损害较大的格式条款

经营者往往借助自己所处的优势地位，在所拟定的格式条款中设置一些对消费者不利的、损害较大的格式条款，具体有以下表现：

1. 减轻或者免除经营者的责任的条款以及加重消费者责任、限制、排除消费者主要合同权利的条款。例如，商场张贴的“货物售出，概不退换”的告示。

2. 赋予经营者任意解除、变更合同的权利。

3. 限制消费者寻求法律救济的条款。格式条款的制定者常常排除诉讼或者仲裁的方式解决争议，或者指定享有管辖权的法院、仲裁机构等。这样一来，消费者在交易中出现纠纷时，只能选择对经营者有利的方式解决，对实现消费者权益非常不利。

4. 其他类型不合理、不公正的格式条款。经营者故意将不利于消费者权益的条款作特殊处理，如字体过小、位置过偏，使一般消费者注意不到；或者适用晦涩、冗长的文字表示，使消费者虽然知道其存在，却不易或很难理解。

三、对本案的分析

本案中，特价商品促销作为商家的一种价格促销手段，经常出现在我们的消费生活中。然而，经营者作出的“特价商品概不退换”的告示是否具有法律效力，是否能够对抗消费者，值得我们注意和思考。《消费者权益保护法》第 23 条规定了经营者负有质量担保的义务，也就是说，特价商品不能免除质量责任，除非经营者出售不存在违反法律规定的瑕疵商品前，就已明确告知消费者该商品存在瑕疵，否则，经营者不能以商品价格打折为由，免除自身应当承担的“三包”责任。经营者应依据《消费者权益保护法》第 24 条规定，履行商品的“三包”责任。商家所称的“特价商品概不退换”属于《消费者权益保护法》第 26 条的规定的经营者的格式条款，且排除或限制了消费者合法权益，依据《民法典》和《消费者权益保护法》规定是无效的，消费者不要被商家的告示唬住。若商家明知是质量存在问题的产品仍向消费者进行销售，那么商家的行为则构成欺诈，消费者除可主张退还货款外，还可根据《消费者权益保护法》有关惩罚性赔偿的规定，要求商家向其履行赔偿的责任。

第十二节　不得侵犯人格尊严和人身自由的义务

案例 3-19　杨某清诉深圳市南山区家乐家百货超市侵犯名誉权案[①]

【案情分析】

2018 年 2 月 9 日上午 7 时许，杨某清携带一个购物袋进入深圳市南山区家乐家百货

① 《深圳市南山区家乐家百货超市、杨某清名誉权纠纷案》，载 Alpha 法律智能操作系统：https://alphalawyer.cn/#/app/tool/result/%7B%5B%5D,%7D/detail/4D8A5B8F133994667248C15858FFC9C2? focus=1&queryId=40aa7f7f550d11edbd0f0c42a1121c94，最后访问日期：2022 年 10 月 23 日。

超市处，未购物即准备离开，在收银台附近被超市员工拦截，要求开包查验购物袋。杨某清表示拒绝后，超市员工坚持查验，杨某清就近在收银台处将购物袋物品一一出示给超市员工看，其间杨某清与超市员工发生争执，引起超市顾客和其他员工围观，部分围观的顾客分别上前与涉事员工沟通、安抚情绪激动的杨某清，围观的其他员工没有作为。后大部分围观顾客自行散去，涉事员工和其他员工也陆续离开，杨某清仍在原地继续接受围观顾客的安抚。当天上午 9 时 37 分，杨某清女儿向南头派出所报警，声称家中老人被超市工作人员无故搜身，此前已被搜了 5 次身。随后接警民警带执法记录仪赶往家乐家百货超市处向杨某清、超市了解情况，并翻拍了事发时的监控录像。

【法律问题】

1. 人身自由与人格尊严的含义与法理基础是什么？
2. 人格尊严的法律地位是什么？

【法理分析】

一、人身自由与人格尊严的含义与法理基础

《宪法》第 37 条规定："中华人民共和国公民的人身自由不受侵犯。任何公民，非经人民检察院批准或者决定或者人民法院决定，并由公安机关执行，不受逮捕。禁止非法拘禁和以其他方法非法剥夺或者限制公民的人身自由，禁止搜查公民的身体。"第 38 条规定："中华人民共和国公民的人格尊严不受侵犯。禁止用任何方法对公民进行侮辱、诽谤和诬告陷害。"

消费者的人格尊严是人格权的表现。消费者的人格权主要包括姓名权、名誉权、荣誉权、肖像权、隐私权等。消费者的人格尊严不受侵犯是消费者作为一个民事主体所享有的基本权利，经营者应当予以尊重。

消费者的人身自由，是指消费者依法享有的人身行为完全受自由支配，不受经营者任何非法阻挠、限制和拘束的权利。享有人身自由权，是公民的基本要求，也是当代法治社会的一个基本特征。消费者的人身自由不受侵犯，主要表现在以下几个方面：一是消费者的人身行为完全受自己自由支配；二是消费者的人身自由不受经营者的非法限制和剥夺；三是消费者的人身及物品不受经营者的非法搜查。经营者应对消费者的人身自由予以尊重，不得以任何借口用任何形式对消费者的人身自由加以侵犯，这是法律要求经营者承担的一项重要义务。

二、人格尊严的法律地位

人格尊严是一般人格权客体，是一般人格利益的基础。人格尊严作为一般人格权体系的核心。在法律适用中，应当依据人格尊严解释各项具体人格权，创造新的具体人格权，以及补充不被具体人格权所涵括的一般人格利益。例如，在实务上和理论上所争论的侵害肖像权的认定中，营利目的是否为必要构成要件，只要弄清人格尊严是各项具体人格权的基础，则必然得出营利目的不是侵害肖像权责任构成的必要条件，就不会舍本求末，致使

对肖像权的法律保护走上歧途。

三、对本案的分析

本案中，深圳市南山区家乐家百货超市要求杨某清将随身购物袋打开供超市员工检查，并非法律所赋予的权利，其也无权要求杨某清承担配合的义务。尽管形式上杨某清是自行打开购物袋向被告一一展示里面物品，但其实质是超市对顾客的搜查。这种搜查只有法定机关才有权行使，杨某清有权拒绝超市的要求。

家乐家百货超市作为综合性零售超市，为降低商品失窃的风险，采取必要的合理的防范措施，应以不损害顾客的合法权益为前提。顾客携带购物袋进入超市时，超市可尽提醒义务；顾客在超市内选购时，超市可通过员工巡视、视频监控等方式观察顾客是否有明显的盗窃嫌疑；顾客离开超市时，超市亦可根据其设置的警报器的提醒防范盗窃。超市既无合理怀疑的前提，也无确凿的证据，仅因杨某清携带购物袋从收银台离开时没有买单，便怀疑杨某清有偷窃嫌疑，过于草率。即便超市怀疑杨某清偷窃了超市财物，也应依照法定程序提请法定机关调查处理，但其却未这样做，而是直接查验杨某清的随身购物袋。该举动不仅足以使杨某清感到自己的社会地位已遭贬低，而且也实际影响了对杨某清品德、声望、信用等方面应有的社会评价，客观上确已侵害了杨某清依法享有的名誉权，侵犯了杨某清的人身自由和人格尊严。

案例 3-20　商场强制顾客存包案①

【案情介绍】

2004 年 3 月 6 日，原告陈某携带一背包、两个方便袋到被告徐州市新佳商业有限公司购物，行至一楼电梯处，被被告店员伸手拦住，限制原告进入购物区域。虽然原告向该店员解释为赶火车，购物后就走，但该店员向原告言明必须存包方可进入购物。原告只好在存包处存包后，才得以进入超市购物。此后，原告于 2004 年 3 月 9 日向法院提起诉讼。

原告陈某诉称：由于被告强制原告存包，导致原告精神不振、失眠、精神受到损害。被告的行为侵犯了原告的人格尊严权。因此，要求被告在徐州范围内通过媒体向原告赔礼道歉、赔偿精神损失 10 元。被告徐州市新佳商业有限公司对原告陈某于 2004 年 3 月 6 日在其超市存包购物的事实无异议，但认为，被告有关存包购物的规定非强制性，被告店员只是建议或要求原告存包，并未强制其存包。原告因此而精神不振、失眠，是原告自尊心太强、过于敏感导致的。被告员工建议其存包的行为未侵犯原告的人格权，请求法院依法驳回原告的诉讼请求。

一审法院徐州市泉山区人民法院判决：

驳回原告陈某对被告徐州市新佳商业有限公司的诉讼请求。

原告陈某不服一审判决，向徐州市中级人民法院提起上诉，上诉理由是：新佳商业有

① 《陈某诉徐州市新佳商业有限公司强制存包侵犯人格权纠纷案》，载神州律师网：http://zjbar.chinalawinfo.com/Case/pfnl_1970324837053639.html? match=Exact，最后访问日期：2022 年 10 月 23 日。

限公司不顾顾客意愿，只顾自己利益，强制顾客存包，既违反了相关法律规定，也有悖于公序良俗原则，其行为系违法行为；新佳商业有限公司将消费者定位在潜在小偷的位置，主观上存在过错；新佳商业有限公司的行为具有损害后果，因为确认人格尊严是否受损应立足于主观因素，客观因素只能作为补充和参考，强制存包使上诉人自我感觉被当作潜在的小偷，导致其精神不振、失眠等症状，也使公众对上诉人的社会评价降低；新佳商业有限公司的行为与上诉人的人格权受侵害具有因果关系。综上所述，新佳商业有限公司侵犯了上诉人的人格尊严，请求依法撤销一审判决，改判新佳商业有限公司侵犯人格权成立，支持上诉人的一审诉讼请求。

二审法院徐州市中级人民法院判决：驳回上诉，维持原判。

【法院观点】

一、一审法院观点

被告要求原告存包后购物，相对于被告，这是超市的一项制度性规定；相对于原告，存包是原告必须履行的义务，原告不履行这一义务，则无权进入超市购物，因此，被告要求原告存包后购物构成强制。原告认为强制存包，是将其当成潜在小偷看待，进而认为强制存包是对其人格尊严的侵犯。而人格尊严是一种人的主观认识，是公民、法人对自身价值的认识。这种认识基于自己的社会地位和自身价值，它来源于自身的本质属性，并表现为自己的观念认识。原告对强制存包是将其当成潜在小偷的认识是原告对强制存包主观的内心感受、自我感知。这种感知仅是人格尊严的主观因素反映，并不能构成对人格权的侵犯。因为，人格尊严既具有主观因素，又具有客观因素。所谓客观因素是他人、社会对特定主体作为人的尊重，是对人的价值的评价，对人的最起码的做人资格的评价，这种评价与人类所处的时代、社会的文明程度不可分离。人格尊严是否受到侵犯，应以人的主观认识和客观评价相结合作为判断的标准，而不能简单地以主观因素为主、客观因素为辅作为判断标准。因此，被告强制原告存包，虽然原告主观上感知人格自尊受到侵犯，但社会和他人并没有因原告存包购物而不尊重原告，被告强制原告存包没有侵犯原告的人格权。

二、二审法院观点

承担侵犯人格(尊严)权的民事责任必须同时具备侵犯人格尊严的损害事实、行为具有违法性、行为人主观上具有过错以及违法行为与损害事实之间存在因果关系四个要件，其中具有侵犯人格尊严的损害事实尤为重要，无损害即无责任。而人格尊严确实具有一定的主观因素，反映出民事主体对自身价值的认识，不同的民事主体基于地位、能力、年龄、性别以及文化程度等方面的差异，主观上尊严感会有所不同。但正如双方当事人所共同认可的那样，人格尊严是民事主体作为一个“人”所应有的最起码的社会地位并且受到社会和他人最起码的尊重，而这个“最起码”的限定，一方面表明人格尊严具有客观的考察标准，其取决于一定时期的社会上大多数人的价值判断，并会随着社会的进步不断发生变化；另一方面意味着人格尊严权不应被滥用，因为权利之间总会存在着冲突，正如上诉人陈某为了保全证据而未经他人允许进行录音录像，可能使被录音录像方主观上感到人格尊严受到损害一样，法律必须对过于膨胀的权利欲望进行限制，以使包括人格权在内的个人权利与其所负有的社会责任协调一致，维护整个社会的基本秩序。

具体到本案而言，由于在当今的经济发展状况和社会文明程度下，要求消费者存包是超市采取的一种较为普遍的经营措施，新佳商业有限公司要求陈某和其他消费者一样存包后方能进入购物区，虽然陈某主观上可能感到尊严受损，但不能认定其因此丧失了最起码的社会地位和最起码的社会尊重，换言之，不能认定新佳商业有限公司的行为侵犯了陈某的人格尊严。否则，在社会条件尚不具备的情况下，如果因为个别消费者认为超市要求存包侵犯其人格尊严而取消存包制度、认为超市进行电子监控侵犯其人格尊严而取消监控设备、认为超市店员巡视监督侵犯其人格尊严而取消巡视，那么将危及整个超市业的正常营业及其发展，并最终损害包括上诉人陈某在内的所有消费者的利益。因此，被上诉人新佳商业有限公司应该随着经济技术的发展和社会文明程度的提高，采取更加人性化的管理措施，尽可能地兼顾到各个层次消费者的不同感受，不断提高对消费者人格尊严的重视和保护程度，但在现阶段，新佳商业有限公司要求陈某进入超市购物区前必须存包的行为不构成对上诉人陈某人格尊严的侵犯，上诉人的上诉请求事实和法律依据不足，法院不予支持。

【法律问题】

1. 尊重消费者人格权的意义是什么？
2. 《消费者权益保护法》对经营者侵犯消费者人格权是如何规制的？

【法理分析】

一、尊重消费者人格权的意义

《消费者权益保护法》第 27 条规定的经营者不得侵犯人格尊严和人身自由的义务，对应于消费者的人格权保护。目前，保护消费者合法权益已经成为全球的趋势和立法目标。在这种国际、国内大环境下，保护消费者的人格权益自然受到了格外重视。实践中，处于弱势地位的消费者在消费活动中，人格权益常常受到侵犯，这不利于消费者权益保护目标的实现，不利于树立消费者的信心，也就从根本上不利于消费活动的开展。因此，对消费者的人格权保护具有重要的理论和现实意义。

二、《消费者权益保护法》对经营者侵犯消费者人格权的规制

《消费者权益保护法》对于经营者侵犯消费者的人格权的规制，主要体现在以下三点内容：

1. 经营者不得对消费者进行侮辱、诽谤。侮辱是指经营者用不文明、不礼貌的言语

对消费者进行谩骂、贬损以打击消费者自尊心的行为；诽谤是指经营者通过捏造、散布虚假事实以贬损、诋毁消费者人格的行为。

2. 经营者不得搜查消费者的身体及其随身携带的物品。搜查身体与消费者的人身权直接相关，我国法律赋予极少数行政机关和司法机关及其工作人员有搜查权，并且应当遵守法定的程序。除此之外，其他任何人无权搜查。

3. 经营者不得侵犯消费者的人身自由。公民的人身自由不受侵犯是我国《宪法》赋予公民的一项重要人身权。经营者对消费者进行扣留的，应受到法律的严厉制裁。

三、对本案的分析

本案的焦点是新佳商业有限公司强制消费者存包的行为是否构成对消费者人格尊严的侵犯。对于这一问题，笔者认同一审、二审法院的判决结果，即新佳商业有限公司的行为不构成对消费者陈某人格尊严的侵犯。本案中，陈某欲进入购物区，遭工作人员拦阻，强制要求其进行存包方可进入，这是新佳商业公司内部制定的强制性规定，同时，也符合商业惯例，符合市场经济的发展需要。工作人员只是强制陈某存包，并没有对其进行恶语相加，也没有实施侵害，所以，对于陈某的精神损害赔偿的主张，是不予以认可和支持的。根据《侵权责任法》(现为《民法典》侵权责任编)规定的精神损害赔偿的规定，新佳商业有限公司的行为不符合精神损害的赔偿要件。人格尊严损害的评价既要注重当事人主观感受，也要考察客观事实情况，虽然陈某本人自己感受精神不振等伤害，但是根据一般人的感受，并结合当时的客观环境，并没有达到原告所陈述的严重程度，所以，本案被告新佳商业有限公司没有侵犯消费者的人格尊严，不需要承担精神损害赔偿的责任。

第十三节　特定领域经营者的信息披露义务

案例 3-21　经营者下架商品强迫消费者取消订单案①

【案情介绍】

国之藏公司为从事酒类销售的公司。2017 年 3 月 18 日，周某在国之藏公司的淘宝网店下单购买了两坛 53 度 5L 装珍藏版茅台酒，总价为 28400 元，并于当日支付了全部款项。后被告知无货，经协商，周某于 2017 年 4 月 10 日取消了订单。此后，国之藏公司调高了价格，继续在网上销售该款酒。现周某认为，其是在国之藏公司称无货，今后也不会再销售该款产品的情况下才取消订单的，国之藏公司的行为已构成欺诈，因此向法院起

---

① 《周某与安阳国之藏酒类销售有限公司买卖合同纠纷》，载中国裁判文书网：https://wenshu.court.gov.cn/website/wenshu/181107ANFZ0BXSK4/index.html? docId = ctuPvqzO3k7gUiOM7pOqTNq7KlDNz70xSjlI3TBc8/qqh0IJ3KljlGI3IS1ZgB82AehWjHo + h0nYd9mjQUtppm/lhoxgTCMNKIdP/6Vj75YyZwmwHvTtuQPd + 6Xg2esR，最后访问日期：2022 年 10 月 23 日。

诉，诉讼请求：国之藏公司赔偿其损失 85200 元（28400 元×3），并承担诉讼费。

一审法院常州市新北区人民法院判决：驳回周某的诉讼请求。

二审中，周某将其诉讼诉请求调整为：要求国之藏公司赔偿损失 56800 元（28400 元×2），并承担诉讼费。

二审法院常州市中级人民法院判决：

1. 撤销常州市新北区人民法院〔2017〕苏 0411 民初 5039 号民事判决；

2. 安阳国之藏酒类销售有限公司于本判决生效之日起十天内向周某支付赔偿款 56800 元。

【法院观点】

一、一审法院观点

当事人对自己提出的诉讼请求所依据的事实或者反驳对方诉讼请求所依据的事实有责任提供证据加以证明。没有证据或者证据不足以证明当事人的事实主张的，由负有举证责任的当事人承担不利后果。本案中，对于国之藏公司在订单存续期间是否仍在销售同款产品的问题，周某称不清楚；国之藏公司则称没有。这表明周某提供的证据不足以证明在其订单存续期间，国之藏公司仍在销售同款产品。也就是说，周某的证据无法证明国之藏公司存在明明有货而谎称无货，之后又抬高价格进行销售的行为，应承担举证不能的不利后果。如果国之藏公司确实在无货的情况下，劝说周某取消了订单，则欺诈的说法难以成立。由于欺诈的基础事实不能成立，故周某基于欺诈主张赔偿损失的诉讼请求则丧失了前提和基础，法院不予支持。关于诉讼费，应当按照谁败诉谁承担诉讼费的原则承担。

二、二审法院观点

涉案双方周某、国之藏公司在淘宝网上形成两坛 53 度 5L 装珍藏版茅台酒的买卖合同，因无货经协商，周某于 2017 年 4 月 10 日取消网上交易，双方买卖合同终止。对于取消交易的原因，双方各执一词。周某上诉主张，被上诉人谎称无货欺骗其取消订单实际高价销售他人存在欺诈行为，要求依据《消费者权益保护法》第 55 条进行赔偿。国之藏公司抗辩，贵重货物的销售模式是先接单后采购，本次交易取消的原因是该种茅台酒采购不到。

诚信原则是公民和法人从事民事活动应遵循的基本原则。消费者与经营者在网上交易活动中均应恪守诚信原则。健康、有序的网络交易环境依赖经营者与消费者共同创建。《消费者权益保护法》第 28 条规定，采用网络、电视、电话、邮购等方式提供商品或者服务的经营者，以及提供证券、保险、银行等金融服务的经营者，应当向消费者提供经营地址、联系方式、商品或者服务的数量和质量、价款或者费用、履行期限和方式、安全注意事项和风险警示、售后服务、民事责任等信息。国之藏公司无货销售的行为误导周某进行消费构成欺诈。国之藏公司抗辩无货出售系其对高价特殊商品的销售模式。当事人对自己提出的诉讼请求所依据的事实或者反驳对方诉讼请求所依据的事实，应当提供证据加以证明，但法律另有规定的除外。在作出判决前，当事人未能提供证据或者证据不足以证明其事实主张的，由负有举证证明责任的当事人承担不利的后果。国之藏公司并未提供证据证明其存在上述销售模式交易习惯，也未就此向消费者履行提示义务，其抗辩无事实依据，本院不予采信。

【法律问题】

1. 特定领域经营者信息披露义务的法理基础是什么？
2. 特定领域经营者信息披露义务的具体内容是什么？

【法理分析】

一、特定领域经营者信息披露义务的法理基础

消费者的知情权是经营者信息披露义务的前提和基础，消费者的知情权主要规定于《消费者权益保护法》第 8 条、第 20 条。保障消费者知情权是保证交易实质公平的关键之一，在某些特定的经营领域，消费者对信息的掌控更被动，信息不对称的情形更明显。在这些领域要保障消费者在缔约时的意思表示真实，经营者就需要承担更高程度的信息披露义务。经营者向消费者提供的各类信息应当是客观真实的，不得提供虚假信息欺诈消费者。消费者有充分了解消费有关情况的权利，有权要求经营者披露相关商品或者服务的全面信息，而非选择性披露。这一规定也意味着经营者在消费者知情权实现的过程中负有协助义务，经营者不得不作为或者变相阻挠消费者询问消费信息。

二、特定领域经营者信息披露义务的具体内容

1. 有关商品或者服务的基本信息的披露。经营者对其提供的商品或者服务的质量、性能、用途、有效期限等信息的披露必须真实、全面，不得作虚假或者引人误解的宣传。

2. 经营者对消费者就其提供的商品或者服务的质量和使用方法等问题提出的询问，应当作真实、明确的答复。经营者对消费者的询问不但不能置之不理，而且应当作真实全面的答复。

3. 经营者提供商品或者服务应当明码标价。

三、对本案的分析

本案中，2017 年 3 月 18 日，周某在国之藏公司的淘宝网店下单购买了单价为 14200 元一坛的两坛 53 度 5L 装珍藏版茅台酒，国之藏公司实际并无该品种的酒，但在销售中并未说明该情形，根据《合同法》(现为《民法典》合同编)的相关规定，国之藏公司在网页上

发布的商品信息应当属于要约，周某的下单行为是承诺，即周某下单完成，表示双方已经签订了买卖合同，合同双方当事人应当积极履约。周某提供双方交流的微信记录等证据表明，消费者周某一直与经营者国之藏公司就何时发货沟通、确认，直至 2017 年 4 月 6 日，国之藏公司才明确告知周某无货并建议取消订单。故国之藏公司明知无货但却在网页上显示有货并正常销售涉案 53 度 5L 装珍藏版茅台酒，该情形与国之藏公司淘宝上的网店作出 24 小时发货的承诺也不符，国之藏公司的上述行为误导周某进行消费构成欺诈。国之藏公司利用互联网平台销售商品，对于所销售的商品的价格、质量、数量等应当对消费者进行披露，基于网络的经济模式的特殊性，国之藏公司未依法履行披露义务，违反了《消费者权益保护法》第 28 条的规定，损害了消费者的正当合法权益。笔者支持二审的最终判决。

案例 3-22　中国平安保险怀仁支公司与韩某责任保险合同纠纷案①

【案情介绍】

2018 年 11 月，原告韩某为其所有的×××号东风悦达起亚牌小轿车在被告中国平安财产保险股份有限公司怀仁支公司处投保了交强险和保额为 50 万元的商业三者险及不计免赔险，保险期间如下：交强险为 2018 年 12 月 12 日至 2019 年 12 月 11 日，商业三者险为 2018 年 12 月 9 日至 2019 年 12 月 8 日。2019 年 7 月 5 日 20 时许，原告驾驶×××号轿车沿 S303 线由西向东行驶至浑源县西坊城村喜洋洋婚庆店铺附近时，遇邢某明驾驶自行车由路南向路北横过公路，两车发生碰撞，致邢某明受伤经抢救无效死亡，造成人员死亡交通事故。事故发生后，原告驾车逃逸。本次事故经交警队认定，原告韩某负事故全部责任，邢某明无责任。事故发生后，原告与死者邢某明近亲属协商赔偿事宜，于 2019 年 7 月 23 日达成赔偿协议并一次性交付了赔偿款 315000 元（该赔偿款未超过法定赔偿限额）。其间，原告要求被告在保险限额内先理赔，被告要求原告放弃商业三者险理赔后予以赔偿交强险部分，2019 年 7 月 23 日，原告在被告提供的“机动车辆保险事故放弃索赔声明”上签字后，于 2019 年 8 月 19 日被告赔付原告 110000 元。原告就保险公司赔付的金额不符合保险合同约定诉至法院。

【法律问题】

1. 经营者披露范围的限定性是什么？
2. 特定领域经营者有哪些类型？

---

① 《中国平安财产保险股份有限公司怀仁支公司与韩某责任保险合同纠纷案》，载中国裁判文书网：https://wenshu.court.gov.cn/website/wenshu/181107ANFZ0BXSK4/index.html?docId=P83y7mkM3w1HoPIlr/G2GCti0CixZLhe16bI76vUJ8zgE8ECyEpzoGI3IS1ZgB82AehWjHo + h0nYd9mjQUtppm/lhoxgTCMNKIdP/6Vj75b7nHbhUBPQGoG6AOtY76pQ，最后访问日期：2022 年 10 月 23 日。

【法理分析】

一、经营者披露范围的限定性

在范围上，并不是所有的信息都需要披露，商业秘密、技术核心等经营者有理由不希望他人知晓的信息，理应受到法律的保护。披露的范围可以限定于以下四个方面：

1. 基本信息。基本信息是消费者选择判断商品或服务最直接、最重要的依据，比如价格、原产地等。

2. 商品或服务的特性可能会影响消费者选择的信息。商品或服务种类繁多，性质各异，有时很难通过基本信息了解其独特性，个别的信息需要进一步说明。

3. 商品或服务使用过程中需要注意的事项。对于使用不当，容易造成产品本身损坏，危及消费者人身、财产安全，基于社会成本的考虑，经营者有必要予以更加详细的说明。

4. 交易完成后的缺陷告知义务。对于一些特定的产品，如果消费过程中发生普遍性、新颖性的缺陷，为了防止危害的进一步扩大，经营者应当主动履行告知、说明的后合同义务。

二、特定领域经营者的类型

1. 采用网络、电视、电话、邮购等方式提供商品或者服务的经营者。这一领域的消费者和经营者之间的信息不对称主要体现在两个方面：一是消费者对商品基本信息的掌握非常被动，消费者主要通过经营者提供的图片、画面或者文字等信息选择商品，难以实地辨识商品的真实性，容易受到不当宣传的影响；二是交易主体虚拟化，消费者难以确定经营者真实身份，发生纠纷后维权困难，这两方面问题使得远程购物中的交易风险上升，消费者交易劣势地位更为凸显，因此，为了保证实质的交易公平，法律必须强化这一领域经营者的信息披露义务。

2. 提供证券、保险、银行等金融服务的经营者。金融消费领域的信息不对称主要是金融领域的高度专业化导致，消费者在购买金融产品、接受金融服务时与经营者相比，在信息、专业知识和能力等方面居于明显的劣势地位。为了保证消费者在接受金融服务前对交易性质及交易风险等有真实、充分的了解，保证交易公平，法律应当强化这一领域经营者的信息披露义务。

三、对本案的分析

本案中，被告作为金融服务者，在金融商事活动中应当依法履行其法定提示义务，而不应要求金融消费者在主张权利时附加作出免除经营者应履行的合同义务。本案争议的“机动车保险事故放弃声明”显然会给金融消费者的财产安全带来风险，并且该“机动车保险事故放弃声明”完全是由被告的引导造成，鉴于被告未能提供原告作出商业三者险理赔弃权意思表示时，履行了“提供风险警示信息”的法定义务，应当承担相应的民事责任，故原告所作出的弃权行为不发生法律效力。关于被告提出原告肇事逃逸免责抗辩，因被告未能提供证据证明，原告投保时，被告对其中免责条款尽到明确提示说明义务，依法认定双方签订的保险合同对于免责条款的约定不产生效力。被保险人即原告韩某与被告签订的保险合同系双方真实意思表示，不违反法律规定，为有效合同。在保险合同约定期限内发生保险责任事故，被告作为保险人应在保险限额内承担相应的赔偿责任。

第十四节　保护消费者个人信息的义务

案例 3-23　孙某国诉中国联通有限公司上海分公司侵犯隐私权案①

【案情介绍】

2002 年 4 月 20 日，孙某国与联通上海公司签订 CDMA 入网协议，按规定填写了信息表，包括姓名、性别、身份证号、联系方式、工作单位和家庭住址等内容。2008 年 9 月 5 日，孙某国接到中国联通新国信通信公司有关推销人寿保险的电话，并发送了相关保险信息。其后孙将联通上海公司起诉至黄浦区人民法院，诉称被告将其个人信息泄露给第三人新国信公司，导致个人信息被滥用，严重影响其个人正常生活。为此要求被告书面赔礼道歉并承担 10 万元精神赔偿金。诉讼过程中，原告将精神赔偿金下调至 1 万元。

上海市黄浦区人民法院经审理认为，被告虽然存在违法行为，侵犯原告隐私权，但并未造成严重影响。所以仅判决被告向原告书面赔礼道歉，对其他诉讼请求不予支持。双方表示均不上诉。

【法律问题】

1. 侵犯消费者个人信息的表现形式有哪些？
2. 合法、正当、必要原则是什么？

【法理分析】

一、侵犯消费者个人信息的表现形式

《消费者权益保护法》对个人信息的保护重点在于从源头上强化对收集、使用消费者信息的经营者行为进行规范。经营者侵犯消费者个人信息的表现形式如下：

1. 不当收集消费者个人信息

(1)本人知情的收集。在现实生活中，消费者经常遇到需要提供大量个人信息的情形，如经营者经常会提供各种各样的优惠(如提供奖品、会员卡或积分卡等)来吸引消费者填写含有大量个人信息的表格，而网络购物的卖家也常常要求消费者进行实名认证。此类个人信息一般由消费者自愿提供，收集方式成本很低。而经营者往往对要求提供这些信

① 《孙某国与中国联合网络通信有限公司上海市分公司隐私权纠纷案》，载北大法宝：https://www.pkulaw.com/pfnl/a25051f3312b07f3c6955549998a8b0443d67f48902769ebbdfb.html?keyword=%E5%AD%99%E4%BC%9F%E5%9B%BD&way=listView，最后访问日期：2022 年 10 月 23 日。

息的真正原因、使用目的和储存方式不作任何说明。

(2)本人不知情的收集。收集者借助计算机科技通过拦截电子邮件、跟踪网络用户、非法入侵计算机系统等方式，在本人不知情并且不能控制的情形下收集消费者信息。这种收集方式技术成本较高，收集者往往会将收集的信息进行整理、加工，形成详尽的个人信息档案作其他用途。

2. 未尽信息安全储存义务

经营者收集、使用消费者个人信息的过程中，应当保证消费者个人信息的储存安全：采取安全的措施储存消费者个人信息，对已过授权期限或者无用的消费者信息应妥善销毁等。如今，越来越多经营者对于信息的储存几乎都采用电子方式，而网络环境存在太多的未知因素，科技的进步使得信息比以往更容易遭到截取、攻击和篡改。多数经营者没有给予信息保护特别的重视和足够的技术支持，导致消费者个人信息的泄露情况严重，从而引发一系列信息非法利用的后果。

3. 不当使用消费者个人信息

经营者经得消费者同意收集信息，而后却故意超过原收集目的使用。最典型的是对数据进行二次开发利用：经营者把收集到的消费者个人信息进行加工、挖掘，得到具有商业价值的数据和信息，进一步开拓市场。这种方式看起来似乎无可指责，具有合法性、合理性，但消费者对于这种开发利用毫不知情，也无法表达自己是否愿意接受这种分析和研究，这无疑是对消费者个人信息权的侵犯。

4. 非法交易消费者个人信息

在现代商业竞争中，消费者个人信息作为一种稀缺资源，对其争夺尤为突出。对于经营者来说，消费者的个人信息具有巨大的商业利益，谁掌握的消费者个人信息越多，谁就拥有更广泛的消费群体。因此，一些以出卖消费者个人信息来赢利的公司和个人应运而生。在利益的驱动下，经营者通过收集、分析、加工、挖掘等方法把自己收集到的个人信息转化为具有商业价值的信息并通过各种渠道进行非法交易，从中牟利，严重损害了消费者的人格利益和财产利益。

二、合法、正当、必要原则

1. 合法原则。经营者收集、使用消费者个人信息需要符合法律法规的具体规定。就最宽泛意义而言，法律对处理个人信息行为所施加的具体规则，都可以纳入“合法”原则的范畴内，即只要违背具体规则就意味着违背“合法”原则。

2. 正当原则。“正当”是一个伦理(道德、价值)判断意义上的词语，通常而言，合法的即是正当的，“正当”可以理解为给“合法”提供兜底，即对于一些行为与目的，法律没有给出明确的合法与否的评价，这时可以根据一般的伦理道德对其进行正当与否的评价。

3. 必要原则。“必要”即“不得过度处理”，应采用对个人侵害最小的方式处理个人信息，应限于实现处理目的的最小范围，不得进行与处理目的无关的个人信息处理。由此也可以联想到“比例原则”。“比例原则”有三大派生子原则：(1)适当性原则：所采取的手段有助于实现目的。(2)必要性原则：若有多种有助于实现目的的手段，应采取对权益侵害最小者。(3)狭义比例原则：所采取的手段造成的损害，与所欲实现的目的之间，必须是相称的、成比例的，即两者不能显失均衡。

三、对本案的分析

本案的发生时间较早，发生在《消费者权益保护法》修改之前、《个人信息保护法》尚未出台时，所以，当时原告以被告侵犯其隐私为由提起诉讼。以现在的视角看，消费者办理电话卡，通信公司收集用户的个人信息是合法的，也是正当的，但是，对获取用户的个人信息、办理的电话卡号码，作为经营者的联通上海分公司应当遵循合法、正当、必要的原则，履行《消费者权益保护法》第 29 条依法收集和使用消费者个人信息的义务，防止发生泄露、滥用个人信息的现象。同时，我国《个人信息保护法》第 2 条规定："自然人的个人信息受法律保护，任何组织、个人不得侵害自然人的个人信息权益。"第 10 条规定："任何组织、个人不得非法收集、使用、加工、传输他人个人信息，不得非法买卖、提供或者公开他人个人信息；不得从事危害国家安全、公共利益的个人信息处理活动。"《民法典》第 1034 条规定："自然人的个人信息受法律保护。"任何组织或者个人需要获取他人个人信息的，应当依法取得并确保信息安全，不得非法收集、使用、加工、传输他人个人信息，不得非法买卖、提供或者公开他人个人信息。可见，消费者孙某国享有个人信息权，联通上海分公司的做法显然侵犯了此项权利。根据法院的判决，最终仅支持了原告赔礼道歉的诉求，并未支持其精神损害的诉求。侵犯消费者个人信息的行为，原告能否主张精神损害赔偿，是本案关注的争议点。笔者认为这应该由对当事人具体损害的程度来确定，如对当事人产生严重精神损害、造成严重后果，除应当承担对应的法律责任外，还应当支付精神损害赔偿金。对当事人的损害程度，还需要法官的自由心证，就本案的情况，可以考虑消费者收到垃圾短信的频率和数量，必要时可以结合当事人精神鉴定等进行综合考虑。

第四章 消费争议的解决

第一节 消费者权益争议的解决途径

案例 4-1 新暖手宝炸坏家电几番调解终获赔偿案①

【案情介绍】

2016 年 12 月 4 日上午，义乌市消费者高女士在某超市购买了一个东阳某厂生产的暖手宝。2017 年 1 月 6 日晚上 8 点 14 分，暖手宝在充电 1~2 分钟后突然发生爆炸，并且将高女士家的电器都炸坏了。经过确认，爆炸导致高女士家电视机、电冰箱、空调不同程度损坏，高女士向生产厂家反映，谁料对方态度恶劣。1 月 12 日，高女士拨打投诉电话给浙江省金华市东阳市消费者权益保护委员会(以下简称“东阳消保委”)要求该厂家赔偿其所遭受的经济损失。

受理投诉后，东阳消保委工作人员立即联系生产厂家相关负责人，告知相关情况，建议到消费者高女士家中进行现场查看，并对相关家电的损坏程度进行估算。

随后，工作人员通知双方到场进行调解。在调解过程中，厂家负责人对暖手宝爆炸事实没有异议，但对消费者的使用方法提出了异议，认为可能是消费者在使用过程中没有把空气放净而导致爆炸发生。而消费者一方则认为是厂家产品质量问题导致爆炸。

在双方争执不下的情况下，东阳消保委根据《消费者权益保护法》举证倒置的相关规定，消费者购买的暖手宝使用时发生爆炸的时间在 6 个月的有效期内，要求厂家应承担举证责任，证明此案中的暖手宝本身没有存在质量瑕疵，厂家表示无法举证。基于此次暖手宝爆炸造成的损失不大，未造成人员受伤，双方最终达成协议：消费者的受损的电视机是 2016 年 3 月购买的，价格 2900 元。根据国家固定资产折旧的相关规定，电子产品折旧年限为 3 年，同时鉴于冰箱、空调受损不大，由消费者自行负责维修，厂家一次性赔偿 2000 元。消费者高女士对此表示认可，同意不再追究被诉方的其他责任。

【法律问题】

1. 消费争议的特点有哪些？

---

① 《新暖手宝炸坏家电几番调解终获赔偿》，载中国消费者协会：https://www.cca.cn/tsdh/detail/28811.html，最后访问日期：2022 年 10 月 24 日。

2. 应如何理解产品瑕疵的举证责任?

【法理分析】

一、消费争议的特点

消费争议与普通的民事争议有着鲜明的区别，这也是《消费者权益保护法》存在的价值和原因所在。消费争议具有以下特点:

1. 消费争议发生在消费领域或者消费过程中。消费争议，必须与消费有关，根据《消费者权益保护法》的相关规定，具体范围包括消费者为生活需要购买、使用商品或提供服务的过程中与经营者产生的争议;农民在购买、使用直接用于农业生产的生产资料的过程中与经营者发生的争议。

2. 消费争议包括消费者权利争议或者经营者义务争议。《消费者权益保护法》《产品质量法》《食品安全法》以及其他法律法规赋予了消费者安全权、知情权、自主选择权等权利，规定了经营者安全保障义务、提供真实信息义务等，有些是相互对应的。生活中的消费争议千差万别，起因也是多种多样，但是消费者和经营者发生争议的核心依然集中于权利义务关系上。

3. 消费争议的性质具有民事争议的法律属性。尽管《消费者权益保护法》是保护消费者权益的专门法，但是消费争议归根结底是民事争议的一种特别表现形式，消费者与经营者的民事法律地位是平等的，故其本质上仍然属于民事争议的范畴。

二、产品瑕疵的举证责任

《消费者权益保护法》第23条第3款规定:“经营者提供的机动车、计算机、电视机、电冰箱、空调器、洗衣机等耐用商品或者装饰装修等服务，消费者自接受商品或者服务之日起六个月内发现瑕疵，发生争议的，由经营者承担有关瑕疵的举证责任。”《消费者权益保护法》增加了瑕疵举证责任倒置的规定，也是2013年修订《消费者权益保护法》的亮点之一。瑕疵是与缺陷是相对应的，指产品不具备良好的特征和特性，不符合在产品或其包装上注明采用的产品标准，或者不符合产品说明、实物样品等方式表明的质量状况。当消费者发现瑕疵，发生争议，经营者应当举证证明该瑕疵的产生不是由于商品或者服务自身的质量问题，否则即承担败诉的风险及相应的法律责任。经营者可以证明商品或者服务本身符合质量要求，或者证明商品或服务的瑕疵是由消费者自身使用不当或不可归责于消费者和经营者双方的不可抗力外部环境造成的，或者证明该瑕疵是商品或服务的正常合理损耗等因素，需要经营者“自证其清”，解决消费者自行收集证据维权困难的现状。当然，此规定也表明，消费者自接受商品或者服务之日起6个月后发现的瑕疵问题，消费者主张权利救济时，依然需要消费者自己承担举证责任。

三、对本案的分析

本案中，消费者高女士购买的暖手宝在充电时发生爆炸，家中的其他家用电器也被炸坏，严重侵害了高女士作为消费者的合法权益。为此，高女士主动联系生产厂商沟通、索赔，但经营者态度恶劣，导致无法通过协商和解的方式处理问题、解决纠纷。无奈之下，高女士诉诸东阳消保委，请求其出面调解，最终在东阳消保委的调和下，给出了一个相对合理、公正的处理方案。解决消费争议有多种途径，无论采取何种解决途径，最终的目的是让消费者权益得到救济和维护。本案的消费者和经营者之间存在争议的焦点问题是关于暖手宝的爆炸是使用不当还是质量缺陷，暖手宝的适用频率较高，应当归属于《消费者权益保护法》第 23 条第 3 款规定的耐用商品，适用举证责任倒置的规定，即由经营者厂家承担商品不存在质量瑕疵的证明责任。本案中的厂家无法证明所生产的暖手宝不存在质量问题，因此，对于高女士受到的侵害应当承担赔偿责任。

案例 4-2　王某诉小米科技有限责任公司网络购物合同纠纷案①

【案情介绍】

2014 年 4 月 8 日，小米科技有限责任公司(以下简称小米公司)在其官方网站上发布的广告显示：10400mAh 移动电源，“米粉节”特价 49 元。当日，王某在该网站上订购了以下两款移动电源：小米金属移动电源 10400mAh 银色 69 元及小米移动电源 5200mAh 银色 39 元。王某提交订单后，于当日通过支付宝向小米公司付款 108 元。同月 12 日，王某收到上述两个移动电源及配套的数据线。同月 17 日，王某发现使用 5200mAh 移动电源的原配数据线不能给手机充满电，故与小米公司的客服联系，要求调换数据线，小米公司同意调换。此后，王某以小米公司对其实施价格欺诈为由向北京市海淀区人民法院起诉，请求撤销网络购物合同，王某退还小米公司两套涉案移动电源，并请求小米公司：(1)赔偿王某 500 元；(2)退还王某购货价款 108 元；(3)其他损失 115 元。

一审法院北京市海淀区人民法院的判决：驳回王某的全部诉讼请求。

二审法院北京市第一中级人民法院的判决：

1. 撤销北京市海淀区人民法院〔2014〕海民(商)初字第 17310 号民事判决；

2. 解除王某与小米公司订立的网络购物合同；

3. 王某于本判决生效之日起七日内退还小米科技有限责任公司 10400mAh 移动电源一个及 5200mAh 移动电源一个；

4. 小米科技有限责任公司于本判决生效之日起七日内退还王某购买款 108 元，并赔偿王某 500 元；

5. 驳回王某其他诉讼请求。

---

① 《王某诉小米科技有限责任公司网络购物合同纠纷》，载中国裁判文书网：https://wenshu.court.gov.cn/website/wenshu/181107ANFZ0BXSK4/index.html? docId = ctuPvqzO3k52SHlJ4oWYLEaCErXGalklus + kNGQo2E8dQYqHOZqv6WI3IS1ZgB82AehWjHo + h0nYd9mjQUtppm/lhoxgTCMNKIdP/6Vj75ZGSQ3WuDK4qviE7t575WyY，最后访问日期：2022 年 10 月 24 日。

【法院观点】

一、一审法院观点

通过王某提交的订单截图、支付宝付款截图、送货单照片，可以认定王某与小米公司之间存在网络购物合同关系，且其内容未违反国家法律、行政法规的强制性规定，当属有效。

要约是希望和他人订立合同的意思表示，要约邀请是希望他人向自己发出要约的意思表示，商业广告的内容符合要约规定的，视为要约。本案中，小米公司在其网上发布的广告中载明10400mAh移动电源，米粉节特价49元，但该广告只是描述了商品的名称及价格，对数量、质量、履行期限、地点和方式、违约责任、解决争议的方法等要约应该具备的内容均未涉及，该商业广告的内容并不符合要约的规定，故该商业广告应属于要约邀请，不必然成为合同内容。此外，王某提交的订单中明确显示10400mAh移动电源的价格为69元，王某在庭审中亦认可其在付款前已经知晓该价格。故该院认定小米公司在其与王某之间的合同关系中并不存在欺诈行为。就5200mAh移动电源的问题，在王某与小米公司客服沟通的过程中，小米公司已经明确告知王某应将整套产品寄回，但王某仅寄回了数据线，导致小米公司无法进行整套产品的检测，该责任在王某自己。故王某以小米公司存在价格欺诈、5200mAh移动电源不提供整套产品就不能保修为由要求撤销合同不能成立。王某所主张的其他其认为应当撤销合同的理由，均缺乏依据，该院不予采纳。有鉴于此，该院对王某的第一、二项诉讼请求不予支持。

王某主张5200mAh移动电源的数据线存在问题，但其并未提交证据予以佐证，且其在小米公司明确要求其寄回整套产品时，仅给小米公司邮寄了数据线，导致小米公司亦无法检测产品，故王某就此存在过错。该院对王某要求小米公司支付其邮寄数据线的邮费15元的诉讼请求不予支持。

王某要求小米公司支付其交通费、打印费、复印费预估100元，缺乏证据证明，且无法律依据，该院不予支持。

二、二审法院观点

通过王某提交的订单截图、支付宝付款截图、送货单照片、发票，可以认定王某与小米公司之间存在网络购物合同关系，且其内容未违反法律、行政法规的强制性规定，应属有效。

经营者与消费者进行交易，应当遵循自愿、平等、公平、诚实信用的原则。案涉的10400mAh移动电源，小米公司在米粉节抢购前专门制作了宣传页面进行广告宣传，即原价69元的10400mAh移动电源米粉节特价49元，在米粉节当日该广告仍然存在。由于小米公司网络抢购此种销售方式的的特殊性，该广告与商品的抢购界面直接链接且消费者需在短时间内作出购买的意思表示。王某由于认同小米公司广告价格49元，故在米粉节当日作出抢购的意思表示，其真实意思表示的价格应为 49 元，但从小米网站订单详情可以看出，王某 4 月 8 日 14 时 30 分下单，订单中 10400mAh 移动电源的价格却为 69 元，并非 49 元。小米公司认可小米商城活动界面显示错误，存在广告价格与实际结算价格不一致之情形，但其解释为电脑后台系统出现错误。由于小米公司事后就其后台出现错误问题并未在网络上向消费者作出声明，且其无证据证明米粉节当天其电脑后台出现故障，导致其广告价格与实际结算价格不一致，故本院认定小米公司对此存在欺诈消费者的故意，王某关于 10400mAh 移动电源存在欺诈请求撤销合同的请求合理，本院予以支持。根据《中华人民共和国消费者权益保护法》第 55 条规定，小米公司应当赔偿王某 500 元。合同撤销后，王某应退还其购买的小米公司 10400mAh 移动电源一个及 5200mAh 移动电源一个。

【法律问题】

1. 消费者权益争议解决的途径及特点分别是什么？
2. 消费争议提起诉讼必须具备的法定条件是什么？

【法理分析】

一、消费者权益争议解决的途径及特点

消费纠纷是消费者与经营者之间发生的消费权益争议，在市场经济中消费纠纷时有发生，消费者权益的救济方式关系消费者权益的实现。《消费者权益保护法》第 39 条列出了消费者维护自身合法权益的五种途径：

1. 与经营者协商和解。这是解决消费者权益争议的最常见方式。消费者发现权益受到侵害或者就有关消费问题与经营者发生争议时，可以主动与经营者联系，通过谈判、反复协商，最终达成意见一致的解决方案。消费者通过和解方式解决争议具有速度快、成本低、简单易行等优势。当然，和解方式通常适用于消费纠纷数额小、消费者受到轻微损害的情形。此外，消费者与经营者之间的和解协议不具有强制执行的法律效力，所以，只要存在消费者或经营者一方反悔的情况，和解就是无效的。

2. 请求消费者协会或者依法成立的其他调解组织调解。消费者权益受到损害时，消费者协会或者依法成立的其他调解组织可以受理消费者的投诉，并进行相应调查。一般来说，消费者协会在消费者心中有着较高的认可度，消费者发生消费纠纷时也愿意请求消费者协会出面进行调解，尽快解决纠纷、维护合法权益。此种方式与和解的特点大同小异，调解对双方都是比较简便、省时、成本低的手段。根据《调解法》的规定，调解必须是建立在双方自愿的基础上，调解协议也必须是自愿签署的，不得强迫任何一方。

3. 向有关行政部门投诉。我国有关食品安全、药品管理、价格管理、环境管理、医药卫生、产品质量等保护消费者权益的法律规范中都有关于行政机关处理消费纠纷的规定，消费者在权益受到损害或发生争议时，可以依法向相关部门进行投诉。行政机关一般会通过调解的方式解决消费者所投诉的问题，由于行政机关的介入，往往会使得这种调解方式高效权威、执行力强，调解的结果也更具有稳定性。

4. 根据与经营者达成的仲裁协议提请仲裁机构仲裁。仲裁是发生纠纷的当事人达成仲裁协议，自愿将纠纷提交仲裁委进行仲裁的活动。仲裁实行“一裁终局”制度，相较于司法活动，程序更加简化；相较于和解、调解，仲裁裁决具有强制执行力。正是由于仲裁的简便性和权威性，使仲裁成为比较受欢迎的纠纷解决途径之一。

5. 向人民法院提起诉讼。诉讼是最强有力的争议解决方式。诉讼方式程序比较繁琐、时间成本较大，一般针对的是纠纷金额较大、案情比较复杂的消费争议，消费者才会通过诉讼的方式解决。

二、消费争议提起诉讼必须具备的法定条件

根据《消费者权益保护法》和《民事诉讼法》的相关规定，消费者合法权益受到侵犯时，可以通过诉讼渠道进行维权，消费者提起诉讼满足的法定条件包括以下内容：

1. 原告是与本案有直接利害关系的自然人。原告必须是在购买、使用商品或者接受服务中合法权益受到侵害的消费者或者其他受害者。

2. 有明确的被告。消费者向人民法院提起诉讼，必须明确被诉人，必须能够明确提供商品或者服务的经营者信息，明确说明合法权益是受到哪个经营者的直接或间接侵害。

3. 有具体的诉讼请求和事实理由。明确的诉讼请求是指消费者或者受害人必须要明确、具体地提出经营者承担民事责任的方式，包括停止侵害、消除影响、赔礼道歉、赔偿损失、支付费用或者修理、更换、重作、退货等。具体的事实理由，包括消费者权益争议的事实，即纠纷的发生的时间、地点及争议的内容，当然，还包括一定的证据事实。

4. 属于人民法院受理民事诉讼的范围和受诉人民法院管辖。消费权益争议的事项是消费者与经营者之间财产关系、人身关系的纠纷引起的民事诉讼，应属于受诉人民法院管辖的范围。消费者提起的消费维权诉讼属于民事诉讼，应当遵循《民事诉讼法》规定的地域管辖、级别管辖、指定管辖和移送管辖等要求。

三、对本案的分析

本案是消费者诉讼维权的典型案例，王某通过网购方式购得小米充电宝两个，具备消费者提起诉讼的主体身份。本案中，王某将小米公司列为诉讼被告，是明确的也是正确的。王某提起了五项诉讼请求，请求撤销网络购物合同，王某退还小米公司两套涉案移动电源；赔偿王某 500 元；退还王某购货价款 108 元；支付王某快递费 15 元；赔偿王某交通费、打印费、复印费 100 元。诉讼请求明确且具体。在诉讼中，王某提供了截图等证据事实。小米公司的总部在北京市海淀区，根据《民事诉讼法》的规定，一审向海淀区人民法院提起诉讼，法院管辖的地域、级别符合规定。综上所述，王某提起消费诉讼的程序合法。

相较于协商、调解、仲裁等方式，诉讼方式作为最终解决方式，更具有权威性和强制执行力，但是成本也相对更大、程序也相对繁琐。所以，作为消费者，应当理性选择解决纠纷的方式，寻求合法权益的有效解决。

第二节 企业变更后的求偿规则

案例4-3 企业合并后消费者索赔案

【案情介绍】

王先生在A商场定制了3个索菲亚窗户，总价12000元，并当场支付了6000元定金。安装好窗户后，王先生在查看窗户框架商标时发现安装的窗户并不是原先要求定制的索菲亚窗户，而是标注"新亮盾"商标的框架窗户。王先生顿觉受到欺骗，随后在找商场协商时意外发现A商场已经被旁边的B商场合并。无奈之下，不知如何维权的王先生只好向消费者协会投诉，寻求帮助。

【法律问题】

1. 什么是公司的合并、分立？
2. 企业变更后，消费者如何进行索赔？

【法理分析】

一、公司的合并、分立

(一)公司的合并

公司的合并是指两个或两个以上的公司依照《公司法》规定的条件和程序，通过订立合并协议，共同组成一个公司的法律行为。公司的合并可分为吸收合并和新设合并两种形式。吸收合并又称存续合并，它是指通过将一个或一个以上的公司并入另一个公司的方式而进行公司合并的一种法律行为。并入的公司解散，其法人资格消失。接受合并的公司继续存在，并办理变更登记手续。新设合并是指两个或两个以上的公司以消灭各自的法人资格为前提而合并组成一个新公司的法律行为。其合并结果，原有公司的法人资格均告消灭，新组建公司办理设立登记手续取得法人资格。

(二)公司的分立

公司的分立是指一个公司依照《公司法》有关规定，通过股东会决议分成两个以上的公司。根据法律的规定，公司分立包括存续分立和解散分立两种基本方式。存续分立是指一个公司分离成两个以上公司，本公司继续存在并设立一个以上新设公司。解散分立是指一个公司分散为两个以上公司，本公司解散并设立两个以上新的公司。

不论公司发生合并还是分立，都需要遵照法定的程序进行。由公司的股东会或者股东大会作出合并、分立的决议，此决议需要有限责任公司经代表2/3以上表决权的股东通过或者股份有限公司经出席会议的股东所持表决权的2/3以上表决通过，方能有效。

二、企业变更后的索赔权

企业办理合并、分立等变更手续后，涉及责任主体的确认问题。根据《公司法》第174

条、第 176 条及《消费者权益保护法》第 41 条的规定。采取吸收合并的，由存续的公司对参与合并的公司之前的债务承担清偿责任；采取新设合并的，由新成立的公司对参与合并的公司之前的债务承担清偿责任。消费者的合法权益受到侵害，而企业又被合并的，消费者或者受害者可以向合并后的企业要求赔偿，合并后的企业不得以原企业被撤销为由加以拒绝。

无论是采取存续分立还是新设分立，由分立后的公司对公司分立前的债务承担连带清偿责任，公司在分立前与债权人就债务清偿达成的书面协议另有约定的除外。消费者可以向任何一个分立后的企业要求承担责任，该企业也不得拒绝，这种情况下，如果其中一个企业承担了全部赔偿责任，可以要求其他分立后的企业分担相应的赔偿责任。

三、对本案的分析

本案涉及企业发生变更后消费者该如何进行索赔的问题，消费者王先生定制的“索菲亚”牌窗户安装后却变成了“新亮盾”牌的窗户，经营者 A 商场擅自更换合同标的物的品牌，属于消费欺诈行为，严重损害了消费者王先生的正当合法利益。王先生在发现问题后，随即找经营者主张索赔，然而责任主体已经发生了变化，这种现象在我们日常的消费生活中也是很常见的。曾经的经营者 A 商场的主体地位已经不存在了，那么王先生作为消费者是否只能选择吃个“哑巴亏”呢？根据《公司法》和《消费者权益保护法》关于企业变更后的索赔的规定，消费者协会可以告知王先生 B 商场是本案消费纠纷的赔偿义务主体。由于 B 商场采取吸收合并的方式合并了 A 商场，对于 A 商场之前的债权债务以及对消费者或受害者的侵权赔偿，都应当由 B 商场承继和赔偿，B 商场不能以 A 商场的法律主体地位已被撤销为由拒绝。因此，王先生可以依法向 B 商场主张赔偿责任、挽回自己的消费损失。

第三节　营业执照出借人和借用人的责任

案例 4-4　个体工商户出借营业执照案

【案情介绍】

张某在某游泳中心购买了一张价值 1200 元的游泳卡，没过多久，张某发现游泳中心已停业，遂要求游泳中心负责人李某退还游泳卡中剩余费用。李某辩称，该游泳中心已转让给赵某，虽未在市场监督管理局办理个体工商户营业执照变更登记手续，但双方财物及账目均已交接清楚，双方已约定转让后游泳中心的一切事宜归赵某负责，与李某无关。双方协商未果，张某遂申请仲裁，请求裁决游泳中心及李某退还费用 1000 元。

仲裁庭认为，游泳中心不能按约提供服务，张某有权要求游泳中心返还剩余费用。《消费者权益保护法》第 42 条规定：“使用他人营业执照的违法经营者提供商品或者服务，损害消费者合法权益的，消费者可以向其要求赔偿，也可以向营业执照的持有人要求赔偿。”因此，张某有权要求李某或者赵某中任何一人承担责任，现张某选择李某要求其承担责任符合法律规定。

【法律问题】

1. 个体工商户的“身份”是如何规定的?
2. 营业执照出借的责任主体是哪一方?

【法理分析】

一、个体工商户

个体工商户是指在法律允许的范围内，依法经核准登记，从事工商经营活动的自然人或者家庭。《民法典》第54条的规定：“自然人从事工商业经营，经依法登记，为个体工商户。个体工商户可以起字号。”同时，《民法典》第56条第1款规定：“个体工商户的债务，个人经营的，以个人财产承担；家庭经营的，以家庭财产承担；无法区分的，以家庭财产承担。”可见，个体工商户本质上是自然人从事工商业经营及商事活动资格法律化的体现，是对自然人的商事资格的确认，个体工商户的债务，以个人或家庭财产承担，个体工商户注销与否，并不影响其责任主体的确定。个体工商户不具有法人资格，无法独立承担民事责任，其经营者应当对经营期间的权利义务承担民事责任，因此，凡与个体工商户发生民商事纠纷的，均可以将其业主列为当事人。所以，个体工商户的字号只是对当事人主体名称的表述，无论其是否存在字号，均不影响责任主体的确定。

二、营业执照出借的责任主体

《关于适用〈中华人民共和国民事诉讼法〉的解释》第59条规定：“在诉讼中，个体工商户以营业执照上登记的经营者为当事人。有字号的，以营业执照上登记的字号为当事人，但同时注明该字号经营者的基本信息。营业执照上登记的经营者与实际经营者不一致的，以登记的经营者和实际经营者为共同诉讼人。”《消费者权益保护法》第42条规定：“使用他人营业执照的违法经营者提供商品或者服务，损害消费者合法权益的，消费者可以向其要求赔偿，也可以向营业执照的持有人要求赔偿。”

在民事活动中，若出借营业执照并在经营活动中发生侵害消费者权益，或发生劳资纠纷，届时出借人将会与实际经营者(借用人)一同被列为共同被诉讼人，对外承担连带责任。在诉讼过程中，尽管登记的经营者提出“其并非个人工商户实际经营者，不应对相关债务承担责任”的抗辩，但从法理和司法实务来看，法院并不会支持。登记的经营者只能在向相对人履行债务后按照租赁合同或者转让合同的约定向实际经营者追偿。但如果实际经营者缺乏履约能力，登记经营者的损失将难以挽回。

三、对本案的分析

本案中，消费者张某办理了游泳卡且支付了对价，作为经营者的游泳中心就有义务让消费者享受等价的消费服务。游泳中心停业关门致使消费合同不能正常履行、合同目的无法正常实现，发生了《民法典》合同编规定的根本违约的情形，张某作为一方当事人有权解除合同，并主张退款。但是，张某要求游泳中心及负责人李某退还剩余费用时，李某却辩称游泳中心已经转让给了赵某。就证据方面而言，李某称，虽然没有在市场监督管理局办理营业执照的变更手续，但是双方的财物、账目已经交接得很清楚，实质上已经完成了转让。基于消费者认识能力的有限性和维权方面的局限性，在形式上，由于营业执照没有办理变更登记，实际经营者与营业执照上的登记经营者不一致，就可以认定转让关系不存在，而是营业执照出借的情形。对此，基于《消费者权益保护法》关于营业执照出借人或借用人的法律责任和《民法典》关于挂靠关系的民事法律责任的规定，张某行权具有选择性，既可以向李某主张退款，也可以向赵某主张退款。

同时，对于营业执照的行政管理和规范化使用，《企业法人登记管理条例》第 29 条第 4 款规定："企业法人伪造、涂改、出租、出借、转让或出卖《企业法人营业执照》《企业法人营业执照》副本的，登记主管机关可以根据情况分别给予警告、罚款、没收非法所得、停业整顿、扣缴、吊销营业执照。"《企业法人登记管理条例实施细则》第 49 条第 6 项规定："伪造、涂改、出租、出借、转让、出卖营业执照的，没收非法所得，处以非法所得额 3 倍以下的罚款，但最高不超过 3 万元，没有非法所得的，处以 1 万元以下的罚款；情节严重的，吊销营业执照。"《个体工商户登记管理办法》第 35 条规定："个体工商户提交虚假材料骗取注册登记，或者伪造、涂改、出租、出借、转让营业执照的，由登记机关责令改正，处 4000 元以下的罚款；情节严重的，撤销注册登记或者吊销营业执照。"因此，营业执照出租、出借，不仅会损害消费者的合法权益，一经发现，也会使经营者面临严重的行政处罚。

第四节　展销会、租赁柜台购买商品或者接受服务的纠纷解决

案例 4-5　展会举办者为展品质量差"买单"案①

【案情介绍】

某展销会举办江南丝绸展期间，韩女士和朋友各购买了两条蚕丝被，每人花费 3800 元。韩女士回家后发现购买的蚕丝被存在严重的质量问题。经询问，一起购买的朋友也发现了同样的问题，于是韩女士到展销会去找展销商要求退换，不料展销会已结束，展销商都已撤离，无法找到。于是韩女士到哈尔滨仲裁委员会申请仲裁，要求展销会举办者某展销中心赔偿损失 3800 元。

《消费者权益保护法》第 43 条规定："消费者在展销会、租赁柜台购买商品或者接受

① 《展会举办者为展品质量差"买单"》，载哈尔滨仲裁委员会：http://www.hrbac.org.cn/newsshow.php? id=3169，最后访问日期：2022 年 10 月 24 日。

服务，其合法权益受到损害的，可以向销售者或者服务者要求赔偿。展销会结束或者柜台租赁期满后，也可以向展销会的举办者、柜台的出租者要求赔偿。展销会的举办者、柜台的出租者赔偿后，有权向销售者或服务者追偿。”本案中，因展销会结束，韩女士无法向销售者索赔，因此可以向展销会的举办者主张权利，故仲裁委员会裁决某展销中心赔偿韩女士经济损失 3800 元。

【法律问题】

1. 展销会、租赁柜台承担法律责任的法理基础是什么？
2. 替代责任的含义是什么？

【法理分析】

一、展销会、租赁柜台的法律责任

1. 展销会举办者的法律责任

展销会由一个或数个单位主办，在特定的时间和地点内，有多个经营者集中展示和销售自己商品的活动。展销会是消费者和经营者集中进行交易的一种形式，在日常生活中经常运用。然而，现实中不乏一些不法经营者常常利用展销会的展销人员不固定、时间短等特点，抱着“捞一把就跑”的态度，大肆销售假冒伪劣商品，谋取不当利益。当消费者发现其购买的商品存在质量问题时，展销会可能已经结束，展销人员已经不知去向，消费者陷入维权无路、索赔无门的被动局面。相对而言，找到展销会的举办者比较容易，但展销会的举办者往往借口不是自己的行为而拒绝承担责任，使消费者受到损害的利益得不到赔偿。为此，《消费者权益保护法》明确规定消费者在展销会购买商品或接受服务，其合法权益遭受损害的，展销会举办期间由商品的销售者或服务的提供者对消费者的损失承担赔偿责任，展销会结束后，由展销会举办者对消费者承担连带赔偿责任。这是因为，收取参展费而与参展者共享利润的展销会举办者，应当负有审查参展者信誉和其在展销会期间经营活动合法性的义务。因此，展销会结束后，权益受损的消费者可以向销售者和服务者要求赔偿，若向销售者或者服务者直接求偿多有不便或者无法找到销售者或者服务者的，可以向展销会的举办者求偿，展销会的举办者负有先行赔付的义务。展销会举办者对消费者履行赔偿义务后，可以依法向销售商品或提供服务的经营者追偿。

2. 柜台出租者的法律责任

租赁柜台经营活动是企业自主权范围内的一种经营方式，是企业多种经营方式的体现。不仅对出租方和承租方有益，而且对活跃社会商业，提高全社会的商业经营水平有积极的促进作用。在此种模式的实际运作中，租赁柜台的经营者往往不标示自己真实名称或标记，而是使用出租者的名称或标记销售商品或提供服务，更有甚者不使用任何名称或标记，消费者通常会错误地认为是柜台出租者提供的商品或服务而决定购买或接受，基于对经营主体的错误认识会导致消费者受到侵害不能得到及时有效救济。此外，消费者在租赁柜台购买商品或接受服务，其合法权益受到损害的，若碰上承租人的租赁期届满、撤出柜台的情况，消费者很难找到当时租赁柜台的经营者索赔。根据《消费者权益保护法》规定，如果承租方的经营行为损害消费者合法权益的，消费者可以依法向承租方要求赔偿损失。柜台租赁期满后，如果能够及时找到承租经营者的，可以直接向其主张索赔；若承租者离去后下落不明或者向其求偿不便的，消费者也可以向柜台的出租方要求赔偿。因为柜台的出租者收取租金、参与分享利润，应当负有保证承租者在柜台承租期间合法经营的义务。当然，出租者进行先行赔偿后，对于消费者权益受到的损害确系承租的销售者、服务者的过错所致的，柜台出租者也依法享有向销售者或者服务者追偿的权利。

二、替代责任

替代责任是指由于存在监督管理与被监督管理的关系，监督管理方对被监督管理方的可追溯行为承担的责任。替代责任与自己责任在民法上是一组相对的概念，根据《民法典》的规定，替代责任，又称间接责任，是指由与行为人有特定关系的人，或者与动物、物件有管领关系的人承担责任的情形。例如，《民法典》第 1188 条规定的监护人对无民事行为能力人、限制民事行为能力人造成他人损害的行为应当承担责任；第 1191 条规定的用人单位对其工作人员因执行工作任务造成他人损害的承担侵权责任；第 1204 条规定的产品生产者、销售者对因第三人的过错使产品存在缺陷并造成他人损害的承担赔偿责任等。《消费者权益保护法》对于替代责任的有关规定多集中在消费者权益争议的解决，企业合并或分立后的责任承担、营业执照出借人和借用人的连带责任以及本案例所探讨的展销会、租赁柜台的法律责任等。《消费者权益保护法》规定的替代责任的几种情形，是《消费者权益保护法》立法精神和立法职责的重要体现，也是对消费者倾斜式保护理念的实现，解决了消费者在一些“临时”经营者处进行消费后不知向何方主体主张权利救济的窘境。

三、对本案的分析

本案中，仲裁委裁决一针见血、直指案涉消费纠纷的核心，不仅向韩女士及其朋友明确了相关的责任主体，而且还帮助消费者进行索赔、挽回经济损失。经营者通常会借助周年庆或节假日举办一些展销活动，展销会上各色各样的商品伴随着一定的折扣会大大吸引消费者的目光，商家也能趁机创造可观的利润、激发市场活力。由于展销会往往就只存在短暂的几天时间，消费者在展销会上购买到有瑕疵的商品，想要退货时却发现商家早已不见踪影，就会出现像案中消费者韩女士的遭遇。《消费者权益保护法》明确规定，展销会结束后消费者无法找到出售商品的商家的，消费者可以直接向展销会的举办者或主办方主张赔偿，展销会的举办方不得以非自己行为拒绝赔偿。当然，如果消费者遭受的损失是由于商品的销售者或服务的提供者单方面过错导致的，举办方进行先行赔偿后可以向销售者或服务者追偿。

案例 4-6　商铺未按期交货引发消费纠纷案①

【案情介绍】

2015 年 5 月 24 日，被告建配龙公司与被告张某签订合同，被告建配龙公司将位于上海市长逸路×××号商场×3588、×3598 场馆的商铺出租给被告张某经营销售雨桧牌定制家居，合同期限自 2014 年 6 月 6 日至 2017 年 8 月 5 日止。被告张某的雨桧贸易公司在一审时已经停止营业。

2017 年 1 月 11 日，原告潘某江和被告雨桧贸易公司签订《上海雨桧家居购货合同书》，约定原告向被告雨桧贸易公司购买包括橱柜、衣柜、大门、护墙板等，合同总价为 105000 元。2017 年 9 月 20 日，原告向被告建配龙公司投诉，称 1 月 11 日订购了雨桧定制家具(橱柜、衣柜、木门木套)，支付了 105000 元，商家承诺 4 月 10 日送货上门并安装，但是到期后原告未收到商品，与对方交涉，对方不予处理。诉讼中，原告主张商铺的出租者建配龙公司承担赔偿责任，一审、二审法院均予以支持。

【法律问题】

1. 展销会、租赁柜台消费的特点是什么？

2. 在展销会、租赁柜台消费后受到损害的求偿途径有哪些？

【法理分析】

一、展销会、租赁柜台消费的特点

展销会的特点是展销人员不固定、时间短，当消费者发现商品存在的质量问题时，展销会可能已经结束，参展人员各奔东西，改换门庭。该特点致使消费者在合法权益受到损害后，难以找到经营者请求赔偿。相对而言，找到展销会的举办者比较容易，但展销会的举办者往往以不是自己的行为为借口而拒绝承担责任，使消费者受到损害的利益得不到赔偿。

因租赁柜台而发生的侵害消费者合法权益的行为在现实生活中屡见不鲜。其主要原因是租赁柜台的经营者往往不标示自己真实名称或标记，而是使用出租者的名称或标记销售商品或提供服务，或者不使用任何名称或标记，使消费者误认为是出租者提供的商品或服务而决定购买或接受，致使消费者受到损害得不到很好的解决。另外，在租赁柜台购买商

① 《上海建配龙建材配送有限公司与上海雨桧贸易有限公司、潘某江等买卖合同纠纷案》，载中国裁判文书网：https://wenshu.court.gov.cn/website/wenshu/181107ANFZ0BXSK4/index.html? docId=Rfeb02n6Y+nHSGVzxC39VP+3SJBi08owY4sWqHDlNNwLY5Ii4o2Y/2I3IS1ZgB82AehWjHo+h0nYd9mjQUtppm/lhoxgTCMNKIdP/6Vj75b5sLaKklIbGIG6AOtY76pQ，最后访问日期：2022 年 10 月 24 日。

品或接受服务，合法权益受到损害，遇上承租人的租赁期限已到，撤出柜台，消费者很难找到当时租赁柜台的经营者赔偿其损失。

二、在展销会、租赁柜台消费后受到损害的求偿途径

对于消费者在展销会、租赁柜台购买商品或者接受服务，合法权益受到损害后的求偿问题，《消费者权益保护法》第 43 条区分情形作了规定。

1. 正常情况下的求偿规定。正常情况是指展销会尚未结束、柜台在租赁期内，经营者的经营行为仍在展销会和租赁柜台继续的情况。在此期间，消费者的合法权益受到损害的，可以向销售者或者服务者要求赔偿。之所以如此规定，是考虑到此时的经营者与一般经营者的性质基本相同，规定其承担责任符合合同的相对性原职责。从另一个角度，在展销会、租赁柜台期间，消费者合法权益受到损害，如果与展销会举办者、柜台出租者无直接的因果关系，其只能向有合同关系的销售者和服务者要求赔偿，不可向展销会举办者、柜台出租者要求赔偿。

2. 展销会结束或者柜台租赁期满后的求偿规定。通常情况下，展销会结束或者柜台租赁期满后，经营者已经变换了经营地点，消费者要直接联系经营者有很多困难，考虑到这一情况，法律规定展销会结束或者柜台租赁期满后，消费者的合法权益受到损害的，既可以向经营者要求赔偿，也可以向展销会的举办者、柜台的出租者要求赔偿。该规定一定程度上加大了展销会举办者和柜台租赁者对入驻的经营者的经营资格、经营能力和诚实信用的审查义务。

三、对本案的分析

本案是关于买卖合同纠纷的案件，其中核心的焦点在于被告建配龙公司是否应当就被告雨桧贸易公司的退还货款责任承担先行赔付的责任。根据《消费者权益保护法》相关规定，消费者在租赁柜台购买商品，其合法权益受到损害的，可以向销售者或者服务者要求赔偿。柜台租赁期满后，也可以向柜台的出租者要求赔偿。本案中，被告建配龙公司将柜台出租给被告雨桧贸易公司，现租赁期已满，被告雨桧贸易公司也未再实际经营，依法原告有权要求被告建配龙公司承担赔偿责任。另根据法律规定，经营者不得以格式合同、通知、声明、店堂告示等方式作出对消费者不公平、不合理的规定，或者减轻、免除其损害消费者合法权益应当承担的民事责任，故对被告辩称其已通过店堂告示的形式告知消费者其不承担赔偿责任的条件，不予采纳。被告建配龙公司向原告承担付款责任后，有权向被告雨桧贸易公司进行追偿。

展销会、租赁柜台模式的市场交易行为，与网络交易平台有很大的相似之处，同样涉及三方主体，并且作为实体平台或者互联网虚拟平台上的经营者都充满了不稳定性，所以《消费者权益保护法》赋予消费者享有向平台主张赔偿的权利，也体现了《消费者权益保护法》的价值取向和时代精神。

第五节 网络交易平台提供者的责任

案例 4-7 “熊孩子”偷拿父亲血汗钱打赏女主播案

【案情介绍】

孙某把儿子接到务工的工地上住了一个暑假，之后送儿子回家上学。在买车票的时候，发现卡里 3 万多元只剩几千元了。“我都不怎么会用支付宝、微信，都是儿子帮我申请，用的是我的身份证。”在孙某追问下，儿子承认是自己修改了支付密码将钱转走。孙某查询消费记录确认，2018 年 7 月至 2018 年 8 月，12 岁儿子通过支付宝和微信支付等方式，在某直播上共充值 24734 元，全部打赏给了一位叫“小珑喵喵”的女主播。孙某认为，儿子是未成年人，打赏这么多钱，主播不应该收，平台也不应该同意。经过与平台交涉，平台告知消费是以孙某的名义充值打赏的。原来，儿子是用孙某的身份证号码进行的实名认证。

孙某找到直播平台的经营企业，要求平台退还充值款。平台认为，孙某充值购买了礼物，现在礼物已经被消费，平台无法退还，孙某可以与主播协商退还，并提供了主播的姓名、联系方式等信息。孙某联系女主播，称当初的打赏是未成年的儿子打赏，打赏的行为无效，要求女主播退钱。女主播认为自己并无查明打赏人是否成年的义务，且根据头像显示打赏的是一个成年人头像，同时平台提供的账号显示用户本身是成年人，因此拒不退还。

【法律问题】

1. 自然人的民事行为能力是如何规定的？
2. 用户与平台、用户与主播之间是什么法律关系？

【法理分析】

一、民事行为能力

民事行为能力是民事主体能以自己的行为取得民事权利、承担民事义务的资格，即民事主体依法独立进行民事活动的资格。自然人的民事行为能力以自然人对客观事物的判断和认识能力为依据，按照自然人的年龄、智力和精神状况为标准进行划分。

根据《民法典》的规定，按照年龄标准可以分为三类：

1. 完全民事行为能力人。已满 18 周岁的成年人，已满 16 周岁不满 18 周岁的未成年人以自己的劳动收入为主要生活来源的视为完全民事行为能力人。

2. 限制民事行为能力人。8 周岁以上不满 18 周岁的未成年人为限制民事行为能力人，实施的民事法律行为由其法定代理人追认或者同意，但是其实施的纯获益的民事法律行为或与其年龄、智力相适应的民事法律行为有效。

3. 无民事行为能力人。不满8周岁的未成年为无民事行为能力人，实施的民事法律行为无效。

二、用户与平台、用户与主播之间的法律关系

1. 用户与平台之间的法律关系

网络交易是指发生在信息网络中企业之间(简称B2B)、企业与消费者之间(简称B2C)以及个人之间(简称C2C)，通过网络通信手段缔结的交易。网络平台是为了各类网络交易，提供网络空间以及技术和交易服务的计算机网络系统。用户在平台充值并购买虚拟货币(礼物)，用户与平台之间形成了服务合同关系。

2. 用户与主播之间的法律关系

打赏行为实质上是一种消费行为。在互联网环境下，由于用户和平台之间的形成了网络服务合同关系，直播作为一种网络节目，这种节目的呈现不是电视媒体、网络媒体的制作，而仅仅是一个个的普通主播通过平台，形成的一种以才艺展示、特长表演等方式换取报酬的消费形式。在这种消费形式中，平台充当了一个信息来源的提供者或者是网络环境的经营者。用户将购得的虚拟货币(礼物)打赏给主播，如果主播与平台间有劳动关系，那么主播在直播中接受的打赏就构成职务行为，由此产生的权利义务均由平台承受；如果主播与平台间是服务合同关系，用户的打赏行为只是其与主播间的赠与关系。

三、对本案的分析

本案中，首先，孙某的儿子充值和打赏的行为是否有效，取决于行为人是否有相应的民事行为能力。根据《民法总则》(现为《民法典》)的规定，从年龄层面上看，孙某的12岁儿子属于限制民事行为能力人，实施打赏行为系效力待定的民事法律行为。当然，在举证责任方面，孙某需要证明充值和打赏均系他儿子的所作所为，并且他对此不知情。但是就本案的事实和证据来看，孙某难以证明该行为是其儿子的行为。相反，平台能够提供充值和打赏都是使用孙某的支付宝和微信的相关支付记录。同时，我国《电子商务法》第48条规定："电子商务当事人使用自动信息系统订立或者履行合同的行为对使用该系统的当事人具有法律效力。在电子商务中推定当事人具有相应的民事行为能力。但是，有相反证据足以推翻的除外。"因此，除非孙某能够提供比如打赏前后的聊天记录、视频记录或者其他证据，证明主播能判断出用户为未成年人，否则很难要求主播返还。因为基于用户和主播之间的赠与关系，赠与合同已经履行完毕，孙某也不享有撤销权。

其次，《消费者权益保护法》第44条规定："消费者通过网络交易平台购买商品或者接受服务，其合法权益受到损害的，可以向销售者或者服务者要求赔偿。网络交易平台提供者不能提供销售者或者服务者的真实名称、地址和有效联系方式的，消费者也可以向网络交易平台提供者要求赔偿；网络交易平台提供者作出更有利于消费者的承诺的，应当履行承诺。网络交易平台提供者赔偿后，有权向销售者或者服务者追偿。网络交易平台提供者明知或者应知销售者或者服务者利用其平台侵害消费者合法权益，未采取必要措施的，依法与该销售者或者服务者承担连带责任。"孙某能否依据该条主张网络交易平台提供者承担法律责任的问题，根据本案案情，孙某的儿子在平台上使用的是孙某的头像，以孙某

的名义对主播进行打赏，并且还用孙某的身份证进行了实名认证。而且，在案发后，直播平台也向孙某提供了主播的姓名、联系方式等信息，所以，应当认定平台已经尽到了形式审查义务并履行了法定责任，孙某无权要求平台方退款、赔偿。

案例 4-8　网购化妆品汞中毒案①

【案情介绍】

2014 年 5 月，原告张某在京东商城网站购买台湾松竹脱丽露美白祛斑五件套产品，价格为 99 元，产品卖家为雨滋专营店。“雨滋专营店”系被告雨滋公司利用京东商城平台开设的网络店铺的名称。2014 年 8 月，张某因身体不适，前往北京中医药大学东直门医院，北京大学第一医院、中国人民解放军第三〇七医院进行治疗，诊断结果为：“1. 汞中毒；2. 肾病综合征；3. 低蛋白血症”等，随后遵医嘱进行驱汞、改善循环、补液促排等治疗。张某认为因使用松竹脱丽露美白祛斑产品造成自身汞中毒等病情，故诉至法院，要求雨滋公司和京东公司连带赔偿医疗费、误工费、交通费、住院期间伙食费、精神损害赔偿金、鉴定费等各项损失 168775 元；雨滋公司答辩，要求张某证明确实是使用了涉案产品导致损害后果，否则不承担责任。京东公司辩称：公司作为网络平台提供者，不是涉案商品的销售者，不是本案的适格被告，不应承担赔偿责任，请求法院依法驳回原告的诉讼请求。在本案审理过程，法院对松竹脱丽露晚霜进行鉴定，鉴定意见为：“1. 鉴定标的物的汞含量为 7474. 1mg/kg；2.《化妆品卫生规范》(2007 版)规定的汞限量为 1 mg/kg，鉴定标的物的汞含量超出标准限量要求。”

一审法院北京市通州区人民法院判决：

被告雨滋公司赔偿原告张某医疗费、误工费、营养费 5000 元、精神损害赔偿金等共计人民币 54611. 3 元；京东公司承担连带赔偿责任。

判决后，三方均未上诉，现判决已生效。

【法院观点】

涉案产品与张某汞中毒等病情的损害后果之间具有因果关系。雨滋公司答辩，要求张某证明确实是使用了涉案产品才导致损害后果，无异于加重原告方的举证责任，法院结合日常生活经验中护肤品的每日使用量、购买涉案产品与病发的时间间隔、涉案产品的剩余量等，认定张某确实在购买产品后进行了实际使用，且被鉴定的产品即是从雨滋公司处购买的产品，对于雨滋公司所述无法证明被鉴定产品即是从其处购买的答辩意见不予采信。京东公司作为网络交易平台提供者，收取了平台使用费，应当对第三方经营者的经营行为进行监督和约束，确保其提供符合消费者人身、财产安全的产品。京东公司作为网络交易平台提供者，未尽到对第三方经营者的监管义务，明知或者应知雨滋公司利用其平台侵害消费者合法权益，未采取必要措施，造成消费者的损害后果，依法应当与雨滋公司承担连

---

① 《张某诉京东公司、雨滋公司产品责任纠纷案》，载北京尘网网：https://bjgy.bjcourt.gov.cn/article/detail/2017/03/id/2633814.shtml，最后访问日期：2022 年 10 月 24 日。

带责任。

【法律问题】

1. 什么情况下网络交易平台需要承担赔偿责任？
2. 什么情况下网络交易平台需要承担连带责任？

【法理分析】

一、网络交易平台需要承担赔偿责任

由于网络交易主体的虚拟性，消费者可能难以确定商品销售者或者服务提供者的真实身份，如果消费者欲就该纠纷提起民事诉讼，根据《民事诉讼法》的规定，明确的被告是法院受理起诉时的一项审查要件。因此，难以确定销售者或者服务者的真实身份信息将使法律赋予消费者的维权救济方式落空。而网络交易平台作为平台的开办者和管理运营者，对于利用其平台向消费者提供商品或者服务的经营者负有一定的审查监督责任。鉴于上述情况，考虑网络平台对平台经营者的控制能力要远远超过消费者，同时作为网络交易市场的开办者和管理者，平台应当也有能力建立健全平台经营者的准入及退出机制，对进驻平台的销售者和服务者应当尽到必要的身份审查义务，且该义务应当是事先的、主动的。一旦发生纠纷，消费者难以找到经营者求偿的，平台有义务向消费者提供经营者身份信息，不能提供的，消费者可以要求平台承担先行赔付责任。需要说明的是，特定条件下的先行赔付是法律为维护消费者权益而确定的最低标准，法律鼓励网络平台提供者采取更有利于消费者的做法。实践中，有一些电商平台已经推行了无限制条件的先行赔付制度。一旦发生消费纠纷，消费者与经营者协商无果的，平台一律承诺向消费者先行赔付，这类承诺属于平台与消费者的约定，优于法定标准，应当首先履行约定。

二、网络交易平台需要承担连带责任

网络交易平台提供者对消费者承担的是过错责任，在明知或者应知销售者或者服务者利用其平台侵害消费者合法权益而未采取必要措施的情况下，才依法承担连带责任。网络平台提供者过错的判断标准，以其是否明知或应知销售者或者服务者利用其平台侵害消费者合法权益，且未采取必要措施为参考。对“明知或者应知”的判断，笔者认为应作宽泛解释，应当对网络平台提供者作出更高标准的要求。因为根据社会发展现状来看，网络平台提供者对其平台的安全性进行了大量的宣传，多数消费者是被该平台吸引进而在其平台上购买商品或者接受服务，根据权利与义务相对等的原则，若网络平台提供者仅仅享受权利，而在消费者受损的情况下却能免责的话，则违反了公平正义的原则。基于以上理由，消费者在网络平台上购买商品受到损害的情况下，网络平台提供者应当与第三方卖家共同承担连带赔偿责任。同时，在判断标准上可以综合考虑以下因素：基于网络平台提供者提供服务的性质、方式及其引发侵权的可能性大小，确定其应当具备的管理信息的能力；所售商品或者提供服务的类型、知名度及侵权信息的明显程度；网络交易平台提供者是否积极采取了预防侵权的合理措施；网络平台提供者是否设置便捷程序接收消费者投诉并及时作出合理的反应；网络交易平台提供者是否针对同一经营者的重复侵权行为采取了相应的合理措施等其他相关因素。

三、对本案的分析

网购已经越来越成为时下人们热衷的一种购物方式，但对于网上购物致损的赔偿问题，目前并未有较为明确的法律规定，此案即是典型的网购侵权损害赔偿问题。

本案争议的焦点之一为涉案产品与张某汞中毒等病情的损害后果之间是否具有因果关系。笔者认为，涉案产品经专业鉴定机构鉴定，汞含量超过国家法定标准 7000 余倍，张某在购买涉案产品 3 个多月之后出现身体不适症状，经医院诊断病情为汞中毒等，可以综合认定涉案产品汞含量超标与张某汞中毒等损害后果之间具有因果关系。雨滋公司要求张某证明确实是使用了涉案产品才导致损害后果，要求原告证明既往已经发生的日用事实，无异于加重了原告方的举证责任，结合日常生活经验中护肤品的每日使用量、购买涉案产品与病发的时间间隔、涉案产品的剩余量等，可以认定张某确实在购买产品后进行了实际使用，且被鉴定的产品即是京东商城平台从雨滋公司处购买的产品。

本案中的另一争议焦点为网购侵权后，平台提供者与第三方卖家是否共同承担连带赔偿责任。笔者认为，京东公司虽然只是平台的提供者，并不是商品的直接销售方，但是根据京东平台的运营模式，京东公司与雨滋公司签订的平台服务协议是两被告之间的内部约定，不能以此对抗第三人，即京东公司不能以其与雨滋公司的协议对抗本案原告张某。其次，多数消费者在京东商城网站上购买商品进行消费是出于对京东公司的信任，而非对第三方经营者的信任，此种信任即消费者认为所有通过京东公司网上平台销售的商品均是符合保证消费者人身、财产安全的产品。再次，京东公司作为网络交易平台提供者，收取了平台使用费，应当对第三方经营者的经营行为进行监督和约束，确保其提供符合消费者人身、财产安全的产品。京东公司作为网络交易平台提供者，未尽到对第三方经营者的监管义务，明知或者应知雨滋公司利用其平台侵害消费者合法权益，未采取必要措施，造成消费者的损害后果，依法应当与雨滋公司承担连带责任。

第六节　虚假广告侵权纠纷的解决

案例 4-9　健康讲座虚假宣传推销保健品案[①]

【案情介绍】

80 岁的李大爷，患有高血压。2013 年 11 月，李大爷在阳江市马曹市场附近看见广告牌上印着由某知名明星代言的保健品宣传广告，便到其经营部参加了健康讲座。讲座上推

① 《健康讲座虚假宣传推销保健品》，载 https://www.037q.com/39561.html，最后访问日期：2022 年 10 月 24 日。

销“富硒能量碗”“超能健康毛毯”“活特唐牌海豹软胶囊”等产品，称这些产品对高血压病有治疗效果，可延长寿命。李大爷在工作人员的游说下购买了“富硒能量碗”“超能健康毛毯”“活特唐牌海豹软胶囊”，共计15000元。然而，当销售员送货时，却未能提供发票、产品合格证以及说明书等，所购买的产品也没有明确的厂名和厂址。而且李大爷在使用上述产品一段时间后，发现并没有达到讲座所说的效果。李大爷于是多次联系经营方要求退货，但经营方一直推诿。

【法律问题】

1. 虚假广告具有哪些表现形式？

2. 消费者因虚假广告遭受损害的维权路径有哪些？

【法理分析】

一、虚假广告的表现形式

根据《广告法》第28条及《反不正当竞争法》第8条的规定，虚假广告是指广告内容是虚假的或者是容易引人误解的广告。一方面，广告宣传的内容与所提供的商品或者服务的实际质量不符，另一方面，广告宣传可能使宣传对象或受宣传影响的人对商品的真实情况产生错误的联想，从而影响其购买决策的商品宣传。通常，虚假广告具有以下几种表现：

1. 虚假的信息。虚假的广告信息统称为广告欺骗，是指广告宣传的信息与商品或服务的真实信息不相符，甚至是宣传的商品或服务的信息根本不存在的情形。

2. 虚假的证明。通常商品或服务的经营者或者广告的发布者为了达到预期的广告宣传效果、让消费者信服，往往会采用带欺骗性的证据或假借他人的言论宣传其商品或服务的质量、功能等，以此诱骗消费者。

3. 虚假的品质。广告中宣传的有关商品或服务并未达到广告中所称的质量技术标准，或不具备广告中宣称的功能和效用。

4. 虚假的价格。广告宣传的价格与消费者最终购买商品或接受服务支付的金额不一致，此即典型的价格欺骗性广告。

二、消费者因虚假广告遭受损害的维权路径

消费者因虚假广告进行消费造成一定损害的，可依《消费者权益保护法》第45条规定，向相关责任主体主张权利。《消费者权益保护法》对于虚假广告相关责任人的责任规定，加强了对虚假广告宣传的规制力度，拓展了消费者的维权路径。

1. 消费者因经营者利用虚假广告或其他虚假宣传方式提供商品或服务而使自己的合法权益受到损害的，可以要求销售商品或提供服务的经营者赔偿。经营者利用虚假广告使消费者产生误解，从而作出不真实的意思表示，也侵害了消费者的知情权和公平交易权。

2. 在虚假广告的经营者、发布者不能提供商品或服务的经营者的真实名称、地址和

有效联系方式的情况下，由广告经营者、发布者承担对消费者的赔偿责任。此种情形下的赔偿责任适用的前提是广告的经营者、发布者不能提供商品或服务的经营者的真实名称、地址和有效联系方式的情况，如果能够提供上述信息，则广告经营者、发布者不承担责任。

3. 消费者因虚假广告购买商品或接受服务遭受损害后，不仅可以要求经营者或广告的经营者承担赔偿责任，还可以请求有关行政主管部门对虚假广告的经营者予以惩戒。在我国，市场监督管理局是广告的监管部门，依法享有处罚权。

4. 社会团体或者其他组织、个人(比如明星)在关系消费者生命健康商品或服务的，虚假广告中向消费者推介商品或服务致使消费者遭受损失的，应当与经营者承担连带责任。在这类组织、个人的助推下，消费者对虚假广告的信赖度和认可度会有所提升，反而加重了对商品或服务的错误认识，导致权益受损。因此，这类组织和个人应承担连带责任。

三、对本案的分析

本案中，李大爷在广告的指引下参加所谓的健康讲座，经营者诱骗李大爷支付高额价款购买了大量劣质的保健品，并且所购的保健品与工作人员宣传的“疗效”存在很大差异甚至根本就达不到吹嘘的效果。很显然，经营者利用虚假广告对消费者进行“洗脑”，导致消费者作出错误的消费决定。保健品的销售者，即本案的经营者是当然的责任主体。

从李大爷消费的保健品的类型上看，活特唐牌海豹软胶囊属于药品，对于关乎消费者生命健康的商品，广告代言人适用无过错归责原则，因此，李大爷也可以直接向本案中的广告中代言人主张赔偿责任。2013 年《消费者权益保护法》的修订，也是对侵害消费者权益行为打出的多种法律规制的“组合拳”。本案中，保健品广告经营者、发布者，应当按照该法的规定，与经营者承担连带赔偿责任，不论广告经营者、发布者在本案中能否提供商品或服务的经营者的真实名称、地址等有效的关键信息，李大爷都可以向广告经营者和保健品经营者主张连带赔偿责任。因为，李大爷所消费的商品是关系自身生命健康的，对待此类消费行为遭受的损失，法律为涉案的各方主体设定了更高的注意义务、更重的法律责任。

案例 4-10 “九球天后”潘晓婷为中晋资产代言案①

【案情介绍】

2014 年 1 月，潘晓婷通过经纪公司为“中晋系”投资理财产品代言。在媒体公开的这

① 《赵某与潘晓婷财产损害赔偿纠纷案》，载中国裁判文书网：https://wenshu.court.gov.cn/website/wenshu/181107ANFZ0BXSK4/index.html？docId=kPOB9XJWQheImGIqvPh3lDXzUwRoW7VmmRsFxd6Z2fJ2Mk7rm731ImI3IS1ZgB82AehWjHo+h0nYd9mjQUtppm/lhoxgTCMNKIdP/6Vj75aFBJqqRYF+P4G6AOtY76pQ，最后访问日期：2022 年 10 月 24 日。

段代言广告中，“九球天后”气定神闲地将目标球精准击打进袋，并配有声音：“判断源自于观察，更来自于专业。我擅长规避风险！我是潘晓婷，我是中晋合伙人！”

2016 年 4 月，“中晋系”投资理财产品爆雷，被套牢的投资者达上万人。案发后，不少投资人自称是看了潘晓婷的代言广告才进行了投资，更有一些投资人齐聚在潘晓婷撞球馆前要求赔偿。一时间，维权矛头直指其代言明星潘晓婷。

赵先生是“中晋系”集资诈骗案受害人之一，他将潘晓婷告上法院，要求其赔偿损失 20 万元。赵先生向法庭提交了经公证的广告视频。他表示，广告中的声音、图像和动作结合在一起，给投资者传达了这样一个信息：潘晓婷是一个专业理财高手。赵先生说，“我是出于对她的信任才购买该款产品。”

潘晓婷表示，她在代言之前，查看了相关公司的资质、税务、商标等情况，尽到了审慎义务，且她作为知名运动员没有必要在明知涉嫌刑事犯罪的情况下参与虚假宣传。

潘晓婷说，代言广告是事实，但是广告中“我是中晋合伙人”这句话并不是她所说，声音不是她本人的声音，视频中口型也对不上，广告存在剪辑或合成可能，故申请鉴定。为此，法院依法委托了鉴定，但司法鉴定机构因受检材料条件限制未能受理。赵先生和潘晓婷对此予以认可。

此外，在“中晋系”爆雷后，潘晓婷已主动配合公安机关退还所有代言费。

上海二中院认为，根据《广告法》第 56 条规定，发布虚假广告欺骗、误导消费者并使其合法权益受到损害的，承担责任者为广告主，广告代言人只有在明知或应知广告虚假仍代言的情况下，才与广告主一起承担连带责任。

仅凭赵先生提供的广告视频，难以直接认定潘晓婷对涉案广告为虚假广告存在明知或应知的情况，也没有证据证明潘晓婷牵涉在集资诈骗罪中。

潘晓婷已提供证据证明尽到了审查义务。在衡量潘晓婷的过错时，应当以一般普通人的注意义务作为衡量标准，而不应当以事后刑事案件的结果来倒推审查的义务。由此，难以认定潘晓婷在本案代言中明知或应知广告内容虚假。

最终，上海二中院终审判决，未支持赵先生的诉讼请求。

【法律问题】

1. 广告代言人的归责基础是什么？
2. 广告代言人的归责原则是什么？
3. 广告代言人承担连带责任的要件有哪些？

【法理分析】

一、广告代言人的归责基础

《消费者权益保护法》和《广告法》之所以要求广告代言人在虚假广告中与广告主一起承担连带责任，其理论基础在于民法上的信赖利益的保护。广告代言的突出作用在于，通过将其个人(尤其是名人)的人格或身份特征与产品的市场定位相结合，进而提高产品在消费者心中的认知程度，并将消费者对代言人的认同感转化为对产品本身的认同感，从而使消费者对产品产生信赖。此种操作模式在广告营销学中被称为意义迁移，即对于消费者而言，名人的推荐或证言会发生由名人到产品再到消费者之间的意义迁移。该理论认为，社会各行各业的名人都代表着一系列独特的符号意义，由名人所代言的产品，往往也浸透了名人的符号或象征意义，激发受众对于名人与产品之间的记忆节点，从而在两者之间建立链接。

根据民法上的信赖利益原理，能够引发消费者信赖的表意行为，通常主要包括法律陈述、专家意见、个人推荐、证明、承诺、担保等，而广告代言人在广告中所作的推荐和证言是一种典型的可能引发信赖的表意行为。在实践中，大量存在的荐证广告正是商家运用代言人的知名度及其推荐和证明行为，来强化消费者对产品的信赖，进而影响消费者的消费决策。消费者的信赖也构成了法律对荐证行为进行价值评价的基础，是考察广告代言人的荐证行为与消费者决策之间是否存在因果关系的核心要素，也是要求广告代言人承担连带责任的基础性要件。实践中应当重点考察代言人在广告中的代言行为，看其是属于单纯吸引受众注意的提示行为，还是意在诱发受众的消费信赖。若是后者，一旦消费者因信赖代言人的推荐或证明而作出决策，则该代言人就要为受众的信赖利益受损承担相应的法律责任。

二、广告代言人的归责原则

根据《广告法》第56条的规定，广告代言人应当根据事实介绍商品或服务，不能为自己从未使用过的产品做代言。代言人明知是虚假广告仍然代言的，应当与广告经营者、发布者和经营者承担连带责任。广告代言人的归责原则与广告经营者、发布者一样，根据虚假广告涉及的商品或服务的情况，区分为一般的商品或服务的虚假广告和关系消费者生命健康的商品或服务的虚假广告。对于一般的虚假广告，采取过错责任原则，即代言人在明知或者应当知道是虚假广告时仍代言的，才需承担连带责任；对于关系消费者生命健康的商品或服务的虚假广告，采取无过错责任归责，即不论代言人主观上是否知道广告虚假，只要实施代言行为就应当承担连带责任。此条法律的规定也表明了我国对食药领域监管的重视，对人民生命健康安全的关心。

三、广告代言人承担连带责任的要件

虚假广告中的代言人承担连带责任本质上属于民法中民事主体应当承担的侵权责任，所以其构成要件可以比照民事侵权责任的构成要件，具体包括侵权行为、损害后果、因果关系、主观过错。

1. 侵权行为。代言人实施了虚假代言的侵权行为，代言人在广告中针对广告主的商品或服务作虚假的、夸大的或片面的介绍、宣传和推荐，即构成虚假代言的行为。根据我国《广告法》《反不正当竞争法》等规定，广告应当真实、合法，不得含有虚假的内容，不得误导和欺骗消费者，不得对商品的质量、制作成分、产地、原材料等作虚假宣传。如果违反了上述法律规定，即可以认为代言人实施了侵权行为。

2. 损害后果。给消费者造成损害后果是指因虚假广告行为给消费者带来的实际的或必然的损失，包括人身损害、财产损失和精神损害(广告主构成刑事犯罪的情况下消费者丧失精神损害赔偿的请求权)。有关损害后果及赔偿的范围的界定，应结合《产品质量法》《食品安全法》《消费者权益保护法》等相关法律综合考量。

3. 因果关系。产品代言人在广告中的虚假代言行为促使消费者购买了相关产品或接受了相关服务，并由此而造成损害，即可认定虚假代言行为与损害后果存在因果关系。当然，生活中部分消费者并非由于虚假广告而购买商品或接受服务，这种情况下不能认定虚假代言行为与损害后果存在因果关系。在司法实践中，对此类因果关系的认定应当考虑如下几个因素：(1)受害消费者在诉讼中是否将产品代言人列为共同被告。根据生活经验的判断，没有受虚假广告影响的消费者甚至不知道虚假广告的存在，或者购物不是基于广告的影响，而诉请代言人承担连带责任的消费者一般是基于虚假广告的一定影响才购买产品或接受服务。(2)虚假广告的失真程度轻重。如果广告中只是个别的、非关键的内容失真，该失真内容不足以引起消费者的误购，则应认定因果关系不成立，反之则应认定因果关系成立。(3)代言人所起作用的大小。如果代言人在虚假广告中所起的作用不大，只是利用自己的知名度对商品做了单纯吸引的代言效果，则应认定因果关系不成立。如果虚假广告(即虚假宣传)是由广告主或广告经营者以添加其他画面、视频、音频制作的，代言人并没有出演角色、使用台词，则不能认定因果关系成立。如果代言人出演了诱发消费信赖的代言效果广告，则应认定因果关系成立。

4. 主观过错。代言人具有主观过错，即代言人是在明知或者应知广告虚假的情况下仍代理、推荐。广告代言人或经纪人通常为完全民事行为能力人，甚至经纪人团队中不乏有专业的法律顾问，所以对于商品或者服务是否存在瑕疵、缺陷，是否存在损害消费者权益的现实可能，通常情况下都有一个直观的清晰的了解，所以，代言人的主观过错是作为一项重要因素来判定其是否需要承担连带责任，甚至是否构成刑事违法。

四、对本案的分析

本案中，潘晓婷代言的对象——中晋资产的理财产品，并不关乎消费者的生命健康，所以，严格地说，其并不属于《消费者权益保护法》第45条第3款规定的“关系消费者生命健康商品或者服务”，原则上不适用广告代言人连带责任的规制。代言人使用名人效应推荐理财产品，应当对产品本身尽到合理的注意义务，案件的细节也反映出，潘晓婷及其经纪公司也履行了审慎义务，所以是合法的。而且，对于广告词的内容，作为经营者的中晋资产对其进行了篡改，违背了代言人真实的语言，这一点是代言人无法预测也是无法控制的。代言词的内容并没有违反《广告法》对于广告词的规定，实质性内容没有对消费者实施欺骗和误导。同时，作为消费者和投资者的赵先生也应当有最起码的投资认识，毕竟金融有风险、投资需谨慎。所以，对于赵先生的损失，很难认定代言人具有过错且应当对其承担责任。

在案发之后，代言人潘晓婷也主动退还了代言费，不论从法理还是情理上来看，代言人的所作所为都没有损害消费者的利益，故，笔者认同法院的认定和判决结果。我们作为消费者也应该保持清醒头脑，对所选购的实体商品或者虚拟商品，都应该进行比较鉴定，防止损失发生。

第七节　投诉处理期限

案例 4-11　消费者向市监局投诉商家收费未执行明码标价案①

【案情介绍】

2020 年 5 月，消费者吕某在宁洱某灰指甲康复服务中心购买了灰指甲康复服务，支付费用 1700 元。吕某自接受康复服务至投诉时仍然没有康复，因此吕某认为宁洱某灰指甲康复服务中心的灰指甲康复服务存在欺骗行为，而且没有明码标价提示。吕某不愿意继续接受服务，向宁洱县市场监督管理局投诉申请协商调解并退回服务费用。

宁洱县市场监督管理局通过调查了解，没有发现该康复中心有欺骗行为，但消费者投诉没有明码标价内容情况属实。宁洱县市场监督管理局对宁洱某灰指甲康复服务中心没有按照《中华人民共和国价格法》有关规定进行明码标价行为责令其立即整改，并提交整改相关资料。对消费者不愿意继续接受服务要求退款的申请，工作人员通过协商调解，宁洱灰指甲康复服务中心同意退还一半的康复服务费 850 元，双方达成一致且无异议。

【法律问题】

1. 何谓“明码标价”？
2. 《消费者权益保护法》第 46 条的“有关行政部门”与消费者协会有什么区别？

【法理分析】

一、明码标价

明码标价为推进交易行为的公开化、保障消费者的知情权起到了应有的作用。明码标价是指经营者在收购、销售和提供商品和服务时，按照《价格法》和《关于商品和服务明码标价的规定》的要求，公开标注商品价格的行为。根据这一要求，明码标价的商品和服务应包括市场调节价、政府指导价或政府定价的商品和服务。经营者应当遵循公开、公平、诚信的原则，遵守价格法律法规。明码标价的标价方式由省人民政府价格主管部门统一规定，由县级以上地方人民政府价格主管部门的价格监督检查机构对标价方式进行监督。国务院价格主管部门和省人民政府价格主管部门应当根据商品和服务的特点，实行行业统一规范的定价方式。明码标价应做到价签价目齐全，标价内容真实清晰，字迹清晰，货签对

① 《收费未执行明码标价》，载普洱新闻网：http://www.puernews.com/perb/html/2022-03/15/content_13763.htm，最后访问日期：2022 年 10 月 24 日。

位，标注醒目。降价销售商品和提供服务的必须使用降价标签和价目表，如实标明降价原因、原价和现价。从事零售业务的，商品标签应当标明产品名称、产地、计价单位、零售价格等主要内容。有规格、等级、质地要求的，还应当标明规格、等级、质地等项目。标签由指定专人签字。经营者不得收取任何未注明的费用，不得利用虚假或误解的价格内容进行价格欺诈。

二、“有关行政部门”与消费者协会的区别

行政部门和消费者协会在受理消费者投诉方面具有职能差异，就调解进程而言，消费者协会与行政部门在终止调解条件上具有一致性，如消费者撤回投诉、当事人拒绝调解、调解过程中就同一纠纷申请仲裁或提起诉讼、自行和解等。就处置结果而言，消费者协会的民事调解具有“就事论事”的特性，终止调解或者调解成功即结束；调解不成的，由调解主持人填写终止调解通知书，同时告知双方解决消费争议的其他渠道。行政部门处理消费者投诉职责不仅仅局限于“就事论事”，一旦发现经营者有违法行为，或者消费者同时举报经营者违法的，必须依照有关法律、法规另案处理。

三、对本案的分析

本案中，消费者吕某购买灰指甲康复服务中心的服务没有达到消费效果，想办理退款手续，导致与经营者宁洱县某灰指甲康复服务中心产生纠纷。消费者向当地的市场监督管理局进行投诉，接到投诉后，对于消费者反映的欺诈和未明码标价行为，市场监督管理局依权执法，主动进行调查、核实。发现经营者虽然不存在欺诈消费者的现象，但确实未履行明码标价的提示。市场监督管理局责令经营者及时整改、规范经营，切实维护消费者的正当合法权益。并且，在市场监督管理局的努力调解下，经营者同意退还一半的康复服务费用，消费者吕某对调解的退费金额也比较满意。这是一起消费者向有关行政部门投诉并成功维权的典型案例，也反映了借助行政机关的力量，通过调解维护消费者权益的实际效果。

第八节　消费公益诉讼

案例 4-12　吉林省消费者协会提起消费民事公益诉讼案①

【案情介绍】

用工业盐假冒食用盐进行销售，致使近 10 吨工业盐流向百姓餐桌。因销售不符合安

① 《吉林省消费者协会与光复路龙昌调料行等侵害消费者权益公益诉讼案》，载中国裁判文书网：https://wenshu.court.gov.cn/website/wenshu/181107ANFZ0BXSK4/index.html? docId = ptoWRfcCOK+yvw8KoLzcaSWBAnj8GDgUBEZ4hiP6 + rRsLtqNQThr6WI3IS1ZgB82AehWjHo + h0nYd9mjQUtppm/lhoxgTCMNKIdP/6Vj75aioYJwH23Iq4G6AOtY76pQ，最后访问日期：2022 年 10 月 24 日。

全标准的食品，韩某、王某等3人被吉林省消费者协会告上法庭。2016年11月1日，此案在长春市中级人民法院开庭审理，这是吉林省办理的首例检察机关支持起诉的消费民事公益诉讼案件。

经调查，从2014年8月起，韩某等3人在长春市宽城区光复路经营的调料行内，多次销售假冒食用盐共计9.45吨，办案民警后来在其仓库内又查获同批未销售的假冒食用盐9.7吨。

2016年5月，被告人韩某因销售不符合安全标准的食品，被长春市宽城区人民法院判处有期徒刑1年，并处罚金2.5万元；被告王某等两人被判处有期徒刑6个月，缓刑1年，并处罚金1万元。

销售不符合国家标准的假冒食用盐，足以造成严重食物中毒事故或其他严重食源性疾病，侵犯了不特定多数人的合法权益，属消费民事公益诉讼案件范围。长春市人民检察院对此案审查后，于2016年6月向吉林省消费者协会发出检察建议，督促其就此案依法提起民事公益诉讼，吉林省消费者协会回函明确表示，同意以原告身份向韩某等3人提起诉讼。

吉林省消费者协会认为，被告销售的假冒食用盐存在严重的质量缺陷，危及广大消费者人身安全，且被告对此未向消费者作出说明，其行为侵害了不特定消费者的合法权益，故请求法院判令被告在省级以上新闻媒体公开道歉。

11月1日，长春市中级人民法院开庭审理此案。审判长当庭宣判，要求3名被告在本判决生效10日内，在省级以上的新闻媒体公开道歉，被告均表示不上诉。

【法律问题】

1. 公益诉讼的内涵是什么？
2. 民事公益诉讼的诉讼主体有哪些？

【法理分析】

一、公益诉讼的内涵

公益诉讼包括民事公益诉讼和行政公益诉讼，这是按照适用的诉讼法的性质或者被诉对象(客体)的不同划分的。诉讼法理论认为，利益受到了损害，受害者就有权向法院起诉，请求司法救济。按照提起诉讼主体的不同，公益诉讼可以划分为检察机关提起的公益诉讼、其他社会团体和个人提起的公益诉讼，前者称为民事公诉或行政公诉，后者称为一般公益诉讼。

公益诉讼不是一种单独的诉讼形式，而是一种以诉讼目的为基准界定的概念，旨在描述检察机关、公益性团体或个人所进行的具有公益性质的诉讼活动。与维护个人和组织自身合法权益的私益诉讼相比较，公益诉讼的诉讼目的是维护国家利益和社会秩序。公民、法人或其他组织经法律授权，可依法行使诉讼权利，并要求人民法院查明事实、分清是非、正确适用法律、及时审理违法案件、确认权利义务关系，制裁违法行为，以保护国家和社会公共利益。广义上，公益诉讼当事人中的原告既可以是直接受到违法行为侵害的社会组织和个人，也可以是没有直接受到违法行为侵害的社会组织和个人。即只要行为人的违法行为侵害了国家利益，或者侵害了社会管理秩序，对国家或不特定的人的合法权益构成损害或具有潜在的损害可能，任何组织或个人都有权代表国家起诉违法者，以保护国家利益和社会公共秩序。无直接利害关系的人之所以有权起诉违法侵害国家利益、社会公共利益的行为，主要因为原告作为国家主人，有权利也有义务维护国家利益和社会利益。同时，国家、社会和个人(或组织)的利益是一致的，三者的关系是整体与部分的关系，既相互依存又相互独立。侵害国家利益和社会公共利益，必然会有个体利益受到损害。因此，维护国家利益、社会公共利益实际上是维护个体利益。如果一个诉讼是出于维护公益的的目的而提起的，既实现了公共利益，同时也满足了当事人的愿望，这样的诉讼也应该属于公益诉讼范畴。

二、民事公益诉讼的诉讼主体

民事公益诉讼是指一定的组织和个人可以根据法律法规的授权，为了保护社会公共利益，对违反法律、侵害社会公共利益的行为，向人民法院提起诉讼，由法院按照民事诉讼程序依法审判并追究违法者民事法律责任的诉讼。

根据《民事诉讼法》的规定，对于污染环境、侵害众多消费者合法权益等损害社会公共利益的行为，法律规定的机关和组织可以向人民法院提起诉讼。

1. 环保公益诉讼的原告资格。依法在设区的市级以上人民政府民政部门登记，且专门从事环境保护公益活动连续五年以上且无违法记录的社会组织可以作为环保公益诉讼的原告。

2. 消费公益诉讼的原告资格。中国消费者协会、省级消费者协会(省、自治区、直辖市设立的消费者协会)。

三、对本案的分析

本案中，韩某等人将大量的工业用盐假冒食用盐，投向市场、流向餐桌，无视、侵害了不特定多数消费者的正当合法权益。对于此类消费侵权行为，法律赋予了中国消费者协会和省级消费者协会依法提起公益诉讼的权利。本案中，检察机关发现了韩某等 3 人销售不符合国家标准的假冒食用盐，向吉林省消费者协会致函，建议其提起民事公益诉讼，符合法定程序。吉林省消协同意作为原告对韩某等 3 人提起诉讼，吉林省消协的原告诉讼地位合法，是本案的适格原告。通过此案我们也看到了国家和社会严厉打击并积极维护作为弱势群体的消费者的正当合法权益的坚决态度。

面对群体性消费侵权，消费者个人往往会力不从心，《消费者权益保护法》增加了消费者协会可以作为原告对侵权人提起民事公益诉讼，是对消费者权益保护的重视，也增加了消费者依法维权的动力和维权成功的可能性。

案例 4-13　宿迁市人民检察院诉章某民事公益诉讼案①

【案情介绍】

章某自 2017 年 6 月 1 日开始从事文身经营，未办理营业执照，未取得卫生许可证、健康证。文身服务的消费者中包括未成年人，接受文身的未成年消费者中还存在帮派成员。2018 年至 2019 年，曾有未成年人家长因反对章某为其子女文身而发生纠纷，公安机关介入处理。此后，章某仍然向未成年人提供文身服务。案发后，章某确认为本案所涉 40 余名未成年人提供了文身服务，文身图案包括“一生苏北”、“一生戮战”、艺妓、二郎神、关羽、般若、唐狮、画臂、满背等，并为 7 名未成年人清除文身，分别收取数十元至数百元不等的费用。涉案文身未成年人陈述，章某在提供文身服务时不核实年龄及身份。部分未成年人及其法定代理人陈述，因文身导致未成年人升学、就业受阻。

另查明，经沭阳县人民检察院委托检测，章某文身时使用的颜料每 1kg 中含有 11mg 游离甲醛，超出每 1kg 中 5mg 的报告检出水银。

从临床医学角度而言，文身是一种有创行为，颜料进入人体后着色，不能完全清除。激光清除是当前常用方法，清除过程存在明显痛感，累计需要清除 4~5 次，每次间隔 3 个月，总体清除周期在 1 年以上。清除文身的费用根据医院等级高低收费标准不同。

专业调查研究表明，未成年人文身后，易遭受社会排斥，被动形成自我认同，给未成年人造成心理创伤。文身行为还会在未成年人群体中产生模仿效应，容易互相效仿。

就章某的上述行为，沭阳县人民检察院于 2020 年 12 月 25 日立案调查，同日履行公告程序。公告期满后，无法律规定的机关和有关组织提起公益诉讼。宿迁市人民检察院认为，章某的行为侵害不特定未成年人的合法权益，损害社会公共利益，遂提起公益诉讼。

【法律问题】

1. 检察机关提起公益诉讼的条件是什么？
2. 公益诉讼的主要特征有哪些？

【法理分析】

一、检察机关提起公益诉讼的条件

检察院在履行职责中发现损害社会公共利益的行为，在没有法律规定的机关和组织或者法律规定的机关和组织不提起诉讼的情况下，可以向法院提起公益诉讼。当然，法律规定的机关或者组织提起诉讼的，检察院可以支持起诉。

① 《宿迁市人民检察院诉章某消费民事公益诉讼案》，载中国裁判文书网：https://wenshu.court.gov.cn/website/wenshu/181107ANFZ0BXSK4/index.html? docId = 16eEeWjS21X1lIPDQKA5GMHxjeYZNj4O9T/dPuE5M0kjf/2XArtrRWI3IS1ZgB82AehWjHo + h0nYd9mjQUtppm/lhoxgTCMNKIdP/6Vj75YjjHlti/nl/rz9os3gBFUM，最后访问日期：2022 年 10 月 24 日。

检察院在履行职责中发现破坏生态环境和资源保护，食品药品安全领域侵害众多消费者合法权益的，侵害英雄烈士等的姓名、肖像、名誉、荣誉等损害社会公共利益的行为，拟提起公益诉讼的，应当依法公告，公告期间为30日。

公告期满，法律规定的机关和有关组织、英雄烈士等的近亲属不提起诉讼的，检察院可以公益诉讼起诉人的身份向法院提起诉讼。

二、公益诉讼的主要特征

公益诉讼与公诉有显著不同。公益诉讼，既可以由特定的国家机关提起，也可以由相关组织提起，其本质是一种民事救济方式。公诉，是指人民检察院针对犯罪嫌疑人的犯罪行为向人民法院提出控告，要求法院通过审判确定犯罪事实、惩罚犯罪人的诉讼活动，目的是惩罚犯罪嫌疑人，恢复被破坏的社会秩序，其不是民事救济方式。

与普通民事诉讼相比，公益诉讼具有以下主要特征：一是诉讼目的不完全相同。公益诉讼的主要目的是维护公共利益；而普通民事诉讼是为了解决民事主体之间纠纷，直接目的是维护个体利益。二是保护利益的特点不同。公益诉讼保护公共利益，公共利益既是私益的集合体，与私益相关联，但又不等同于私益，有时具有抽象性、宏观性等特点。普通民事诉讼所保护的主要是个体利益，具有具体性、微观性等特点，范围较为清楚明确。三是对诉讼当事人的要求不同。公益诉讼的原告不要求一定与纠纷有法律上的直接利害关系，如污染环境的行为即使没有直接损害某一环保组织的利益，但直接破坏了环境的，该环保组织也可以提起公益诉讼。在普通民事诉讼中，原告必须与案件有法律上的直接利害关系，否则法院不予立案或者驳回起诉。四是公益诉讼纠纷所涉及的损害往往具有广泛性、严重性和长期性。公益诉讼纠纷主要涉及污染环境、侵害众多消费者权益等侵权行为，这些侵权行为造成的损害一般具有广泛性、严重性和长期性，有些损害可能是隐形的，并没有现实表现，要经过几年甚至几十年才慢慢显现出来，并且有些损害一旦发生，将难以弥补。

三、对本案的分析

本案中，章某作为经营者，凭借自身技术、利用自有设备，向消费者提供文身服务，获得消费对价，涉案未成年人消费者在章某处接受文身服务，支付服务价款，双方之间形成消费法律关系，应受《消费者权益保护法》调整。《消费者权益保护法》第 48 条、《最高人民法院关于审理消费民事公益诉讼案件适用法律若干问题的解释》第 2 条均规定了经营者提供的商品或服务侵害消费者权益时，应承担法律责任。

被告章某提供文身服务时，存在不具备营业执照、卫生许可及不持有健康证等执业主体瑕疵；经检测，其文身所使用的颜料中游离甲醛超标 1. 2 倍，含有毒有害成分，服务内容亦存在缺陷。因此，经营者提供的服务存在缺陷，侵害了消费者权益。

此外，因本案所涉消费主体为未成年人，针对这一特殊主体，即使章某提供的文身服务无上述缺陷，依然构成对未成年人消费者利益的侵害。本案所涉文身服务的消费者为未成年人，其合法权益还受到《未成年人保护法》等法律的保护。未成年人利益受法律特殊保护、优先保护，未成年人群体是整个公民群体中相对成年人而言的弱势群体和特殊群体，对其权利的侵害存在易发、隐蔽、救济困难等特征，故《民法总则》《未成年人保护法》等法律均对未成年人给予特别关注与保护。文身本身属于有创行为，通过用针刺破皮肤后将颜料渗入的方式形成永久性色素沉着，产生长期留存的图案，可能导致未成年人皮肤发炎，并伴随感染风险。文身在一定程度上具有不可逆的特征，未成年人文身一旦后悔，悔恨感将长期伴随，造成持久的精神伤害。未成年人文身易遭受社会公众负面评价，并在入学、参军、就业等过程中受阻，影响其成长和发展。文身行为侵犯了《未成年人保护法》规定的未成年人的"生存权、发展权、受保护权、参与权等权利"。未成年人依赖于家长提供的物质条件，生活内容单一，长期处于家庭保护的封闭生活环境，缺乏社会经验，对各类信息的甄别能力不足，易受不良信息误导。因此，《民法总则》第 19 条(现为《民法典》第 19 条)规定："八周岁以上的未成年人为限制民事行为能力人，实施民事法律行为由其法定代理人代理或者经其法定代理人同意、追认；但是，可以独立实施纯获利益的民事法律行为或者与其年龄、智力相适应的民事法律行为。"该法条是将限制民事行为能力人实施的民事法律行为的范围进行合理限缩，防止其因为心智不成熟而遭受利益侵害。《民法总则》第 34 条(现为《民法典》第 34 条)第 1 款规定："监护人的职责是代理被监护人实施民事法律行为，保护被监护人的人身权利、财产权利以及其他合法权益等。"文身并非未成年人生活的必需服务，也非未成年人成长和发展的促进因素，除未成年人存在身体外观矫正等特殊需求情况下，为未成年人文身的行为不具有保护未成年人利益的特征。因此，章某的行为构成侵权，应承担相应的赔偿责任。

第五章　消费者权益保护法中的法律责任

第一节　经营者承担责任的情形

案例 5-1　沈某会、武汉鄂宝汽车销售服务有限公司买卖合同纠纷案[①]

【案情介绍】

被告鄂宝公司是宝马(中国)汽车贸易有限公司指定的经销单位。2014 年 2 月 20 日，原告沈某会(甲方)与鄂宝公司(乙方)签订武汉鄂宝汽车产品购销合同一份，验车交接单中约定：车辆价格 954500 元，精品配件价格 5000 元，新车 PDI 为 1800 元。合同签订当日，沈某会通过银行向鄂宝公司支付预付款 100000 元，2014 年 3 月 6 日，沈某会分两次通过银行向鄂宝公司支付购车款 190000 元。2014 年 3 月 6 日，沈某会与平安银行股份有限公司武汉分行签订《个人担保贷款合同》，贷款 668000 元支付给鄂宝公司。

2014 年 3 月 13 日，沈某会将案涉车辆送至武汉市武昌区友谊中汽车美容服务部做漆面镀膜，镀膜技师发现车辆左后门、左后侧保险杠有补过油漆的痕迹，遂于当天傍晚 19 时许将上述情况告知前来取车的沈某会，沈某会于 2014 年 3 月 14 日早晨将案涉车辆提走。同日，沈某会到鄂宝公司交涉，鄂宝公司向沈某会出具情况说明，承认车辆在售出前存在补漆情况。2014 年 3 月 15 日，沈某会向武汉市黄陂区工商行政管理局滠口工商所申诉，因双方未能达成调解协议，无奈之下，消费者沈某会遂诉至法院。

原告诉请法院判令：1. 撤销沈某会、鄂宝公司于 2014 年 2 月 20 日签订的武汉鄂宝汽车产品购销合同；2. 鄂宝公司退还购车款 961300 元，沈某会返还所购车辆；3. 鄂宝公司赔偿沈某会购置税 94400 元、保险费 25359. 47 元、贷款利息损失 4425. 50 元(暂计算一个月利息，实际利息损失自 2014 年 4 月 7 日起计算至鄂宝公司实际退还沈某会购车款之日止)，贷款代办费 20040 元，上牌代办费 1500 元，合计 145724. 97 元；4. 鄂宝公司按所购车辆价格的三倍赔偿沈某会购车款 2883900 元；5. 鄂宝公司承担案件诉讼费用。

一审法院黄陂区人民法院判决：

---

① 《沈某会与武汉鄂宝汽车销售服务有限公司买卖合同纠纷案》，载中国裁判文书网：https://wenshu. court. gov. cn/website/wenshu/181107ANFZ0BXSK4/index. html? docId = HhxJUUuixFCflK0h1NfbY9DRCFoVZ/HytnbgFgbbI2HpkP8fBb5UTGI3IS1ZgB82AehWjHo + h0nYd9mjQUtppm/lhoxgTCMNKIdP/6Vj75YaaaN3OfltEbz9os3gBFUM，最后访问日期:2022 年 10 月 25 日。

1. 鄂宝公司于判决生效之日起十日内赔偿沈某会35290元；

2. 驳回沈某会的其他诉讼请求。

二审法院武汉市中级人民法院判决：

驳回上诉，维持原判。

再审法院判决：

1. 撤销湖北省武汉市中级人民法院〔2015〕鄂武汉中民商终字第02111号民事判决和湖北省武汉市黄陂区人民法院〔2014〕鄂黄陂民商初字第00271号民事判决；

2. 武汉鄂宝汽车销售服务有限公司于本判决生效后十日内退还沈某会购车款190900元，并支付该款自2014年3月12日至付清之日止按年息2%计算的利息损失。

3. 驳回沈某会的其他诉讼请求。

【法院观点】

一、一审法院观点

沈某会与鄂宝公司于2014年2月20日签订的《武汉鄂宝汽车产品购销合同》系当事人真实意思表示，内容不违反法律、行政法规的强制性规定，合同合法有效，当事人应当依照合同约定履行各自义务。沈某会依合同约定支付了车辆价款，鄂宝公司即应按照约定交付车辆。沈某会个人作为宝马汽车的购买方，其机动车行驶证证载使用性质为非营运，鄂宝公司没有证据证明沈某会购买该车用于经营或其他非生活消费，故沈某会购买汽车的行为属于生活消费，符合《消费者权益保护法》的适用条件。因案涉买卖合同的签订时间、提车时间均在2014年3月15日之前，故应当适用2013年10月25日修改前的《消费者权益保护法》。

关于沈某会提车时没有发现车辆瑕疵的事实认定及责任承担问题。沈某会作为一名普通消费者，且系第二次到鄂宝公司提车，基于普通公众的认知水平及对销售商的信任，其未发现车辆的上述质量瑕疵问题，符合生活常理，对其验车时的注意义务也不宜过于苛责。在通过汽车美容服务部技工告知而知晓车辆存在补漆的事实后，沈某会及时与鄂宝公司交涉，鄂宝公司向其出具书面情况说明，根据该书面说明记载的内容，可以证实车辆在鄂宝公司交付给沈某会之前存在车身左后门及左后侧保险杠补过油漆的质量瑕疵问题。因鄂宝公司已承认车辆在交付前存在补漆的事实，在其没有提交相反证据证明的情况下，应当推定鄂宝公司对补漆的事实是明知的；其在交付车辆时，未向消费者告知车辆存在补漆的事实，作为从事汽车销售的专门机构，其刻意隐瞒行为违反了民事活动中的诚实信用原则，也造成消费者无法对商品情况有全面了解，限制其知情权的行使，导致消费者在选择是否进行消费时作出的意思表示不能充分体现其自由意志。鄂宝公司抗辩不构成销售欺诈的主张，不予采纳。因车辆的油漆部分存在瑕疵并不影响车辆安全行驶的使用价值，鄂宝公司就买卖合同的瑕疵履行行为不构成根本违约，且车辆已实际交付使用，并已交纳车辆购置税，登记办理了牌号、投保等手续，从维护交易安全的角度，该买卖合同不应撤销。

根据《消费者权益保护法》规定，适用惩罚性赔偿的计算标准不宜以整车价值作为依据，而应当根据质量瑕疵部分的价值判断，即根据整车全部重新做油漆的成本作为赔偿基数，按双倍计算。根据鉴定结论可以确定，案涉车辆的同款车型全车外车身同色喷漆的油漆成本及修复费用为17645元，该费用应当由鄂宝公司承担，同时应向沈某会增加赔偿该费用的一倍。

二、再审法院观点

本案系汽车买卖合同纠纷，沈某会在鄂宝公司购买的车辆发现新车有补漆问题而依据《消费者权益保护法》提出索赔，以致引发本案诉讼。

因沈某会购买汽车的行为属于生活消费需要，认定鄂宝公司在向沈某会销售车辆是否存在销售欺诈行为的法律依据应是《消费者权益保护法》，该法修改决定由中华人民共和国第十二届全国人民大表大会常务委员会第五次会议于2013年10月25日通过，自2014年3月15日起执行。由于案涉车辆买卖合同的签订时间、提车时间均在2014年3月15日之前，故本案应适用2013年10月25日修改前的《消费者权益保护法》之规定。根据该法第49条关于"经营者提供商品或者服务有欺诈行为的，应当按照消费者的要求增加赔偿其受到的损失，增加赔偿的金额为消费者购买商品的价款或者接受服务的费用的一倍"的规定，只要经营者提供商品有欺诈行为，消费者就有权要求经营者承担商品价格一倍的惩罚性赔偿责任。由于《消费者权益保护法》没有明确规定经营者提供商品在何种情形下构成欺诈行为，因此，国家工商行政管理局于1996年3月15日发布的《侵害消费者权益行为处罚办法》第3条明确规定了经营者在向消费者提供商品中，属于欺诈消费者行为的十三种情形，其中，(第一项)"销售掺杂、掺假，以假充真，以次充好的商品的"和(第三项)"销售处理品、残次品、等外品等商品而谎称是正品的"的情形，属于欺诈消费者行为。

鄂宝公司在与沈某会签订汽车买卖合同并向沈某会交付车辆时，确实隐瞒了该车辆存在车身左后门及左后侧保险杠补过油漆的事实，但由于一、二审及本院再审均无法查明造成车辆局部补漆的原因，车辆补漆后对车辆外观并无实质影响，且该车辆局部补漆的质量瑕疵并不影响车辆的整体安全性能及使用功能，鄂宝公司向沈某会交付的车辆质量检验是合格的，车辆局部补漆的行为并不属于"销售掺杂、掺假，以假充真，以次充好的商品的"的情形，亦不属于"销售处理品、残次品、等外品等商品而谎称是正品的"的情形，因而不符合《侵害消费者权益行为处罚办法》第3条明确规定的欺诈消费者行为。故，鄂宝公司的行为不应认定为《消费者权益保护法》中的欺诈行为。原审判决以鄂宝公司隐瞒案涉车辆存在局部补漆行为认定其构成欺诈行为缺乏法律依据，沈某会申请再审称鄂宝公司的销售行为构成欺诈行为，亦与上述法律法规规定相悖。

鄂宝公司在与沈某会签订车辆买卖合同后向沈某会交付的车辆，存在交付车辆局部补过油漆的质量瑕疵，虽然该质量瑕疵不影响车辆的整体安全性能和使用功能，但对于选择高档车辆的消费者而言，既侵犯了沈某会对车辆状况的知情权，更是直接影响了沈某会作为购车消费者的消费心理感受，依法应当承担民事责任。由于该责任在《消费者权益保护法》和《产品质量法》中没有明确规定，只能依据其他有关法律、法规来认定。根据《合同法》第155条（现为《民法典》第612条）“出卖人交付的标的物不符合质量要求的，买受人可以依照本法第一百一十一条的规定要求承担违约责任”和第111条（现为《民法典》第520条）关于“质量不符合约定的，应当按照当事人的约定承担违约责任。对违约责任没有约定或者约定不明确，依照本法第六十一条（现在《民法典》第510条）的规定仍不能确定的，受损害方根据标的的性质以及损失的大小，可以合理选择要求对方承担修理、更换、重作、退货、减少价款或者报酬等违约责任”的规定。由于沈某会一直使用该车辆至今，车辆更换、退货已不可能，油漆已经修补如新，双方所签订的车辆买卖合同对案涉质量问题的违约责任没有明确约定。原审法院依据车辆整体与车辆油漆可以适当分离的标的物特性，通过对整车重新做油漆的价格进行鉴定，按照整车油漆价格的双倍价款，判决鄂宝公司承担对沈某会的违约赔偿责任，没有法律依据。对于沈某会的损失，鄂宝公司只能依据《合同法》（现为《民法典》合同编）的上述规定中关于“减少价款”的规定依法予以赔偿。考虑到案涉车辆局部油漆补漆的质量瑕疵与车辆的整体外观评价的参照度，以及沈某会购车的消费心理影响，本院酌情以沈某会购车价款的20%（即954500元×20%＝190900元），作为鄂宝公司对沈某会“减少价款”的违约赔偿。虽然沈某会在一审法院的诉讼请求中没有明确提出此项请求，但其一审诉讼请求中包含了退还购车款及赔偿损失部分，本院判令鄂宝公司对沈某会承担“减少价款”的赔偿责任，既在其诉讼请求范围内，亦未超出其一审诉讼请求。沈某会申请再审要求按照《消费者权益保护法》的规定，判令鄂宝公司承担“退一赔一”的赔偿责任，既无事实依据，亦无法律依据，本院不予支持。

【法律问题】

1.《消费者权益保护法》规定的经营者法律责任的含义与特点是什么？

2. 责任条款的适用规则是什么？

【法理分析】

一、《消费者权益保护法》规定的经营者的法律责任的含义与特点

1. 含义

对法律责任通常有广义和狭义两种理解。广义的法律责任，是指任何组织和个人都有遵守法律的义务，都应当自觉维护法律的尊严，如果实施了违反法律的行为还应接受法律的制裁。狭义的法律责任，则专指违法行为所应承担的法律结果。

《消费者权益保护法》中的法律责任是狭义上的法律责任，是指经营者违反保护消费者的法律规定的或经营者与消费者约定的义务而依法承担的法律后果。它是保证经

营者依法履行义务的措施，是保护消费者权利、保障《消费者权益保护法》顺利实现的重要手段。

2. 特点

《消费者权益保护法》中的法律责任具有以下特点：

(1)综合性。为了保护消费者利益，立法者必然要采用多种方法来对经营者与消费者之间的关系进行调整。同时，经营者对消费者的利益损害也表现为多种多样的形式，其中某些仅涉及消费者的私人利益，另一些则既损害消费者的私人利益，又侵犯社会公共利益。有些表现为轻微的损害，另一些则是严重的损害。这也必然要求根据经营者损害消费者利益行为的性质和程度差异规定经营者不同的法律责任。《消费者权益保护法》规定的法律责任的综合性表现在，它涵括了各种不同性质、不同内容的法律责任形式。从性质看，既有公法责任，亦有私法责任，既有民事责任，又有行政责任和刑事责任。从内容上看既有经济责任(以一定财产利益损失来承担的责任)，亦有申诫(警告等)、能力剥夺(如吊销许可证、营业执照等)及剥夺自由与生命的责任(如拘留、徒刑、死刑等)。从目的来看，既有补偿性责任(如损害赔偿)、教育性责任(如警告)，亦有惩罚性责任(如罚款、死刑等)。

(2)经营者责任。《消费者权益保护法》中的责任是经营者责任，这是由《消费者权益保护法》的性质所决定的。《消费者权益保护法》以保护消费者为目的，故其内容主要为消费者权利和经营者义务的规定，经营者通常以义务主体的身份出现在《消费者权益保护法》中，因此，以义务为基础的法律责任必然多以经营者为责任主体。当然在具体案件中消费者亦可能承担一定的法律责任，但这种责任的追究是以其他法律为依据的。例如，某消费者在购买商品时无理取闹，打伤经营者，则该消费者当然要承担侵权责任，甚至刑事责任，但这种责任是根据民法和刑法的一般规定产生的，并不由《消费者权益保护法》所规定。

(3)经营者损害消费者利益的责任。损害消费者利益既包括损害消费者的一般利益(公共利益的一种表现形式)，亦包括损害具体消费者的利益。当经营者的行为仅损害消费者的私人利益时，常引起私法责任：当经营者的行为既损害私人利益，又损害公共利益时，则既要承担私法责任，亦要承担公法责任：当经营者的行为仅涉及公共利益(如制造劣质不安全商品尚未出售的)则仅承担公法责任即行政责任或刑事责任。经营者仅在其实施损害消费者私人利益的行为时，才依《消费者权益保护法》的规定承担责任。

二、责任条款的适用规则

《消费者权益保护法》包含不同性质和类型的法律规范。这些法律规范如何适用是一个值得研究的课题，在处理具体案件适用法律规范方面一般应遵循以下规则：

1. 依法律规范的效力层次高低依次适用。法律规范根据其效力可分为不同层次，不同层次的法律规范发生冲突时优先适用效力较高的法律规范(法院在处理案件时一般适用法律)。但这里有一例外，在法律规范本身明确规定优先适用效力较低的法律规范时，则优先适用低级规范。例如《消费者权益保护法》第 56 条规定，经营者有该条规定的损害消费者利益的各种情形之一的，在《产品质量法》和其他法律、法规对处罚机关和处罚方式有规定时，依照法律、法规规定执行；未作规定的，才能依照本法规定执行。

2. 新法优于旧法。就同一法律关系而言，新法颁布后，与此相应的旧法自然废止，但这里必须满足以下条件：第一，新法规范的社会关系应统摄旧法规范的社会关系，即新法调整的社会关系范围应大于或等于旧法。第二，新法已经生效。第三，新法中没有适用例外的规定。第四，新法与旧法属同一效力层次的法律或新法效力高于旧法。若效力层次不同，则效力较低的新法与旧法抵触时新法无效。第五，受不溯及既往原则制约。若法律规定新法不溯及既往，则对新法生效前的行为，该新法不能适用。

3. 特别法优于一般法。特别法是针对其特定社会关系的特点而于一般法之外制定的法律规范，特别法与一般法的关系是相对的。相对于民法而言，《消费者权益保护法》中的民事法律规范具有特别法性质，而相对于《消费者权益保护法》而言，有关食品卫生、产品质量等方面的法律规范属特别法。特别法优于一般法也仅在特别法与一般法为同一效力层次上的法律规范时才能适用，但一般法中明确规定不受此限者除外。

4. 例外规定优于一般规定。在同一法律或同一法条中，一般规定之外又设例外规定的，在具体案件属于例外情形时适用例外规定。例如，原 1993 年制定的《消费者权益保护法》第 44 条(现为第 52 条，有修改)规定，经营者提供商品或服务，造成消费者财产损害的，应当按照消费者要求，以修理、重作、更换、退货、补足商品数量、退还货款和服务费用或赔偿损失等方式承担民事责任。消费者与经营者另有约定的按约定履行。在这里“消费者与经营者另有约定的按约定履行”即属例外规定，消费者与经营者可以选择前文规定的补救措施的一种或几种，亦可在此之外协商采取其他补救措施。

三、对本案的分析

从判决的结果来看，本案存在两个思考点。一是商品部分瑕疵能否认定为消费欺诈，二是经营者在消费纠纷中法律责任的承担问题。由于一般民事欺诈行为与欺诈消费者行为适用法律不同，承担的法律后果更是大相径庭，欺诈消费者行为一旦被认定，行为人应当承担数倍的惩罚性民事赔偿责任。在汽车买卖合同中，经常出现汽车销售者出售存在部分质量瑕疵车辆的现象。由于车辆特别是高档车辆本身价格相对较高，对于出售存在质量瑕疵车辆的行为，不能简单认定为构成欺诈消费者行为，而应当根据《消费者权益保护法》《欺诈消费者权益行为处罚办法》等法律、法规的规定，对该质量瑕疵是否影响车辆使用功能、是否影响车辆使用性能等方面综合认定。本案中，消费者沈某会所购新车有补漆痕迹，不会影响车辆的正常使用功能，也不会影响车辆的使用性能，所以，应当认定不构成消费欺诈，仅构成一般的民事欺诈。在认定被告构成的是一般的民事欺诈而非消费欺诈的基础上，对于经营者的法律责任，当然不能支持消费者沈某会提出的惩罚性赔偿请求，而应当从民事责任的角度进行考虑。所以，综合考虑消费者的消费感受等情况，笔者支持再审法院的判决结果和判决说理，以及法院确定的一定比例的法律责任。

案例 5-2　销售商品数量不足案①

【案情介绍】

山东省青岛市即墨区市场监管局通过 12315 热线接到消费者王阿姨投诉，称其在即墨区某床上用品店购买了荞麦皮 10 公斤，准备回家做枕头，用于孩子结婚。结果回家装枕头时，发现斤两不够，原本打算装 6 个枕头根本不够装，经称量最后发现少 1.5 斤，王阿姨要求退货，并要求赔偿 500 元。

接到投诉后，市场监管所工作人员立即介入调查。通过电话联系到了被诉人，被诉人贾某不承认，认为其购进的是成品，不是自己装的，况且至投诉时已过了半个多月，无法认定荞麦皮缺秤是自己的原因造成的，也可能是投诉人自己造成的，因此，经电话调解不成。

工作人员随即到被诉人经营现场进行了现场检查，经检查发现，被诉人销售的荞麦皮系从外地购进，每袋 10 公斤，怎么进货怎么销售，自己也没有称量，从来也没有人要求过称，仅包装袋上标注着“10 公斤”字样。工作人员随机抽取了三袋，拿到附近的秤上称重，结果发现，每袋重量都不完全一致，有一袋足秤，有两袋少一斤。工作人员随后通知双方当事人进行了现场调解，由于销售单据上、荞麦皮外包装上均标注 10 公斤，现场检查亦发现有的荞麦皮不够斤两，调解人员认为，销售当时被诉人没有现场为消费者称重，存在过错。经过多次反复调解，被诉人同意赔偿消费者 500 元。

【法律问题】

1. 法律责任追究的一般规则是什么？

2. 经营者承担责任的具体情形有哪些？

【法理分析】

一、法律责任追究的一般规则

《消费者权益保护法》中的法律责任具有综合性的特征。经营者损害消费者利益承担的责任应当根据案件的性质、案情责任性质以及各种责任形式的相互关系等因素来进行综合考虑，在追究经营者责任时一般应遵循以下规则。

1. 公法责任与私法责任分别追究的原则。在现代法治社会，公私法划分是现代法治的基础，对于任何法律法规，若不究明其属于公法或属于私法，就不可能正确了解其内容和意义，不可能正确解释和适用。对于法律责任的追究而言，亦应首先区分公法责任与私

---

① 《销售商品数量不足 又退又赔得不偿失》，载山东省青岛市即墨区人民政府官网：http://www.jimo.gov.cn/zwgk/bmxxgk/scjg/zdgk/xfwq/alfx/202110/t20211011_3612312.shtml，最后访问日期：2022 年 10 月 25 日。

法责任。公法责任是行为人违反刑法、行政法等公法规定损害国家与社会公共利益，而由国家直接依职权追究的法律责任。私法责任则为行为人违反民法等私法规定，损害他人的私人利益而依法向受害人承担的责任。公法责任与私法责任的区分对责任追究的意义在于这两种责任相互独立。当事人承担了私法责任，并不排斥其承担公法责任的可能性，反之亦然。例如，假冒商标、出售假冒商品的经营者要向商标权人承担私法责任(民事责任)；经营者在承担这些责任后国家仍可依职权以经营者违反商标管理为依据追究其行政责任或以假冒商标罪追究其刑事责任。公法责任由国家直接依职权追究，而私法责任则由受侵害之权利人自己决定是否追究。

2. 不重复追究的原则。这是指同种性质内容相同或具有替代性的责任不得重复追究。例如，在私法责任中经营者提供的商品违反其担保的品质时，消费者可要求修理、退货、更换，此三者之间具有相互替代的性质，消费者仅能选择其一而要求经营者承担，经营者在承担修理责任后，若修理达到满意的效果则退货、更换责任相应免除。在公法责任中也是如此。某一行政机关在对经营者进行罚款后，其他行政机关便不得再就同一违法行为对同一经营者进行罚款。不仅如此，法院若就同一违法行为判决罚金，则行政机关已作的罚款应充抵罚金。当然，若法院认为行政机关之罚款数额明显过低，则可以判决较高的罚金。此时，法院罚金与行政罚款之差额，经营者仍应补足。

3. 私法责任主体唯一原则。在私法责任中，法律责任由违约或侵权行为的实施者承担，行为人独立的民事主体资格和责任能力是其承担法律责任的基础。在违法或违约行为以法人名义实施时，仅由该法人对受害人承担责任，行为的实施者不直接对受害人承担责任。

4. 公法责任中个人与单位责任分别追究的原则。公法责任中个人与单位的责任应当相互分离，但行政机关或司法机关在依法给予违法单位行政处罚或刑事责任制裁后，仍可依法追究有关直接责任人员的行政责任或刑事责任。

二、经营者承担责任的具体情形

1. 商品或者服务存在缺陷。经营者发现其提供的商品或者服务存在缺陷，有危及人身、财产安全危险的，应当立即向有关行政部门报告和告知消费者，并采取停止销售、警示、召回、无害化处理、销毁、停止生产或者服务等措施。采取召回措施的，经营者应当承担消费者因商品被召回支出的必要费用。

2. 不具备商品应当具备的使用性能而出售时未作说明。经营者提供的商品或者服务应当具备应具备的质量、性能、用途和有效期限；但消费者在购买该商品或者接受该服务前已经知道其存在瑕疵，且存在该瑕疵不违反法律强制性规定的除外。

经营者提供商品或者服务不具备商品应当具备的使用性能而事先未作说明的，应当依法承担民事责任。这里所讲的“不具备商品应当具备的使用性能”，是指不具备商品的特定用途和使用价值；“出售时未作说明”是指经营者没有在销售该商品时向消费者事先明确说明该商品不具备的特定用途和使用价值。经营者未作说明，仅在价格上让步，仍不能免除民事责任。

3. 不符合在商品或者其包装上注明采用的商品标准。这里所讲的“不符合在商品或者其包装上注明采用的商品标准”，主要是指不符合在商品或者其包装上注明采用的国家标准、行业标准和企业标准等。按照标准化法的规定，强制性商品标准无论是否注明，都不能违反；而其他一些属于自愿采用的标准，是否采用由使用者自己确定。但是，在商品或者其包装上一旦注明了所采用的标准，就意味着向社会作出了承诺，表明该商品的相关质量指标与商品或其包装上注明采用的商品标准是一致的。如果经营者提供商品的质量状况与商品或其包装上注明采用的商品标准不符，就违反了其应当承担的对商品质量的保证义务，应当依法承担相应的民事责任。

4. 不符合商品说明、实物样品等方式标明的质量状况。经营者以商品广告、商品说明书等形式对商品的质量状况作出说明的，应当保证其提供商品的实际质量与该商品说明中表明的商品质量状况相符；销售者以展示其实物样品的方式销售其商品的(如以家具展销会的方式出售家具)，其售出商品的质量状况应当与其展示的实物样品相符。经营者提供商品的质量与商品说明、实物样品不符的，也属于违反经营者对出售商品质量保证的义务，应当承担相应的民事责任。

5. 生产国家明令淘汰的商品或者销售失效、变质的商品。国家明令淘汰的商品，是指国家按照一定的程序，采用行政的措施，对涉及耗能高、技术落后、污染环境、危及人体健康等方面的因素，确定不得继续生产、销售、使用的商品。“失效”，是指商品失去了本来应当具有的效力、作用；“变质”，是指商品内在质量发生了本质性的物理、化学变化，失去了商品应当具有的使用价值。

随着市场经济的发展，商品更新换代越来越快，很少需要行政部门机关直接宣布淘汰，但是对于一些必须符合专门质量标准的商品，则有可能因国家废止落后、过时的标准而遭到淘汰。经营者如果继续提供已被国家淘汰的商品，就应承担相应的法律责任。销售失效、变质商品，侵害消费者权益的情况，过去往往出现在食品、药品等特殊商品的经营领域。现在，《食品安全法》《药品管理法》对于禁止经营者从事此类行为都有了更为严密的监督、处罚制度，同时也规定了民事责任。

6. 销售的商品数量不足。经营者向消费者销售商品，是通过买卖合同进行的。商品的数量是买卖合同内容的重要部分。重合同守信用、如约履行，是市场经济对经营活动的正常要求，经营者不得提供低于约定数量的商品，否则将构成违约，要承担相应的违约责任。

7. 服务的内容和费用违反约定。如第 6 点所示，经营者提供的服务的内容和费用违反约定，也应当承担相应的违约责任。

8. 对消费者提出的修理、重作、更换、退货、补足商品数量、退还货款和服务费用或者赔偿损失的要求，故意拖延或者无理拒绝。

根据《侵害消费者权益行为处罚办法》第 8、9、10 条的规定，对经营者有意拖延或者无理拒绝退赔等民事职责的作了具体列举：

(1)经有关行政部门依法认定为不合格商品，自消费者提出退货要求之日起未退货并超出 15 日的；

(2)自国家规定、当事人约定期满之日起或者不符合质量要求的自消费者提出要求之日起，无正当理由拒不履行修理、重作、更换、退货、补足商品数量、退还货款和服务费用或者赔偿损失等义务并超出15日的；

(3)采用网络、电视、电话、邮购等方式销售商品的经营者，对于依法适用无理由退货的商品，自收到消费者退货要求之日起未解决退货手续并超出15日的；

(4)采用网络、电视、电话、邮购等方式销售商品的经营者，未经消费者确认，以自行规定该商品不适用无理由退货为由拒绝退货并超出15日的；

(5)采用网络、电视、电话、邮购等方式销售商品的经营者，以消费者已拆封、查验影响商品完好为由拒绝退货并超出15日的；

(6)采用网络、电视、电话、邮购等方式销售商品的经营者，自收到送还商品之日起无正当理由未返还消费者支付的商品价款并超出15日的；

(7)经营者以预收款方式提供商品或者服务，而未按约定提供商品或者服务，且对消费者提出的合法退款要求，明确表示不予退款，或者自约定期满之日起、无约定时限的自消费者提议退款要求之日起超出15日未退款的；

(8)法律、法规规定的其他损害消费者权益的情形。

三、对本案的分析

本案中，王阿姨作为消费者对选购的商品支付了对价，就应当获得相应等价的荞麦皮，然而，王阿姨经过称量，发现数量不足。作为经营者的贾某没有对消费者提供足量的商品，属于违反经营者义务。经营者贾某采取的经营模式，是整包购进整包出销，所以，其并没有对消费者进行欺诈的主观故意，消费者也就不能主张惩罚性赔偿。但是，贾某作为经营者，应当对其出售的商品尽到合理的、充分的注意义务，贾某在整个事件中存在一定的过错，应当对消费者所遭受的损失承担一定的法律责任。最终，在市场监管局的调解下，经营者也承担了对消费者500元的赔偿责任。对此，我们可以看出，经营者在日常的经营活动中，需要履行更高的注意义务，维护消费者的正当合法权益，否则，将承担相应的法律责任。

第二节　造成人身损害的赔偿责任

案例5-3　母婴店婴儿溺水案①

【案情介绍】

2020年9月28日晚7点左右，在温州市西城路可爱可亲母婴生活馆，方先生的儿子

① 《母婴店婴儿溺水事件纠纷案》，载搜狐网：https://www.sohu.com/a/432197422_697996? _trans_=000019_wzwza，最后访问日期：2022年10月25日。

迟迟和另一名婴儿在泳池里游泳，泳池旁站着两名工作人员。随后，这两名工作人员抱起另一名婴儿去擦洗，泳池旁没有了看护人员。还在游泳的迟迟不小心翻了个跟头，身体脱离了游泳圈，挣扎了大约1分钟后不再动弹。大约3分钟后，另一名抱着孩子的女子发现迟迟发生了意外，急忙喊旁边的男子救人。之后方先生迅速把孩子送到医院ICU抢救，好不容易捡回一条命。经一个多月的休养，迟迟渐渐康复。但方先生表示，孩子的身体素质差了很多。母婴店的店长李先生称，工作人员没有及时发现，确实有责任。但是事发时，迟迟的妈妈在外面玩手机，没有尽到陪护义务，也有责任，店内要求必须有一名家长陪护。李先生还表示，自己愿意承担应负的责任，医疗费也付了，但是迟迟的家长索赔150万元的赔偿金额已经超过了他的承受能力，表示无法接受。

【法律问题】

1. 消费者人身损害赔偿范围是什么？
2. 消费者医疗费的赔偿数额如何计算？

【法理分析】

一、消费者人身损害赔偿范围

根据《消费者权益保护法》的规定，经营者的赔偿范围包括：

1. 医疗费。医疗费包括治疗费、医药费、手术费、住院费等费用。医疗费是治疗消费者伤势所必需的费用。如果消费者私自购买与治疗无关的药品、营养品，则不受赔偿。

2. 治疗期间的护理费。这是指消费者或其他受害人因伤势严重无法自理时必须有专人护理所花费的费用。专人护理是否需要，由医院视病人病情决定。护理人可以是受害人的亲属或雇佣人。护理费包括：雇人护理的费用、护理人的误工补助等。护理人的误工补助可以按收入的实际损失计算，应得奖金，一般可以计算在应赔偿的数额内。护理人没有工资收入的，其补偿标准应以当地的一般临时工的工资标准为限。

3. 因误工减少的收入。这是指消费者或其他受害人因伤不能正常工作而无法得到的收入。消费者或受害人的误工日期，应按其实际损害程度恢复状况并参照治疗医院出具的证明或者法医鉴定等认定。赔偿费用的标准可以按消费者或其他受害人的工资标准或者实际收入的数额计算。如果消费者或其他受害人是承包经营户或个体商户的，其误工费的计算标准可以参照一定期限内的平均收入酌定。

如果经营者造成消费者或其他受害人残疾的，还应支付：(1)残疾生活辅助具费。这是指消费者或其他受害人因身体某一部位或某一器官遭受严重伤害而永久性地丧失正常功能，为日常生活而必须购买一定辅助器具的费用，比如助听器、轮椅、假肢等。(2)生活补助费。这是指消费者或其他受害人因伤残而丧失全部或者部分劳动能力无法工作而要维持生活所需的费用，赔偿生活补助费一般应补足到不低于当地居民基本生活费的标准。(3)残疾赔偿金。造成消费者或其他受害人残疾的，残疾赔偿金所支付数额应视残疾轻重程度而应有所不同，双方可协商，协商不成可诉至法院。(4)由消费者或其他受害人抚养的人所必需的生活费用。由消费者或其他受害人抚养的人没有生活来源只能靠消费者或其他受害人提供的生活费生活，如果抚养人丧失劳动能力，也势必影响被抚养人的生活与成长，应由伤害一方给被抚养人一定的生活费用补偿，其数额可根据实际情况确定。

造成死亡的情况。经营者提供商品或者服务，造成消费者或者其他受害人死亡的，应当支付丧葬费、死亡赔偿金以及由死者生前扶养的人所必需的生活费用等费用；构成犯罪的，依法追究刑事责任。这里经营者的责任形式仍是赔偿损失，赔偿对象仍为消费者或其他受害人。

二、消费者医疗费赔偿数额的计算

医疗费根据医疗机构出具的医药费、住院费等收款凭证，结合病历和诊断证明等相关证据确定。赔偿义务人对治疗的必要性和合理性有异议的，应当承担相应的举证责任。

医疗费的赔偿数额，按照一审法庭辩论终结前的实际发生的数额确定。器官功能恢复训练所必需的康复费、适当的整容费以及其他后续治疗费，赔偿权利人可以待实际发生后另行起诉。但根据医疗证明或者鉴定结论确定必然发生的费用，可以与已经发生的医疗费一并予以赔偿。

三、对本案的分析

本案中，经营者与消费者之间形成服务合同关系。根据法律规定，依法成立的合同，对当事人具有法律约束力，当事人应当按照约定全面履行自己的义务，因当事人一方的违约行为，侵害对方人身、财产权益的，受损害方有权选择依照《消费者权益保护法》和《民法典》的相关规定，要求其承担违约责任或者侵权责任。侵害他人造成人身损害的，应当赔偿医疗费、护理费、交通费等为治疗和康复支出的合理费用，以及因误工减少的收入。对于方先生的孩子因本次溺水造成的人身损害。母婴店认为由于是监护人未尽到监护义务所致，但是母婴店作为专业的经营者、服务提供者，其提供的服务应当足以保障消费者的人身、财产安全，负有为消费者提供必要的、合理限度范围内的人身安全保障义务，所以，母婴店负有不可推卸的法律责任。

《民法总则》第34条(现为《民法典》第34条)规定："监护人的职责是代理被监护人实施民事法律行为，保护被监护人的人身权利、财产权利以及其他合法权益等。"方先生的孩子迟迟系无民事行为能力人，需要监护人的监护，作为监护人带孩子去洗澡、游泳，应当意识到婴幼儿在浴池游泳存在的危险性，应当尽可能确保被监护人迟迟的人身安全在自己的有效监护下。然而，监护人却在孩子洗澡之时，未尽到监护责任，被监护人在脱离监护后发生意外，所以，监护人也应承担相应的过错责任。

案例 5-4 李某、龚某与五月花公司有关生命权、身体权、健康权纠纷案①

【案情介绍】

1999 年 10 月 24 日傍晚 6 时左右，原告李某、龚某夫妇二人带着 8 岁的儿子龚某皓，与朋友到被告五月花公司经营的五月花餐厅就餐。服务员安排他们坐在名为“福特”包房的隔壁，“福特”包房南北为砖墙，东西为木板隔墙，龚某皓靠近该房木板隔墙的外侧就座。6 时 30 分左右，“福特”包房内突然发生爆炸，造成龚某皓经抢救无效死亡、李某二级残疾的损害，龚某右外耳轻度擦伤、右背部少许擦伤。

经事后查明，五月花餐厅的这次爆炸，发生在餐厅服务员为顾客开启“五粮液酒”盒盖时。伪装成酒盒的爆炸物是当时在“福特”包房内就餐的一名医生收受的礼物，已经在家中放置了一段时间。10 月 24 日晚，该医生将这个“酒盒”带入“福特”包房内就餐，服务员开启时发生爆炸。

李某、龚某认为被告五月花公司的木板隔墙不符合标准，由此埋下了安全隐患，应当承担民事责任。

一审法院珠海市中级人民法院判决，驳回原告李某、龚某的诉讼请求；

二审法院广东省高级人民法院判决，被上诉人五月花公司给上诉人李某、龚某补偿 30 万元。

【法院观点】

一、一审法院观点

原告李某、龚某到被告五月花公司下属的餐厅就餐，和五月花公司形成了消费与服务关系，五月花公司有义务保障李某、龚某的人身安全。

五月花公司是否尽到了此项义务，应当根据餐饮行业的性质、特点、要求以及对象等综合因素去判断。本案中，李某、龚某的人身伤害和龚某皓的死亡，是五月花餐厅发生的爆炸造成的。但此次爆炸是第三人的违法犯罪行为所致，与五月花公司本身的服务行为没有直接的因果关系。在当时的环境下，五月花公司通过合理注意，无法预见此次爆炸，其已经尽到了保障顾客人身安全的义务。

爆炸是使原告李某、龚某受到人身伤害、造成龚某皓死亡的必然原因。李某、龚某认为被告五月花公司的木板隔墙不符合标准，由此埋下了安全隐患，应当承担民事责任。木板隔墙不符合标准，只是造成李某、龚某、龚某皓伤亡的条件，不是原因，它与损害事实

---

① 《李某、龚某与五月花公司有关生命权、身体权、健康权纠纷案》，载中华人民共和国最高人民法院公报：http://gongbao.court.gov.cn/Details/91001be118f8ee743ff25451fb2a90.html，最后访问日期：2022 年 10 月 25 日。

之间没有直接的因果关系，五月花公司不能因此承担侵权损害的赔偿责任。

被告五月花公司除经营餐饮服务外，还有权经营烟、酒买卖。但是根据法律规定，经营者只对自己提供的商品负有保证质量的义务，对顾客带进餐厅的商品不负有此项义务。此次爆炸，是顾客将伪装成酒盒的爆炸物带进餐厅造成的，与五月花公司提供的商品或者服务无关。

允许顾客自带酒水进入餐厅就餐，既是顾客的需要，也是餐饮行业的习惯，法律、法规以及行业规定对此不禁止。五月花公司没有禁止顾客带“酒”进入餐厅，其行为并无过错。《消费者权益保护法》第 11 条、第 41 条、第 42 条的规定，指的都是经营者因提供商品或者服务造成消费者伤亡时应承担的责任。李某、龚某以这些规定要求追究五月花公司的责任，是不恰当的。

从法条规定可以看出，一般侵权损害必须同时具备侵权行为、损害事实、侵权行为与损害事实有因果关系、行为人有过错四个构成要件，缺一不可。在某些特殊情况下，即使四个要件没有同时具备，但法律规定当事人承担民事责任的，当事人也必须承担，这是特殊侵权损害。特殊侵权适用过错推定、无过错责任和公平责任几种归责原则，但必须是法律有明文规定。

原告李某、龚某提起的侵权损害赔偿之诉，其事由不具有法律规定的其他特殊侵权损害情形。本案有明显的加害人存在，不能适用无人因过错承担责任时才适用的公平责任原则，因此只能按一般侵权损害适用过错责任原则。

被告五月花公司在此次爆炸事件中，已经尽到了应当尽到的注意义务，其本身也是此次事件的受害者。五月花公司对李某、龚某、龚某皓的伤亡没有过错，故不构成侵权。五月花公司与加害人之间也不存在任何法律上的利害关系，不能替代其承担法律责任。李某、龚某应当向有过错的第三人请求赔偿，不能让同样是受害人的五月花公司代替加害人承担民事赔偿责任。

二、二审法院观点

上诉人李某、龚某在一、二审提出的诉讼主张，既认为被上诉人五月花公司违约，又认为五月花公司侵权，并且还认为存在民事责任竞合的情形，但一直没有在违约和侵权两者中作出明确选择。依照该条法律规定，法院只能在全面审理后按照有利于权利人的原则酌情处理。

关于被上诉人五月花公司的餐厅装修问题。上诉人李某、龚某认为，五月花餐厅的装修没有报批，违反了消防安全管理规定，埋下了不安全的隐患，因而应该承担侵权责任。经查，五月花公司开业前，已经呈报公安消防部门批准，未经报批一说与事实不符。

再有，装修材料是否符合消防安全管理的规定，只能体现该材料的阻燃性能高低，不代表该材料的抗爆性能强弱，并且阻燃性能高的材料不一定抗爆性能就强。例如，阻燃性能为 A 级的玻璃，其抗爆性能远不如阻燃性能为 B2 级的天然木材强。况且，李某、龚某、龚某皓并非因木板隔墙阻燃不力而被烧伤亡。使用木板作餐厅包房的隔墙是否符合消防安全管理规定，与本案的损害后果之间没有必然的因果关系。对木板隔墙应当具有何种抗爆性能，法律没有强制性规定，不能因此令五月花公司承担装修不当的法律责任。

关于被上诉人五月花公司是否违约的问题。五月花公司接受上诉人李某、龚某一家在其餐厅就餐，双方之间形成了以消费与服务为主要内容的合同关系。

五月花公司作为消费与服务合同中的经营者，除应该全面履行合同约定的义务外，还应履行保护消费者人身、财产不受非法侵害的附随义务。为了履行这一附随义务，经营者必须根据本行业的性质、特点和条件，随时、谨慎地注意保护消费者的人身、财产安全。但由于刑事犯罪的突发性、隐蔽性以及犯罪手段的智能化、多样化，即使经营者给予应有的注意和防范，也不可能完全避免刑事犯罪对顾客人身、财产的侵害。这种侵害一旦发生，只能从经营者是否尽到合理的谨慎注意义务来判断其是否违约。

五月花餐厅接受顾客自带酒水到餐厅就餐，是行业习惯使然。对顾客带进餐厅的酒类产品，根据我国目前的社会环境，还没有必要、也没有条件要求经营者采取像乘坐飞机一样严格的安全检查措施。由于这个爆炸物的外包装酷似真酒，一般人凭肉眼难以识别。携带这个爆炸物的顾客曾经将其放置在自己家中一段时都未能发现危险，因此要求服务员在开启酒盒盖时必须作出存在危险的判断，是强人所难。五月花餐厅通过履行合理的谨慎注意义务，不可能识别伪装成酒的爆炸物，因此不存在违约行为。

关于被上诉人五月花公司是否侵权的问题。依照《消费者权益保护法》的规定，经营者应当对自己提供的商品或者服务承担责任，这自然不包括对消费者自带的用品负责。上诉人李某、龚某一家在五月花餐厅就餐厅时，被倒塌的木板隔墙撞压致死、致伤，但木板隔墙倒塌是犯罪分子制造的爆炸所引起，其责任自应由犯罪分子承担。五月花公司既与犯罪分子没有侵权的共同故意，更没有实施共同的侵权行为，不能依《消费者权益保护法》的规定认定五月花公司侵权。

综上所述，被上诉人五月花公司在本案中既没有违约也没有侵权，不能以违约或者侵权的法律事由判令五月花公司承担民事责任。五月花公司与上诉人李某、龚某同在本次爆炸事件中同遭不幸，现在加害人虽已被抓获，但由于其没有经济赔偿能力，双方当事人同时面临无法获得全额赔偿的局面。在此情况下应当看到，五月花公司作为企业法人，是为实现营利目的才允许顾客自带酒水，并由此引出餐厅爆炸事件，餐厅的木板隔墙不能抵御此次爆炸，倒塌后使李某、龚某一家无辜受害。

五月花公司在此爆炸事件中虽无法定的应当承担民事责任的过错，但也不是与李某、龚某一家受侵害事件毫无关系。还应当看到，双方当事人虽然同在此次事件中受害，但李某、龚某一家是在实施有利于五月花公司获利的就餐行为时使自己的生存权益受损，五月花公司受损的则主要是自己的经营利益。二者相比，李某、龚某受到的损害比五月花公司更为深重，社会各界(包括五月花公司本身)都对李某、龚某一家的遭遇深表同情。

根据法律规定和李某、龚某一家的经济状况，为平衡双方当事人的受损结果，酌情由五月花公司给李某、龚某补偿一部分经济损失，是适当的。一审认定五月花公司不构成违约和侵权，不能因此承担民事责任，是正确的，但不考虑双方当事人之间的利益失衡，仅以李某、龚某应向加害人主张赔偿为由，驳回李某、龚某的诉讼请求，不符合《民法通则》(现为《民法典》总则编)关于“民事活动应当遵循自愿、公平、等价有偿、诚实信用的原则”的规定，判处欠妥，应当纠正。

【法律问题】

1. 公平责任原则的含义是什么?
2. 公平责任原则的考量因素有哪些?
3. 公平责任的适用条件有哪些?

【法理分析】

一、公平责任原则的含义

公平责任原则作为一种责任分配原则，其责任分配的依据既不是行为，也不是特定事故原因，而是一种抽象的价值理念——公平。一般来说，在法律规范的结构中，价值理念不具有直接的可操作性，把一种价值理念作为调整具体社会关系的操作工具，是一种特殊的法律现象。

公平责任原则适用于双方都无过错的情形下，为弥补一方的损失而判令经济优势方或获利方对受害方进行的补偿。广泛适用于各类因侵权而产生各方无过错的损害赔偿案件中。具体的补偿额度由法官自由裁量。

二、公平责任原则的考量因素

公平责任原则的适用应考虑“实际情况”。此处所称的“实际情况”，主要包括以下两个因素:

1. 损害程度。损害的发生及损害的程度是适用公平责任原则的客观前提。损害不仅包括受害人的损害，也包括加害人的损害，但在一般情况下，仅指受害人的损害。损害的事实，是指财产上的直接损失。对于间接损失，如果也要求加害人予以分担，则对加害人而言过于苛刻，容易导致在追求公平的过程中滑向极端，即完全倾向于保护受害人的利益，形成事实上的另一种不公正。损害的程度必须较严重，即如果不分担损失则受害人将受到严重的损害，并且有悖于公平、正义的观念。如果只是较轻的损失，那么完全由受害人自己承担并不违背公平观念，也就无须适用公平责任原则。如何确定损害程度较严重，并无统一标准，只能由法官在个案中根据实际情况予以判断。损害的程度是一个相对的概念，一般人对损害大小的看法，与特定的加害人和受害人的看法并不一定相同。因此，在确定损害程度时，应考虑当事人的实际负担能力和损害承受能力。另外，在确定损害程度时，还应结合受害人的一些情况考虑，比如受害人的财产是否易受损害，受害人自身应承担多大的风险等。但应当指出的是，损害程度的大小尽管包含了个体性因素，但在具体环境中，其本质上还是有一个客观的、基本的社会认定标准。只是在公平责任原则的适用中，要更多地考虑当事人的个体因素。

2. 当事人的经济状况。当事人的经济状况是适用公平责任原则所要考虑的基本因素，此为公平责任原则的性质和目的所决定。也就是说，公平责任原则是要在无过错的当事人之间分担损失，那么其首要考虑的必然是当事人的经济状况如何。当事人的经济状况，即当事人实际的经济负担能力和承受能力，包括当事人的经济收入、必要的经济支出和应对家庭、社会承担的经济负担等。考虑当事人的经济状况，应既考虑加害人的经济状况，也考虑受害人的经济状况，但应侧重考虑前者。考虑加害人的经济状况，主要是考虑其对损害的经济负担能力；考虑受害人的经济状况，主要是考虑其对损害的经济承受能力。在综合考虑的基础上，如果加害人的经济负担能力相对较强而受害人的承受能力较低，则可以令加害人多分担损失，反之，则可以令加害人少分担损失；如果当事人双方的经济状况大体相当，则可由双方平均分担损失；如果双方的经济状况相差悬殊，则可由经济状况处于绝对优势的一方承担全部损失。

三、公平责任的适用条件

公平责任原则的适用应当具备三个条件：

1. 当事人双方都没有过错。这是适用公平责任原则的基本条件，当事人对损害的发生都没有过错的，可以根据实际情况，由当事人分担民事责任。“没有过错”应包括三层含义：第一，不能推定行为人有过错，换言之，不能通过过错推定的办法来确定行为人有过错；第二，不能找到有过错的当事人；第三，确定一方或双方的过错，显失公平，即损害的发生不能确定双方或一方的过错，而且认定或推定过错也显失公平。

2. 有较严重的损害发生。损害的严重程度是一个主观衡量的因素，需要结合多种因素认定。

3. 不由双方当事人分担损失，有违公平的民法理念。公平责任原则弹性较大，赋予了法官较大的自由裁量权。这就要求法官依据内心的公平、正义的道德观念，来合理确定当事人是否应当分担损失以及如何分担损失。但也正是因为这一特点，决定了公平责任原则在理论上的模糊性，比如公平责任在构成要件的要求上并不严格，行为往往不具有违法性，与损害结果之间往往也没有法律上的因果关系，而仅仅是一种事实联系等。

四、对本案的分析

本案中，原告李某、龚某到被告五月花公司下属的餐厅就餐，和五月花公司形成了消费与服务关系，五月花公司有义务保障李某、龚某的人身安全。

五月花公司是否尽了此项义务，应当根据餐饮行业的性质、特点、要求以及对象等综合因素去判断。李某、龚某的人身伤害和龚某皓的死亡，是在五月花餐厅发生的爆炸造成的。此次爆炸是第三人的违法犯罪行为所致，与五月花公司本身的服务行为没有直接的因果关系。在当时的环境下，五月花公司通过合理注意，无法预见此次爆炸，其已经尽了保障顾客人身安全的义务。一审、二审法院都认定五月花公司对龚某一家所遭受的人身、财产损害既不存在违约行为也不存在侵权行为，笔者是比较认同的。然而，两级法院作出了不同的判决结果，一审法院不支持原告的诉求，而二审法院在认定五月花公司不构成违法的同时却要求其对原告酌情补偿，笔者认为二审的判决结果是超越了法理的，从道德层面上看，原告一家的遭遇确实令人感到惋惜和怜悯，但是二审法院的判决结果似乎是不太符合法律的可预见性要求，既然被告五月花公司既没有违约也无侵权，却要承担高达30万元的补偿，这确实不太能让被告和社会大众接受。

第三节　侵犯人格尊严的责任

案例5-5　“丑女”难进酒吧案①

【案情介绍】

2000年4月22日、4月28日及5月1日，在北京工作的高某3次欲进入敦煌公司开办的“The Den”酒吧消费，均被酒吧工作人员以其“面容不太好，怕影响店中生意”为由挡在门外。2000年7月，高某向北京市朝阳区人民法院提起诉讼，认为酒吧工作人员的行为侵害了其人格尊严，要求被告赔偿精神损失费5万元及经济损失2847元，并公开赔礼道歉。一审法院判决被告向高某书面赔礼道歉，赔偿交通费、复印费、咨询费403.5元及精神损失费4000元。被告不服判决，上诉至北京市第二中级人民法院。二审法院审理后认为，敦煌公司的保安在拒绝高某进入酒吧时具有容貌歧视的主观意识，构成了对高某人格权的侵害。事发后高某再次去酒吧，又被拒之于门外，使高某自主选择服务经营者的权利受到侵害；但是敦煌公司的侵权行为情节轻微，赔礼道歉并负担高某的合理支出已经足以抚慰其精神损害，所以撤销了一审中判赔的精神损失费。

【法律问题】

1. 侵犯消费者人格尊严一定能够主张精神损害赔偿吗？
2. 侵犯消费者人格尊严需承担的法律责任有哪些？

【法理分析】

一、侵犯消费者人格尊严主张精神损害

人格尊严受侵害并不一定可以要求精神损害赔偿，除非侵权人侵犯他人人格尊严，情节特别严重的，受害人可以请求法院判决侵权人赔偿相应的精神损害抚慰金。对于情节特别严重的情况判断，应当遵循个案的差异化处理，结合侵权人的客观行为和受害人的主观感受，根据一般人的情感承受经验综合判断。

二、侵犯消费者人格尊严须承担的法律责任

根据《消费者权益保护法》第50条和《民法典》侵权责任编的相关规定，对于侵犯消费

① 《高某“丑女”难进酒吧案》，载中国消费者协会：https://www.cca.cn/tsdh/detail/11689.html，最后访问日期：2022年10月25日。

者人格尊严的，经营者应当停止侵害、恢复名誉、消除影响、赔礼道歉，并赔偿损失。

1. 停止侵害。经营者实施的侵害行为仍在继续的，受侵害的消费者可依法要求经营者人采取有效措施停止侵害行为，主要是要求行为人不再继续实施某种侵害。这种责任方式能够及时制止侵害，防止侵害后果的扩大。采用这种责任方式以侵权正在进行或者仍在延续为条件，对于未发生或者已终止的侵权不适用。对于这种责任形式，人民法院可以根据受害人的请求，根据案件的具体情况，可以在审理案件之前，或者在审理过程中责令经营者停止侵害，也可以在判决中责令经营者停止侵害；但是从及时化解矛盾、避免纠纷深化的角度，经营者应当及时发现错误，主动采取停止侵害的措施。有错就改，不仅可以减少对消费者的伤害，从长远看也符合经营者的自身利益。

2. 恢复名誉。经营者在一定范围内采取适当方式消除其对受害消费者名誉的不利影响，以使受侵害消费者的名誉得到恢复的一种责任方式。具体适用要根据侵害行为所造成的影响和受害人名誉受损的后果来决定。处理的原则是，行为人应当根据造成不良影响的大小，采取程度不同的措施给受害人消除不良影响。如在一定社区范围内公开发表言论损害他人名誉权的，就应当在社区范围内发表公开声明，对错误内容进行更正。

3. 消除影响。消除影响主要适用于侵害名誉权的情形，一般不适用于侵犯消费者个人信息受保护权利的情形，因为消除影响一般是公开进行的，若适用于对消费者个人信息的保护，有可能进一步泄露受害消费者的个人信息，造成进一步的不利影响。

4. 赔礼道歉。赔礼道歉是经营者通过口头、书面或者其他方式向受害消费者进行道歉，以取得谅解的一种责任方式。赔礼道歉可以公开，也可以私下进行，可以口头方式进行，也可以书面等方式进行，具体采用什么形式由法官依据案件的具体情况作出。口头道歉是由经营者直接向消费者表示，基本不公开进行；书面道歉以文字形式进行，可以登载在报刊上，或者张贴于有关场所。经营者不赔礼道歉的，人民法院可以判决按照确定的方式进行，产生的所有费用由经营者承担。

5. 赔偿损失。赔偿损失是经营者向受害消费者支付一定数额的金钱以弥补其损失的责任方式，是最基本、运用最为广泛的责任方式。与采用其他方式相比，经营者以这种方式承担民事责任的前提还包括：其行为后果中必须出现值得并且能够量化为金钱价值的损失，使受到损害的权利以金钱价值的形式得到救济。从行为角度看，侵犯消费者人格尊严、人身自由和个人信息的，有的会造成消费者人身伤害，有的则会造成消费者的财产损失。经营者侵犯消费者人格权益，在采用其他责任形式之外还需赔偿消费者财产损失的，首先应当按照消费者实际受到的损失赔偿；消费者的损失难以确定，经营者因此获得利益的，按照获得的利益赔偿；经营者因此获得的利益难以确定，消费者和经营者就赔偿数额协商不一致，向人民法院提起诉讼的，由人民法院根据实际情况确定赔偿数额。

从受害消费者的角度看，侵权责任的承担方式选择是受害消费者自己享有的请求权。受害人选择行使自己的请求权的，如果该请求权适当，就应当得到支持；受害人不选择某种责任方式的，也不应当干预。

三、对本案的分析

本案中，消费者以消费为目的，欲进入酒吧，但是遭到了经营者的阻拦，其理由是消费者面容不太好，怕影响店中生意，这是非常滑稽的借口。任何一个消费者，被经营者以此拒绝入内，都会产生非常不愉快的消费心理感受。为此，愤怒的消费者高某诉诸法院，要求酒吧对她赔礼道歉并进行一定数额的精神损害赔偿。根据《民法总则》(现为《民法典》)和《消费者权益保护法》的规定，原告的诉讼请求是合法的，法院的最终判决结果也要求被告向原告赔礼道歉。但是，对于精神损害赔偿的请求，一审和二审法院分别作出了截然相反的判决。一审法院判决被告应当承担一定数额的精神损害赔偿。而二审法院仅支持了原告赔礼道歉的诉求，撤销了一审法院的精神损害的赔偿。消费者的个人尊严受到侵犯，虽然其享有请求权的法律事实，但是对于能否支持此项诉求，还应当考虑被告的行为对原告人格尊严的损害程度，二审法院认为对原告的精神损害尚未达到请求赔偿的程度，故予以撤销。笔者较为认同二审法院的说理，法律既要保护消费者的合法权益，但也应该遵循法律的公平原则，符合一般人对法律的期待。

第四节　精神损害赔偿责任

案例 5-6　陈某某诉莫某兰、莫某明、邹某丽侵犯健康权、名誉权纠纷案①

【案情介绍】

2011 年 12 月 4 日 10 时许，原告陈某某(10 岁)到白沙万宝超市内拿了两个发夹(价钱分别标价 35 元和 25 元)及 3 颗糖果(每颗售价 2 元)藏于身后，未经超市收银台计价收费便走到超市门口，后被超市两名员工，即被告莫某明和邹某丽发现，他们认为原告盗窃超市物品，便用绳子将其绑在万宝超市门前的电线杆上，并在原告身上悬挂一块写有“小偷”的字牌，引起在场群众围观。随后，原告家属向合浦县公安局白沙边防派出所报警，白沙派出所调查后，合浦县公安局当天作出《公安行政处罚决定书》(合公决字〔2011〕第 03729 号、第 03730 号)分别对莫某明、邹某丽作出拘留 10 天、罚款 500 元行政处罚决定；同年 12 月 9 日，合浦县公安局作出公决字〔2011〕第 03775 号《公安行政处罚决定书》决定对原告不予处罚，责令其监护人严加管教。事发当天，原告爷爷陈某汉将其送往白沙卫生院治疗，共花去医疗费 100.58 元，被告莫某兰支付了 100 元；同年 12 月 7 日至 17 日，原告转至合浦县人民医院住院治疗 11 天，诊断为：急性支气管炎，共花去医疗费 2058.67 元。

另查明，白沙万宝超市的经营者是被告莫某兰，性质为个体户。被告莫某明和邹某丽是其聘请的员工。

在诉讼中，经原告陈某某申请，法院依法委托南宁市第五人民医院司法鉴定所对原告

① 《陈某某诉莫某兰、莫某明、邹某丽侵犯健康权、名誉权纠纷案》，载中华人民共和国最高人民法院公报：http://gongbao.court.gov.cn/Details/56b0ba4ecbbf4b73c394eb5f580529.html，最后访问日期：2022 年 10 月 25 日。

的精神损害进行司法鉴定，于2012年6月14日作出鉴定意见，诊断为创伤后应激障碍，目前处于发病期，遭受人身损害是其患创伤后应激障碍的直接原因。同年12月19日，原告的法定代理人申请合浦县司法局白沙司法所对此事进行调解，经调解不成，原告向法院起诉，提出精神损害赔偿请求。

【法律问题】

1. 精神损害赔偿金的实质是什么？
2. 设置精神损害赔偿责任有什么意义？

【法理分析】

一、精神损害赔偿金的实质

关于损害赔偿，顾名思义，是指对受到的损害进行赔偿。产生法律上的损害赔偿，前提是存在损害，然后才有赔偿，前者为因，后者为果，但有损害并非必然发生损害赔偿，还需要其他的条件，因此，损害是发生赔偿的必要条件，而非充分条件。

按照一般理解，损害是指因故意或过失造成的权利和利益的不利益状态。不管是侵权还是违约，这种不利益状态是进行损害赔偿的前提条件。

损害赔偿，旨在恢复或填补他人所受之损害。我国的大部分学者认为损害赔偿的性质具有补偿性，尤其是对于违约损害赔偿而言。

精神损害赔偿显然也应符合上述的损害赔偿理论，只是其更强调了赔偿的对象是精神方面的损害。

我国学理上通常认为精神损害就是精神痛苦和精神利益的丧失或减损，即因生命权、健康权等物质性权利受到侵害所遭受的生理和心理损害及因名誉权等精神性权利受到侵害所遭受的精神利益的损失。

从这些概念的分析中可以发现，现有的关于精神损害赔偿的理论中，对精神损害赔偿人为地加了一个前提——侵权，从表述上包括“侵权”“侵犯”“侵害”等，而事实上，根据损害赔偿的理论，并没有侵权这一前提条件。精神损害是指精神权利和利益的不利益状态，而精神损害赔偿则是对这种不利益状态进行赔偿。

二、设置精神损害赔偿责任的意义

精神损害是由于行为人的违法行为而给公民造成的心理上和感情上的痛苦与创伤，包括侵犯公民人格尊严而造成的痛苦、公民因身体受伤而遭受的痛苦以及不能满足某种期待的失望等。

公民的姓名、肖像、名誉、生命健康等权利遭到侵害时，很大程度上会造成财产上的损失，同时也会导致精神上的痛苦。运用法律手段责令侵害人向受害人支付一定数额的赔偿费能使受害人精神上得到安慰，物质上得到补偿，同时也是对侵害人应有的经济制裁。

三、对本案的分析

本案中，莫某明和邹某丽因消费者陈某某偷盗超市物品，将其捆绑在超市外面的电线杆上，并在其身上挂着“小偷”的牌子，遭到很多路人围观。很显然，超市方面已经超出了自助行为的必要限度要求，严重非法限制了他人的人身自由，并造成他人对其社会评价的降低。笔者认为，陈某某偷窃超市的物品，理应受到应有的处罚，但是超市方面应当寻求有关司法、行政机关的帮助，而不应采取侵害未成年人身体和名誉的方式。我国法律明确规定，公民享有名誉权，公民的人格尊严受法律保护，禁止用侮辱、诽谤等方式损害公民的名誉。国家保障未成年人的人身、财产和其他合法权益不受侵犯。由于被告莫某明、邹某丽的捆绑行为，致使陈某某引发急性支气管炎和突发创伤后应激障碍心理疾病，两被告的行为侵犯了原告的名誉权，同时也侵犯原告的身体健康权，两被告应该对其人身损害承担全部民事责任。根据《民法典》和《消费者权益保护法》的规定可知，被告对原告的名誉构成侵权，应当在影响范围内向原告赔礼道歉，原告因本案而引发突发性创伤应激障碍的心理疾病，精神受到较大程度的损害，其请求精神损害赔偿合法有据。

案例 5-7　屈臣氏女大学生搜身案①

【案情介绍】

1998 年 7 月 8 日上午 10 点左右，上海外国语大学的女大学生钱某带着她的小侄子走进上海屈臣氏日用品有限公司四川北路店。当钱某离开时，店门口警报器鸣响，女保安走出来查看，看到钱某手里提了一个马甲袋。于是女保安让钱某的马甲袋在门口过一下，没有发出任何响声，女保安让钱某再从警报器旁边走一下。钱某走过警报器时，报警器依然鸣叫。女保安要求钱某到办公室用仪器检查一下，钱某虽然非常生气，但还是跟着女保安来到了位于地下室的办公室，女保安用一个扫描器在钱某的身上扫了一下，发现响声来自她的大腿外侧。当时是夏天，钱某穿得很单薄，上身穿一件短袖 T 恤，下身穿一条单薄的长裤。女保安在其裤子上摸了一下，说没东西，就放钱某离开。钱某认为店家耽误了其时间，还怀疑其偷东西，败坏了其名声，要求赔偿。店家觉得自己又不是无缘无故怀疑，所以拒绝了钱某的赔偿要求。

1998 年 7 月 20 日，钱某以自己在屈臣氏公司四川北路店无端遭到搜身，被两次脱裤检查，使自己心理受到极大伤害为由，向虹口区人民法院起诉屈臣氏，要求屈臣氏公司公开登报赔礼道歉，赔偿精神损失费人民币 50 万元。屈臣氏公司四川北路店辩称，因钱某出店门引起警报器鸣叫后才对其进行必要的检查，不存在侵权行为。

一审法院虹口区人民法院判决：

1. 被告应于本判决生效之日起十日内在《新民晚报》上刊登向原告赔礼道歉公告（道歉公告内容须经本院审核），费用由被告负担；

① 《钱某诉上海屈臣氏日用品有限公司等侵害名誉权案》，载宿迁市中级人民法院：http://www.sqfy.gov.cn/article/detail/2019/02/id/5131793.shtml，最后访问日期：2022 年 10 月 25 日。

2. 被告应赔偿原告精神损失费人民币 25 万元。

屈臣氏公司表示不服，随后提起上诉。

二审法院上海市第二中级人民法院判决：

1. 撤销上海市虹口区人民法院此前的民事判决；

2. 屈臣氏公司应向钱某赔礼道歉，并对钱某精神损害赔偿人民币 1 万元。

【法律问题】

1. 精神损害赔偿金的适用范围是什么？

2. 精神损害赔偿金的数额如何确定？

【法理分析】

一、精神损害赔偿金的适用范围

精神损害赔偿，是指受害人自己或者亲属因为其名誉权、健康权、生命权等人格权利遭到不法侵犯从而导致精神上或者肉体上的痛苦和折磨的，可以依法要求侵害人进行精神损害的赔偿。根据《最高人民法院关于确定民事侵权精神损害赔偿责任若干问题的解释》，精神损害赔偿金适用的范围包括：(1)侵害他人生命权、健康权、身体权、姓名权、肖像权、名誉权、荣誉权、人身自由权等人格权；(2)侵犯监护身份权，非法使被监护人脱离监护，给监护人造成精神损害；(3)侵害死者人格权或非法利用、侵害遗体、遗骨，给死者近亲属造成精神损害；(4)灭失或毁损他人具有人格象征意义的特定纪念物品而造成精神损害。

二、精神损害赔偿金数额的确定

精神损害是一种无形损害，本质上不可计量。金钱赔偿并不是给精神损害"明码标价"，两者之间不存在商品货币领域里等价交换的对应关系。但从国家的经济文化发展水平和社会的一般价值观念出发，可以从司法裁判的角度对精神损害的程度、后果和加害行为的可归责性及其道德上的可谴责性作出主观评价，即由审判合议庭行使自由裁量权确定具体案件的赔偿数额。赔偿数额可参考下列因素：

1. 侵权人的过错程度。过错作为民事责任的构成要件之一，对于侵权人是否承担民事责任是至关重要的。过错包括故意和过失两种情况，区别故意和过失在精神损害赔偿中意义是较大的。因为侵权人的过错程度一般与损害程度密切相联。侵权人的主观故意或过失对受害人所产生的精神损害有轻重之别，因此在确定损害赔偿额时将侵权人的主观过错程度作为一个重要的参考因素。

2. 侵害的手段、场合，行为方式等情节。侵权人侵权的具体情节不同，可以反映出侵权人的主观恶意程度和社会危害性大小的不同。对不同的受害人来说所造成的精神损害肯定有所不同，应区分不同的情节，确定不同数额。

3. 侵权行为所造成的后果。在有些情况下，尽管采用极其恶劣的手段，但尚未造成严重后果，可酌情减少赔偿金的数额。

4. 侵权人的获利情况。对于侵权人而言，如果其侵权行为获利较多，可酌情增加赔偿金数额。

5. 侵权人承担责任的经济能力。视侵权人经济能力的不同，酌定不同的赔偿金数额。

6. 受诉法院所在地平均生活水平。受诉法院所在地平均生活水平是确定赔偿金的重要因素。可视受诉法院所在地平均生活水平的不同，酌定该地区赔偿金的数额。

三、对本案的分析

超市搜身案件，并不是只有一起，本案也不是最典型的一起，但本案的影响重大。在本案中，钱某被带入办公室，在女保安员及另一女文员在场的情况下，解脱裤扣接受检查后方被允许离开，事实上是被作为“贼”来对待的。这无疑侵害了钱某作为人的权利，是对其人格的侮辱，是对其人格尊严的严重侵害，同时也侵害了她的人身自由。屈臣氏公司作为经营者，对侵害钱某人格尊严和人身自由的行为，应当承担停止侵害、恢复名誉、消除影响、赔礼道歉并赔偿损失的责任。其实，本案最引人关注的是赔偿数额。一审法院破天荒地判决 25 万元的巨额精神损害赔偿金，而二审改判赔偿 1 万元，相差之悬殊，令人难以理解。由于精神损害赔偿不能明码标价、不能定额化。对于精神损害的评定标准，在司法实践中，法官确实存在一定的发挥空间，也不应当过于苛求数额的精确。对于精神损害的赔偿标准，我们可以结合侵权人的过错程度、所造成的后果、侵权人承担责任的经济能力等因素进行确定。

第五节　造成财产损害的民事责任

案例 5-8　张某与厦门某空调公司合同纠纷案①

【案情分析】

消费者张先生投诉反映：其为位于东卉花园的房子于 2004 年 4 月购买并安装了厦门某空调公司经营的某品牌中央空调，价格 14 多万元，由该公司负责安装调试使用，保修期 2 年。

2006 年 7 月底，张先生全家外出度假，空调未关闭。2 天后回来，发现家中一楼大厅大面积积水，二楼装空调处的吊顶变形，张先生认为是空调质量问题造成的，要求经销商给予解决并赔偿损失。商家坚持认为，空调质量没问题，只给予 2000 元的人道补偿。消费者协会受理了该起投诉后，立即组织空调制冷方面的专家进行现场勘察，发现空调确实存在质量问题。

【法律问题】

1. 造成消费者财产损失的，经营者承担法律责任的方式有哪些？

① 《张某与厦门某空调公司合同纠纷案》，载习近平治国理政声音库：http://xm.cnr.cn/xwpd/rxhy/200703/t20070314_504420198.html，最后访问日期：2022 年 10 月 25 日。

2. 经营者违反有关约定的法律责任是什么？

【法理分析】

一、造成财产损失经营者承担法律责任的方式

经营者提供商品或者服务，造成消费者财产损失的，应当按照消费者的要求，以修理、重作、更换、退货、补足商品数量、退还货款和服务费用或者赔偿损失等方式承担法律责任。另有约定的，按照约定履行。

1. 修理。经营者按消费者的要求将有瑕疵的商品修复为合乎合同或消费者要求或者有关标准的责任方式。修理费用应由经营者承担。

2. 重作。经营者按消费者的要求重新制作应当支付的商品的责任形式。这一责任形式适用于商品是应消费者特定要求制作的，不重作将无法满足消费者的要求，消费者也没有通过其他方式和商品来满足需求的可能。

3. 更换。经营者按照消费者的要求对未达到消费者要求或有关标准的商品替换为合格的同类、同样商品的责任方式。

4. 退货。消费者将不合乎要求的商品退还给经营者，经营者收回商品的责任方式。退货一般在修理、更换、重作达不到消费者要求或无法进行时适用。

5. 补足商品数量。即经营者补足提供给消费者的商品应该交付而未交付的数量的责任方式。

6. 退还货款和服务费用。即经营者将收取的消费者的货款和服务费退还给消费者。

7. 赔偿损失。经营者赔偿给消费者造成的财产损失是指全部的实际损失，包括消费者财产的直接减少和失去的可得利益，但不包括缺陷商品本身。可得利益是一种预期利益，是当事人所能合理预见的，如果没有经营者的行为，消费者就能获得的利益。

二、经营者违反有关约定的法律责任

经营者以邮购方式提供商品的，应当按照约定提供。未按照约定提供的，应当按照消费者的要求履行约定或者退回货款，并承担消费者必须支付的合理费用。

此外，经营者以预付款方式提供商品或者服务的，应当按照约定提供。未按照约定提供的，应当按照消费者的要求履行约定或者退回预付款，并承担预付款的利息和消费者必须支付的合理费用。

三、对本案的分析

本案中，消费者张先生安装的中央空调，总价款高达 14 万元，且消费者并没有不正常的操作，即消费者没有过错。在此情况下，发生了严重漏水和吊顶变形质量问题，经营者提供的中央空调商品造成了消费者严重的经济损失，违反了《产品质量法》《消费者权益保护法》规定的经营者的义务。作为经营者的空调公司，依法负有品质担保(质量保证)义务，应当保证在消费者正常使用商品或者接受服务的情况下，其所提供的商品或者服务应当具有的质量、性能、用途和有效期限，并负有售后服务义务。本案中，现有证据能够证

明空调确实存在质量问题，且在保修期内，经营者应当切实履行售后服务义务，不得故意拖延或者无理拒绝。商家坚持认为空调质量没问题，只给予2000元的人道补偿，此种做法，是经营者回避事实、逃脱责任的表现，不仅损害了消费者的合法权益，也有损经营者的声誉。在此情况下，消费者可以向消费者协会或者当地的市场监督管理部门进行投诉，寻求帮助，如果仍然无法有效解决纠纷的，可以依照《消费者权益保护法》第52条、《产品质量法》、《民法典》合同编的相关规定，向法院提起诉讼。

第六节　预付款后未履约的责任

案例5-9　郭某与谈某明装饰装修合同纠纷案①

【案情介绍】

2019年7月19日，原告郭某与被告谈某明签订《武汉市住宅室内装饰装修工程施工合同》，约定将武汉市东西湖某房屋的装饰装修工程发包给被告谈某明，开工日期为2019年7月20日，竣工日期为2019年11月30日，合同价款50000元，双方约定，因一方原因合同无法履行或继续履行时，应通知对方，办理合同终止手续，并赔偿对方由此造成的经济损失，若不办理合同终止手续，擅自停止履约，违约方应承担违约金，并赔偿对方由此造成的经济损失(违约金按合同金额的5%支付)。合同签订后，原告郭某依约向被告谈某明支付工程预付款20000元。

2019年11月11日，因被告谈某明未如期施工，原告郭某向被告谈某明下达合同中止通知书，2019年11月28日，被告谈某明向原告郭某出具《工程退款承诺书》，自认由于其组织不力，工程直到2019年11月8日才完成拆砌及水电整改(原先水电已施工)、防水部分，且本人已无力再按期完成余下的工程，给郭某造成了间接的经济损失。为此，被告应原告要求愿退还原告支付的余下的16000元工程预付款，退还期限为2019年12月15日前，如不能按期退款，利息按照总退款的银行当前贷款利息计算。完成退款后，此事到此结束，双方不再牵扯。2020年1月1日，被告谈某明退还原告郭某10000元，对于剩余欠款以及不能按期还款产生的利息只字未提，原告郭某强烈不满，遂依法提起诉讼。

【法律问题】

1. 预付款的含义和特点分别是什么？
2. 预付款与定金的区别是什么？

---

① 《郭某与谈某明装饰装修合同纠纷一审民事判决书》，载中国裁判文书网：https://wenshu.court.gov.cn/website/wenshu/181107ANFZ0BXSK4/index.html?docId=X6ph9aqvnw/PrWb8pbI85P5vXf/83JOoZqnOA4gqYakyXEUs3dQFpGI3IS1ZgB82AehWjHo+h0nYd9mjQUtppm/lhoxgTCMNKIdP/6Vj75YP1Ib8OBZl7rz9os3gBFUM，最后访问日期：2022年10月25日。

【法理分析】

一、预付款的含义和特点

预付款是履行合同的一种方式，是合同当事人一方预先支付给另一方的一定数量的货币，支付预付款的一方当事人如果不履行合同可要求对方当事人返还，接受预付款的一方当事人如果不履行合同，不必双倍返还。根据预付款的法律性质，可以分析其具有以下特点：(1)预付款的数额没有任何限制；(2)预付款为主合同给付的一部分，当事人关于预付款的约定，具有诺成性，不以实际交付为生效要件；(3)预付款为价款一部分之先付，在性质上仍属清偿；(4)预付款无双向或单向担保的效力，当事人不履行合同而致合同解除时，预付款应当返还。各方的违约责任通过合同约定的其他条款来定，如果没有约定违约责任的，一般不承担违约责任。

二、预付款与定金的区别

定金，是指合同当事人约定一方在合同订立时或在合同履行前预先给付对方一定数量的金钱，以保障合同债权实现的一种担保方式。预付款与定金具有某些相同之处，但两者的性质根本不同，其区别表现在：

1. 性质不同。定金是定金合同的主要内容，交付或接受定金，本身不是履行主债的义务，而是债的担保方式，是履行定金合同的行为。而预付款则是主合同的内容之一，给付预付款是履行主债的行为。

2. 作用不同。预付款的作用在于帮助对方解决资金上的困难，使之更有条件适当履行合同，具有支援性；定金虽然也有这一作用，但是主要作用还在于担保合同的履行。此外，定金在合同是否成立发生争议时，还可以起到证明合同成立的作用，而预付款则没有担保和证约的作用。

3. 效力不同。预付款在合同正常履行的情况下，成为价款的一部分，在合同没有得到履行的情况下，不管是给付一方当事人违约，还是接受方违约，预付款都要原数返回；定金则不同，在合同得到履行时，定金是收回还是抵作价款，要根据双方当事人的约定来确定，并非一定抵作价款，在不履行合同的情况下，给付定金的一方不履行债务时，无权要求返还定金。接受定金的一方不履行债务的，应当双倍返还定金，定金具有违约惩罚性，而预付款则没有。

4. 支付方式不同。定金一般是一次性支付，交付定金后，定金合同方可成立。预付款可以一次性支付，也可以是分期支付。

5. 适用范围不同。定金在合同中运用广泛，不仅适用于以金钱方式履行义务的合同，也可以适用于其他有偿合同；而预付款一般只能适用于以金钱履行义务的合同。

三、对本案的分析

在市场交易活动中，对于标的额数目较大的合同，为了降低一方当事人的风险，经营者一方往往会要求消费者提前预付一定数额的款项。本案中，消费者郭某给予经营者 2 万元的预付款，但是由于经营者的原因导致消费者的房屋装修服务不能得到正常进行，双方的合同也并未发生不可抗力等情况，所以，根据《消费者权益保护法》第53条的规定，经营者(本案被告)应当承担预付款后未履约的责任。从民法的角度看，原告郭某因被告谈某明的原因致使合同不能履行，依《合同法》(现为《民法典》合同编)的规定和双方之间的合同约定，被告谈某明也应承担违约责任。原告郭某解除合同后，接受被告谈某明出具的《工程退款承诺书》，应视为双方就违约责任作出了新的约定，对双方具有约束力，被告谈某明应依约履行。按约定，被告谈某明未如约退还预付款，除返还预付款外，应以16000元为本金按同期银行贷款市场报价利率支付原告2019年12月15日至2020年1月1日的利息，并以16000元为本金，按同期银行贷款市场报价利率支付2020年1月2日至清偿之日止的利息。

第七节　退货责任

案例5-10　陈某与费某光产品销售者责任纠纷案①

【案情介绍】

消费者陈某于2020年4月2日用名为“884512964686”的拼多多账号在拼多多电商平台上费某光开设的“梧桐美妆店”店铺购买了其提供的网页标题为“纯中药美白祛斑霜日霜晚霜套装无汞化妆品”的面霜产品1件，包括日霜和晚霜各一罐，通过陈某本人实名认证的微信账号向费某光付款390元，后经营者费某光通过中通快递向陈某交付了案涉产品。陈某于4月6日收到货物后发现该商品无生产厂家信息、厂名厂址、保质期、生产日期、生产批号、批准文号等必要信息，认为费某光销售不合格产品侵犯了其作为消费者的合法权益，要求费某光做退货处理。

【法律问题】

1. 经营者的质量检测责任是什么？
2. 经营者无理拒绝或故意拖延退货需要承担什么责任？

【法理分析】

一、经营者的质量检测责任

生产者和销售者应当对产品质量负有保证责任，消费者支付价款购买商品后，本应享受到相应产品的质量服务。但是，因产品存在质量问题需要退换货时，经营者却往往要求

① 《陈某与费某光产品销售者责任纠纷案》，载中国裁判文书网：https://wenshu.court.gov.cn/website/wenshu/181107ANFZ0BXSK4/index.html? docId=YOsPjbH46Z82HWj28C1JD9adxlOd/rwoZGHdn6YxvjvhQRC8X6MlrWI3IS1ZgB82AehWjHo+h0nYd9mjQUtppm/lhoxgTCMNKIdP/6Vj75aJcYYV7y2qN4G6AOtY76pQ，最后访问日期:2022年10月25日。

消费者先自行前往检测点检测后，方能给予退换货。这一过程导致消费者不但没有享受到相应产品的服务，反而因生产者或销售者的过错耗费大量的时间和金钱，而此过程中耗费的时间和金钱，在经营者退换货时又往往不予赔偿。为了解决这一问题，法律将此瑕疵举证责任转嫁于经营者，要求经营者对产品质量切实负起责任。

二、经营者无理拒绝或故意拖延退货需要承担的责任

经营者有下列两种情形之一并超过 15 日的，视为故意拖延或者无理拒绝：

1. 经有关行政部门依法认定为不合格商品，自消费者提出退货要求之日起未退货的；

2. 自国家规定、当事人约定期满之日起或者不符合品质要求的自消费者提出要求之日起，无正当理由拒不履行修理、重作、更换、退货、补足商品数量、退还货款和服务费用或者赔偿损失等义务的。

3. 针对网购“七日无理由退货”遭遇实施瓶颈的问题，《侵害消费者权益行为处罚办法》规定了经营者有下列 4 种情形之一超过 15 日的，视为故意拖延和无理拒绝：(1)对于适用无理由退货商品，自收到消费者退货要求之日起未办理退货手续；(2)未经消费者确认，以自行规定该商品不适用无理由退货为由拒绝退货；(3)以消费者已拆封、查验影响商品完好为由拒绝退货；(4)自收到退回商品之日起无正当理由未返还消费者支付的商品价款。

4. 针对预收款方式消费导致的纠纷，未按约定提供商品或者服务的，经营者应当按照消费者的要求履行约定或者退回预付款，并应当承担预付款的利息。对退款无约定的，要按照有利于消费者的计算方式折算退款金额。经营者对消费者提出的合理退款要求，明确表示不予退款，或者自消费者提出退款要求之日起超过 15 日未退款的，视为故意拖延或者无理拒绝。对于经营者故意拖延或者无理拒绝消费者合理要求的行为，由市场监管部门依照《消费者权益保护法》第 56 条予以处罚。

三、对本案的分析

本案中，消费者陈某在经营者费某光处购买了涉案产品，支付了 390 元购物款，而费某光销售的化妆产品不符合国家安全标准，存在质量问题，无生产厂家信息、厂名厂址、保质期、生产日期、生产批号、批准文号等必要信息，属于典型“三无产品”。所以，原告要求退还购物款 390 元的请求具有事实依据和法律根据。对于经营者销售的商品不合格的评判，需要有关行政部门的认定，而陈某所购买的化妆品属于“三无产品”，事实上已经符合质量不合格商品的退货条件。对此，作为经营者的费某光，必须依法履行退货义务，承担退货的责任，并且应当积极配合退货事宜。

网购消费中纠纷时有发生，例如，销售的商品质量不合格、数量不足、标注信息不全等，对于质量不合格的商品，消费者享有要求经营者办理退货、退款的权利，以维护自身的合法权益。相应地，经营者也应当履行该义务，共同维护网购交易市场环境的健康稳定发展。

第八节　惩罚性赔偿责任

案例 5-11　耿某林与辽宁华润万家生活超市有限公司、辽宁华润万家生活超市有限公司大连高新分公司买卖合同纠纷案①

【案情介绍】

原告耿某林于 2017 年 9 月 27 日在被告华润万家高新超市处购买金锣 QQ 香肠蘑菇味一个，单价2. 50元，耿某林于购买时拍摄了自取金锣 QQ 香肠至结账取得购物小票的整个过程。香肠的生产日期为 2017 年 6 月 22 日，保质期为 90 天。耿某林购买当时该产品已经超过保质期。耿某林向法院起诉请求：一、华润万家超市、华润万家高新超市返还耿某林购物款 2. 50 元；二、华润万家超市、华润万家高新超市赔偿耿某林 1000 元；三、华润万家超市、华润万家高新超市赔偿耿某林误工费、材料打印费、精神损失费 8000 元。

【法律问题】

1. 惩罚性赔偿是什么？
2. 惩罚性赔偿的适用条件是什么？

【法理分析】

一、惩罚性赔偿

现行的《消费者权益保护法》第 55 条第 1 款修正了原《消费者权益保护法》第 49 条的规定，将“假一赔一”改为“假一赔三”、最低 500 元。

1. 本款只适用于欺诈行为。包括质量欺诈(以假充真、以次充好、假冒名牌)、价格欺诈(谎报原价、谎称最低价等)、数额欺诈(计量器做假、缺斤短两等)。一般商品瑕疵、服务瑕疵不能要求惩罚性赔偿。

2. 将“假一赔一”改为“假一赔三”。加大了经营者欺诈行为的惩罚力度，对经营者能够起到一定的震慑作用。

3. 增加赔偿金额不足 500 元的，赔偿 500 元。如果是有关食品的，增加赔偿的金额不足 1000 元的，赔偿 1000 元。

---

① 《耿某林与辽宁华润万家生活超市有限公司、辽宁华润万家生活超市有限公司大连高新分公司买卖合同纠纷案》，载中国裁判文书网：https://wenshu.court.gov.cn/website/wenshu/181107ANFZ0BXSK4/index.html? docId = 3uFe0YX95zE72BXHNehZD2bojJyYPEcm4zadbR04xEZBspN7mnJGjWI3IS1ZgB82AehWjHo+h0nYd9mjQUtppm/lhoxgTCMNKIdP/6Vj75ZAkpGHKI6dhPiE7t575WyY，最后访问日期：2022 年 10 月 25 日。

二、惩罚性赔偿的适用条件

1. 主观要件。行为人主观上须具有恶意、在道德上具有可非难性。当行为人的行为是故意的，或明显不考虑他人权益，具有严重疏忽行为和重大过失行为时，行为人才应当承担惩罚性赔偿责任。适用惩罚性赔偿有利于督促不法行为人在将来慎重行事，以免再次发生类似事件。

2. 客观要件。不法行为人以作为或不作为的方式实施了损害受害人合法权益的不法行为。作为的行为，是行为人积极地实施了某些行为导致损害结果的发生；不作为的行为，是指行为人消极地放任损害结果的发生。

3. 结果要件。不法行为造成了受害人的损失。该损失既包括直接的财产损失，也包括可期待利益的损失，还应当包括非物质损害的损失(主要是精神损失)。

4. 因果关系。损害结果和不法行为之间存在因果关系，也就是说，所发生的损害结果必须是由于不法行为人的不法行为造成的，而不是其他的原因造成的。

三、对本案的分析

本案是一起食品消费纠纷，《食品安全法》第148条第2款规定："生产不符合食品安全标准的食品或者经营明知是不符合食品安全标准的食品，消费者除要求赔偿损失外，还可以向生产者或者经营者要求支付价款十倍或者损失三倍的赔偿金；增加赔偿的金额不足1000元的，为1000元。但是，食品的标签、说明书存在不影响食品安全且不会对消费者造成误导的瑕疵的除外。"也就是说，消费者主张食品价款10倍赔偿金不以人身权益遭受损害为前提。本案中，被告销售超过保质期的香肠，系不履行法定义务的行为，应当被认定为销售明知是不符合食品安全标准的食品，故被告应承担惩罚性赔偿金1000元。原告耿某林在购物时拍摄了取物到结账的全过程，有"知假买假"的可能，能否向经营者主张"10倍价款或3倍损失，最低1000元"的问题，根据《消费者权益保护法》和《食品安全法》的相关规定，在食药领域，即使消费者存在知假买假的情况，消费者仍然可以向经营者主张惩罚性赔偿，这也体现了我国法律对直接关系消费者生命安全和身体健康食品和药品的"零容忍"的态度。食药领域需要法律规定更为严格的处罚力度，体现法律的威慑力。

案例5-12　旅行社价格欺诈案①

【案情介绍】

刘先生一行10人组团到西安旅游，与西安某旅行社签订了行程3天的旅游合同，约定了交通费、门票费、导游费及每人每日提供25元的自助午餐。在合同实际履行过程中，刘先生发现旅行社提供的午餐仅为每人12元。刘先生与旅行社导游现场交涉无果后，将投诉信及证据材料提交西安旅游主管部门。因事实清楚、证据确凿，在旅游主管部门的介

① 《商户对消费者构成欺诈的认定及处理》，载微信公众号：https://mp.weixin.qq.com/s/WuVpmmfylZGZI_RbFQfw6w，最后访问日期：2022年10月25日。

入下，旅行社按照消费总额750元(25元×10人×3天)的3倍予以赔偿。

【法律问题】

1. 构成价格欺诈的要件有哪些？
2. 价格欺诈与违反明码标价的区别是什么？
3. 民事欺诈与消费欺诈有区别吗？

【法理分析】

一、构成价格欺诈的要件

价格欺诈是指经营者利用虚假的或者引人误解的价格手段，诱骗消费者或者其他经营者与其进行交易，《价格法》第14条第4项所规定的这一不正当价格行为，通常称作价格欺诈行为。构成价格欺诈行为，应同时满足以下三个要件：

1. 欺诈的故意。即经营者存在“明知而为”，经营者明知自己的相关价格行为可能产生某种损害结果，但仍然希望或放任这种损害结果的发生，包括直接故意和间接故意。

2. 欺诈的行为。经营者采取了虚构事实、隐瞒真实情况，或者其他使人在不知情的情况下上当受骗的标价形式或价格手段。欺骗性是价格欺诈违法行为的首要特征。

3. 欺诈的结果。经营者以欺诈手段使消费者或其他经营者在已经或者可能违背真实意愿的情况下与其进行交易，其最终目的在于获取非法利益。

二、价格欺诈与违反明码标价的区别

价格欺诈行为应当在考量主观故意的基础上进行认定。如果经营者提出相关价格行为不存在欺诈消费者的主观故意，并且提供相关证据的，市场监管部门应当客观公正地对相关证据进行核实，判断是否可以排除经营者存在欺诈的主观故意。相较之下，经营者违反明码标价规定，主观上主要体现为“过失”，即应注意、能注意而不注意的状态。概括来说，价格欺诈与违反明码标价之间，定性的最主要区别就在于是否存在“主观故意”。经营者的价格违法行为存在直接故意或间接故意的，就涉嫌构成价格欺诈。经营者如有证据表明“过失原因”及“过失责任人”的，其价格违法行为就应当判为违反明码标价规定。经营者的价格行为未构成价格欺诈行为，但其价格行为违反明码标价有关规定的，应当依照明码标价有关规定查处。

三、民事欺诈与消费欺诈

民事欺诈规定在《民法典》第148条，目前《民法典》仅在总则部分就欺诈内容进行了概括性规定。合同关系是最典型的民事法律关系，总则编关于因欺诈产生的可撤销民事法律关系相关规定当然适用于合同行为。

民事欺诈的构成要件：(1)行为人主观上具有欺诈的故意。包括陈述虚假情况的故意和使对方陷入错误认识的故意。(2)客观上实施了欺诈行为。可以是积极作为也可以是消极不作为，即故意告知虚假情况或故意隐瞒真实情况。(3)受欺诈方陷入错误认识。(4)

受欺诈方基于错误认识作出意思表示。

《消费者权益保护法》规定的消费欺诈的构成要件：(1)主观要件。经营者必须具有欺诈的故意。经营者明知自己告知对方的情况是虚假的且会使消费者产生错误认识，而希望或放任这种结果的发生，从而与其进行民事行为。(2)客观要件。虚构事实，即捏造根本不存在的事实，告知虚假情况，或者掩盖和歪曲客观存在的事实。

《消费者权益保护法》毋容置疑具备部分的民法的属性，一些学者认为"欺诈"一词不论是在《民法典》还是《消费者权益保护法》上都没有对其进行明确的定义和解释，所以根据相关司法解释和学理解释，消费欺诈与一般的民事欺诈之间并没有准确的分界，二者含义一致。但是，大部分学者认为二者之间具有明显的不同之处。民法是调整平等主体之间的人身和财产关系的法律规范，对当事人的权益的保护在法律上是平等的，而《消费者权益保护法》的立法初衷是保护处于相对弱势地位的消费者的合法权益，在制度的设计层面具有很明显的倾斜性。在微观方面，二者的区别表现则更为明显。民事欺诈以对方当事人意思表示不自由为核心，所以只会发生在合同的订立时。消费欺诈不以当事人的意思表示为核心，故不仅可以发生在合同的订立时，也有可能发生在合同的履行过程中。由于这种差别的存在，当事人的权利救济也会不同。在消费合同的订立阶段，如果经营者实施了欺诈行为，消费者可以基于合同关系的一般民事欺诈主张撤销合同，也能选择以消费欺诈向经营者主张惩罚性赔偿。但如果经营者的欺诈发生在合同的履行阶段，那么作为受欺诈方的消费者可以主张惩罚性赔偿，但不能申请撤销合同。

四、对本案的分析

本案中，刘先生等人与旅行社之间属于旅游服务合同关系。合同双方当事人应当依法履行所达成的约定，否则应当承当违约责任。旅行社一方在订立合同时承诺的 25 元标准的自助餐，在刘先生等人实际食用时，自助餐的标准却变成了 12 元，旅行社单方面降低自助餐的标准，属于单方面违约行为。同时，从经营者旅行社的行为看，存在明显的价格欺诈的主观故意，而非仅仅是未明码标价的义务，价格欺诈属于消费欺诈的一种表现形式，故消费者刘先生等人依法享有主张消费欺诈的惩罚性赔偿的权利。并且，本案旅行社在主管部门的介入下，也向消费者承担了法律规定数额的惩罚性赔偿责任。

第九节　职业打假的法律分析

案例 5-13　知假买假后向经营者索赔的，是否构成敲诈勒索罪？

【案情介绍】

徐某飞、王甲等敲诈勒索案：2017 年 12 月以来，徐某飞为获取非法利益，先后纠集王甲、王乙、王丙等人，分组至无锡市、江阴市、宜兴市、泰州市海陵区、靖江市、常州市新北区等各大超市分单购买过期商品，后利用超市一方害怕被市场监督管理局处罚的心理，以购买到过期商品向市场监督管理局投诉举报或不赔钱就不撤诉为要挟，向各超市勒索钱财。①

法院判决：

徐某飞参与敲诈勒索各超市41次，犯罪金额共计人民币(下同)211795元，个人非法获利117900余元；王甲参与敲诈勒索18次，犯罪金额101895元，个人非法获利26200余元；王乙参与敲诈勒索10次，犯罪金额53100元，个人非法获利21000余元；王丙参与敲诈勒索12次，犯罪金额36095元，个人非法获利14100余元。此外，徐某飞自2016年起单独向超市敲诈勒索183500余元。

徐某飞以牟利为目的，事先选择临近过期的食品，有组织地多次蓄意分单购买过期商品，恶意垒高索赔金额，在本身并未遭受任何食品安全损失的情况下，以举报、投诉或者不消除投诉等手段相威胁索要财物，采用表面合法的形式，掩盖非法占有他人财产的目的，索赔数额大且多次索赔的，符合敲诈勒索罪的构成要件。

刘某亮敲诈勒索案：2017年7月至2020年6月，刘某亮伙同他人在某市等地，查找过期食品并购买后，以商家若不大额赔偿则向食品监管部门投诉相威胁，先后多次向商家索取钱款共计人民币13000元。②

法院判决：

行为人知假买假后索取的赔偿数额超过了法律规定的合法权益范围或合理范围，索赔多次且数额较大，主观上具有非法占有的目的，且在索赔过程中使用欺诈、胁迫等手段的，构成敲诈勒索罪。

【法律问题】

1. 敲诈勒索罪的构成要件是什么？
2. 如何区分民事纠纷与刑事纠纷的界限？
3. 什么是牟利？

【法理分析】

一、敲诈勒索罪的构成要件

《刑法》第274条规定："敲诈勒索公私财物，数额较大或者多次敲诈勒索的，处三年以下有期徒刑、拘役或者管制，并处或者单处罚金；数额巨大或者有其他严重情节的，处三年以上十年以下有期徒刑，并处罚金；数额特别巨大或者有其他特别严重情节的，处十年以上有期徒刑，并处罚金。"由此可见，敲诈勒索罪的构成要件包括：

1. 犯罪客体是复杂客体，不仅侵犯公私财物的所有权，还危及他人的人身权利或者

---

① 《徐某飞、王某成等敲诈勒索二审刑事裁定书》，载Alpha法律智能操作系统：https://alphalawyer.cn/#/app/tool/result/%7B%5B%5D,%7D/detail/49DB0684DEB1FE8A99D0123344642972？relation=179741556，最后访问日期：2022年10月25日。

② 《刘某亮敲诈勒索案》，载北大法宝：https://pkulaw.com/pfnl/c05aeed05a57db0a37487a709642da71604b54a77b48379abdfb.html，最后访问日期：2022年10月25日。

其他权益。

2. 客观方面表现为行为人采用威胁、要挟、恫吓等手段，迫使被害人交出财物的行为。

3. 主体为一般主体。凡达到法定刑事责任年龄且具有刑事责任能力的自然人均能构成本罪。

4. 在主观方面表现为直接故意，必须具有非法强索他人财物的目的。如果行为人不具有这种目的，或者索取财物的目的并不违法，如债权人为讨还久欠不还的债务而使用带有一定威胁成分的语言，催促债务人加快偿还等，则不构成敲诈勒索罪。

二、民事纠纷与刑事纠纷的区别

民事案件与刑事案件的区别在于：民事纠纷是平等的民事主体之间的财产和人身关系纠纷，多为侵权行为与违约行为，适用的是民法系的法律。民事纠纷实行不告不理的原则，法院不主动干预当事人之间的意思自治。

而刑事纠纷涉及的是犯罪行为，是危害社会重大利益的行为，严重侵犯了我国法律所保护的社会关系。适用的是刑法系的法律，国家公权力机关依职权主动介入。

民事纠纷与刑事纠纷有着本质的不同，二者不能混为一谈。

三、什么是牟利?

牟利，从文字表面理解，为谋取利益之意。“牟利”一词在我国立法中出现在《刑法》第265条：“以牟利为目的，盗接他人通信线路、复制他人电信码号或者明知是盗接、复制的电信设备、设施而使用的，依照本法第二百六十四条(盗窃罪)的规定定罪处罚。”由此可见，牟利在中文语境下是贬义词，表示通过违法行为追求非法的利益。

四、对本案的分析

为进一步规范统一法律适用工作，确保法律统一正确实施，规范自由裁量权，维护司法公正、提升司法公信力。《最高人民法院统一法律适用工作实施办法》已于2021年12月1日正式实施。几乎与此同时，2021年12月7日，最高人民法院司法案例研究院发布《“知假买假”行为性质认定类案裁判规则汇总》，在这份汇总文件中，将“知假买假后向商品经营者或生产者索赔的，是否构成敲诈勒索罪”进行了汇总和分析，其中“徐某飞、王甲等敲诈勒索”和“刘某亮敲诈勒索案”就被收录。

有学者认为，最高人民法院出台的《“知假买假”行为性质认定类案裁判规则汇总》，明确规定了“知假买假”的法律边界：索取的赔偿数额超过了法律规定的合法权益范围或合理范围，或者索赔多次且数额较大的，主观上具有非法占有的目的，且在索赔过程中使用欺诈、胁迫等手段的，构成敲诈勒索罪。

笔者认为，以上两个案例明显属于将“知假索赔”民事纠纷错当“敲诈勒索”刑事犯罪的冤错案。打假人因购买过期食品，向商家索要“惩罚性赔偿金”，属于“知假索赔”，是维权行为、民事行为，不属于非法占有；这类纠纷是民法调整的范围，不是刑法干预的范围。打假人“对商家以投诉举报、媒体曝光、诉讼等”方式，都是符合法律规定的、属于合法解决消费纠纷问题的途径，不能定性为敲诈勒索罪中的“威胁或要挟”。

最高人民法院将打假人的民事维权行为误判为敲诈勒索罪的一些冤错判例作为“类案裁判规则”典型案例发布，这一错误导向将使民事纠纷刑事化的趋向更加明显。一方面无法真正发挥《刑法》的价值，另一方面也使得《消费者权益保护法》特别保护消费者的法律原则在实际生活中成为一句空话。

案例 5-14　胡某峰与被告连卡佛百货商贸有限公司买卖合同纠纷案①

【案情介绍】

2016 年，胡某峰连续三次在连卡佛公司购买了 3 件连衣裙，共计支付货款 13500 元。在朋友聚会时朋友称胡某峰所购买的连衣裙可能存在问题，于是胡某峰将其中一件服装送至山东省纺织产品质量监督检验测试中心、山东省纺织科学研究院纺织产品质量检测中心进行检测。检测报告结果为连卡佛公司出售的衣服明显存在标注成分与实际检验成分不符的问题，不符合国家服装标准的要求。胡某峰据此认为连卡佛公司存在欺诈行为，要求连卡佛公司退还货款 13500 元，并支付衣服价款的三倍赔偿 40500 元。

连卡佛公司辩称：胡某峰是职业打假人，其在短期内于同家商场购买同一品牌服装多达近 50 件，后将产品送至同家检测机构进行检测并诉至法院的行为显然并非基于生活需要，不属于《消费者权益保护法》所保护的范围；并且，连卡佛公司主观上无欺诈故意，胡某峰作为职业打假人对服装面料的认识应当高于普通消费者，这种知假买假行为并不构成误导，且涉案服装的检测结果与服装标识成分有差距的原因在于国内外对于服装材质的统计口径不一致，实际涉案服装标识符合标准，故连卡佛公司的销售行为并不构成欺诈；另外胡某峰恶意索赔的行为违背法律宗旨，且已对连卡佛公司的正常经营造成不利影响。

法院观点：

《消费者权益保护法》第 2 条规定：“消费者为生活消费需要购买、使用商品或者接受服务，其权益受本法保护；本法未作规定的，受其他有关法律、法规保护。”本案中，连卡佛公司认为胡某峰购买多件女士服装后送至鉴定机构鉴定的购买行为明显不属于普通消费者的行为，违背立法宗旨，故不应当受法律的保护。本院认为连卡佛公司的陈述并不能证明胡某峰并非普通消费者，故对于被告连卡佛公司的答辩意见不予支持。经营者在销售涉案服装的过程中并未向消费者提供真实全面的信息，故对于连卡佛公司应当承担按照货款的 3 倍金额向胡某峰进行赔偿的法律责任，本院予以支持。

【法律问题】

1. 什么是职业打假？如何评价职业打假行为？

---

① 《连卡佛百货商贸（北京）有限公司与胡某峰买卖合同纠纷案》，载中国裁判文书网：https://wenshu.court.gov.cn/website/wenshu/181107ANFZ0BXSK4/index.html?docId=kCEZ3yzXGmZr/UIA2td9DBX35O29QhJ182d380fZiehejEF6NMKG0mI3IS1ZgB82AehWjHo+h0nYd9mjQUtppm/lhoxgTCMNKIdP/6Vj75YjW79sYJTnowPd+6Xg2esR，最后访问日期：2022 年 10 月 25 日。

2. 法院支持职业打假是如何适用《消费者权益保护法》的？

【法理分析】

一、职业打假及其法律评价

职业打假是指行为人在知晓某商品具备特定瑕疵的情况下，仍购买该商品，并以购买的商品存在瑕疵为由向生产者或者销售者主张获得惩罚性赔偿，并以此赔偿收入为主要营业收入来源的职业活动。随着社会经济形势的变化，打假已经衍生成为一种营生、一种赖以生存的手段，并逐步形成以维权为手段、索赔为目的的职业打假群体。

职业打假的根源在于法律在消费领域和食品安全领域的制度设计上确立了惩罚性赔偿制度，如《消费者权益保护法》中的“退一赔三”条款和《食品安全法》中的“退一赔十”条款。法律确立惩罚性赔偿制度的初衷是加强对处于弱势的消费者的保护，但也正是惩罚性赔偿制度催生了职业打假的出现。

从积极意义上讲，通过惩罚性赔偿来激励打假人士的积极性，提高不安全食品（和其他商品领域的欺诈行为）的发现和追诉概率，不仅能够在一定程度上弥补消费者个体的诉讼动力不足，还可以弥补政府监管机构因信息不充分、人力资源限制等因素导致的查处力度不足的缺陷，从而提高遏制商家机会主义行为的治理力度。

但职业打假也会带来消极影响，一旦打假者蜕变为单纯营利的职业打假人角色，其买假索赔行为与消费者依法投诉、行使公民的监督权存在鲜明的区别；职业打假人提起的并不是公益诉讼，更大程度上是为了私益。如果这样的主体频繁地出现在法庭上，会对司法资源造成一定程度上的浪费，甚至在市场中出现为了打假而先去造假的极端状况。且职业打假更多是为了获得多倍赔偿，行为明显具有经济立场和目的，其实质是对售假者今后可能继续售假的默认和许可，这必然会导致不正当利益和售假现象的滋长，致使作为商品质量监管职能部门之一的市场监管部门面临新的挑战。这些消极影响也是我国有些地方法院对职业打假人不予认可消费者身份、不保护职业打假的重要原因。

二、法院支持职业打假如何适用《消费者权益保护法》

由于我国立法并未对职业打假的法律适用作出明确规定，而职业打假作为一种复杂的社会现象本身也有两面性，同时呈现出积极影响和消极影响，所以各地法院对职业打假的知假买假行为有不同的理解和适用。司法实践中支持职业打假获得惩罚性赔偿的都是通过适用《消费者权益保护法》、承认职业打假人的消费者身份来予以实现的。这类支持的判决在法律适用逻辑上一般是首先指出经营者存在经营不符合质量标准的商品或者其他欺诈行为违法，同时将举证职业打假人不是消费者的举证义务倒置给经营者，如果经营者无法提出充足的证据证明职业打假人购买行为是为了生产消费，那么法院就会对经营者的抗辩主张不予支持，职业打假人就属于消费者，因而职业打假人的购买行为就属于《消费者权益保护法》的调整范围，从而可以获得惩罚性赔偿。

三、对本案的分析

根据《消费者权益保护法》第 8 条规定，消费者享有知悉其购买、使用的商品或者接受的服务的真实情况的权利。消费者有权根据商品或者服务的不同情况，要求经营者提供商品的价格、产地、生产者、用途、性能、规格、等级、主要成分、生产日期、有效期限、检验合格证明、使用方法说明书、售后服务，或者服务的内容、规格、费用等有关情况。第 20 条规定，经营者向消费者提供有关商品或者服务的质量、性能、用途、有效期限等信息，应当真实、全面，不得作虚假或者引人误解的宣传。第 55 条规定，经营者提供商品或者服务有欺诈行为的，应当按照消费者的要求增加赔偿其受到的损失，增加赔偿的金额为消费者购买商品的价款或者接受服务的费用的 3 倍；增加赔偿的金额不足 500 元的，为 500 元。

本案中，法官对本案原告是否消费者的认定是采取了举证责任的倒置，即由被告举证原告不是消费者，如果被告的举证不够充分，法院就据此认定原告是消费者。《消费者权益保护法》第 40 条第 1 款规定："消费者在购买、使用商品时，其合法权益受到损害的，可以向销售者要求赔偿。"由于连卡佛公司未举证证明胡某峰购买的涉案服装不属于生活消费，其认为胡某峰属于职业打假人而不是消费者的抗辩理由不能成立，因而胡某峰的行为受《消费者权益保护法》调整，法院因此认定拉法耶特公司构成欺诈并判令其给予胡某峰 3 倍赔偿。

案例 5-15　王某荣与华联超市大望路店买卖合同纠纷案①

【案情介绍】

2014 年 8 月 18 日，王某荣在华联超市大望路店购买达乐木筷 50 包，单价 49.8 元，支付金额 2490 元。同日，王某荣购买达乐木筷 100 包，单价 49.8 元，支付金额 4980 元。8 月 26 日，王某荣购买达乐木筷 200 包，单 49.8 元，支付金额 9960 元。8 月 29 日，王某荣购买达乐木筷 40 包，支付金额 2490 元。9 月 4 日，王某荣购买达乐木筷 190 包，合计付款 9462 元。9 月 7 日，王某荣购买达乐木筷 7 包，支付金额 348.6 元。同日，王某荣又购买达乐木筷 4 包、13 包，合计付款 846.6 元。9 月 14 日，王某荣购买达乐木筷 50 包，支付金额 2490 元。2014 年 9 月 23 日，王某荣购买达乐木筷 400 包，支付金额 19920 元。上述 9 次购买均在华联超市大望路店，合计支付货款 52987.2 元。

购买上述达乐木筷后，王某荣将所购达乐木筷送至中国林业科学研究院木材工业研究

---

① 《北京华联综合超市股份有限公司大望路分公司等与王某荣买卖合同纠纷案》，载 Alpha 法律智能操作系统：https://alphalawyer.cn/#/app/tool/result/%7B%5B%5D,%7D/detail/a8c8f727fd0af022ad7099ac020adc60? relation=179741765&queryId=470424a846bb11eca5610c42a1474cae，最后访问日期：2022 年 10 月 25 日。

所进行鉴定，检测报告显示，达乐木筷外包装注明材质为鸡翅木，实际为印茄木，标注的原材料与实际不符。王某荣认为，自己购买涉诉商品达乐木筷的目的是自用、收藏及送人，应当受《消费者权益保护法》保护。虽然华联超市大望路店、华联超市主张沃埃苏木俗称鸡翅木，但是国家进口木标准对沃埃苏木有详细解释，不属于鸡翅木。国家红木标准对鸡翅木有所定性，国家红木标准中把属于鸡翅木的三种木材已经列表说明，并不包含沃埃苏木。因此，王某荣认为，华联超市大望路店、华联超市的行为构成欺诈。

华联超市大望路店、华联超市认为，王某荣购买筷子的行为明显以营利为目的。2016年8月国家工商总局发布的《消费者权益保护法实施条例(征求意见稿)》第2条规定表明，职业打假人不受《中华人民共和国消费者权益保护法》保护。

一审法院认为：

王某荣从华联超市大望路店购买商品，华联超市大望路店出具购物小票、购物发票，双方成立真实有效的买卖合同关系，内容未违反有关法律法规的强制性规定，属合法有效的合同。华联超市大望路店销售的达乐木筷外包装标注为“鸡翅木”，但经鉴定机关出具的检测报告载明鉴定结果为“印茄木”，且经行政机关出具行政处罚决定书认定该行为系销售以不合格产品冒充合格产品的行为，该行为对消费者的购买产生误导，构成欺诈，故华联超市大望路店应就上述销售行为对消费者进行赔偿，故王某荣主张华联超市大望路店退还价款并3倍赔偿的要求于法有据，一审法院予以支持。

二审法院认为：

本案中，王某荣主张其购买达乐木筷的目的是生活消费需要，华联超市大望路店主张王某荣在短时间内购买大批筷子系以索赔获利为目的，不应受《消费者权益保护法》保护。本院认为，首先，从涉诉商品的性质和用途来看，木筷确属日常生活消费需要之商品，但王某荣在一个月左右时间分多次购买了累计1048包、一万多双木筷，经本院询问，王某荣表示其购买达乐木筷的用途系自用、收藏及送人。而其在短时间内购买如此巨大数量的木筷明显超出一般消费者满足生活消费需要之范畴，在王某荣未提交其他充分证据证明的情况下，该购买行为有悖于生活常理。结合全案情节，王某荣对其购买大量达乐木筷用于满足生活消费需要未作出合理说明，本院对王某荣所述生活消费需要的目的不予认可。

王某荣一审请求华联超市大望路店承担3倍赔偿的责任系基于其系受《消费者权益保护法》保护的消费者身份而主张。根据前文论述，因此，一审法院判令华联超市大望路店向王某荣支付3倍赔偿款，适用法律有误，本院予以纠正。

二审终审判决：

根据《合同法》第111条规定(现为《民法典》577条)：“质量不符合约定的，应当按照当事人的约定承担违约责任。对违约责任没有约定或者约定不明确，依照本法第六十一条的规定仍不能确定的，受损害方根据标的的性质以及损失的大小，可以合理选择要求对方承担修理、更换、重作、退货、减少价款或者报酬等违约责任。”华联超市大望路店销售达乐木筷存在产品瑕疵，应当承担相应的违约责任。华联超市大望路店、华联超市应向王某荣退回货款，同时，王某荣应将所购买的相应商品退还。

【法律问题】

1. 通过经验法则判定“日常消费所需”应考虑哪些因素？

2. 职业打假人的购买行为如果不受《消费者权益保护法》保护，那应该适用什么法律？

【法理分析】

一、通过经验法则判定“日常消费所需”应考虑的因素

《消费者权益保护法》第2条规定：“消费者为生活消费需要购买、使用商品或者接受服务，其权益受本法保护。”任何人只要其购买商品和接受服务的目的不是将商品或者服务用来经营、投入生产，或从事商品交易活动，就不宜否认其为消费者。在司法实务中，应通过购买者购买商品的性质、用途及数量等因素，并结合其关于购买目的的陈述，运用日常生活经验法则进行综合判断。本案中，原告在短时间内购买巨大数量的木筷明显超出一般消费者满足生活消费需要的范畴，该购买行为有悖于生活常理。在司法实践中，还可以采取谁主张谁举证的方式，由主张消费者身份的知假买假人提供充分证据，证明其购买是生活需要，并据此进行最终判断。

二、不受《消费者权益保护法》保护的知假买假行为如何适用法律

《消费者权益保护法》第55条第1款的惩罚性赔偿系基于市场经营主体因存在恶意欺诈，法律为保护消费者合法权益、规范市场经营秩序而规定的由经营者承担超出消费者实际损失的一种赔偿责任。当职业打假人的消费者身份被否定，知假买假不是消费行为，再适用《消费者权益保护法》第55条就没有任何正当性前提了。但是，职业打假人和经营者仍存在合法生效的合同，经营者制假售假的违法和违约在先，职业打假人作为合同买方也支付了相应价款并遭受了相应损失，所以，不适用《消费者权益保护法》第55条惩罚性赔偿并不代表其他法律不能调整这类争议，这类争议应当适用《民法典》(合同编)调整。法院应在审判中判令制假售假的经营者承担相应的违约责任。

三、对本案的分析

本案一审和二审均承认原被告双方存在真实有效的买卖合同关系，只是在是否适用《消费者权益保护法》第55条的惩罚性赔偿上两审判决完全不一致。一审法院从经营者违法行为定性出发，认为被告的行为对消费者的购买产生误导，构成欺诈，因为可以适用第55条。而二审法院则将关注焦点首先放在原告是否符合消费者的身份上，并且将“生活消费需要”的举证责任判令给原告来承担，在原告未提交其他充分证据证明购买大量木筷属于“生活消费需要”的情况下，法院认为该购买行为有悖于生活常理，明显超出一般消费者满足生活消费需要之范畴，因此不是消费者，不能适用《消费者权益保护法》，只能适用《合同法》(现为《民法典》合同编)。

案例 5-16　孙某山诉南京欧尚超市有限公司江宁店买卖合同纠纷案

（最高人民法院指导案例 23 号）①

【案情介绍】

2012 年 5 月 1 日，原告孙某山在被告南京欧尚超市有限公司江宁店（简称欧尚超市江宁店）购买"玉兔牌"香肠 15 包，其中价值 558.6 元的 14 包香肠已过保质期。孙某山到收银台结账后，即径直到服务台索赔，后因协商未果诉至法院，要求欧尚超市江宁店支付 14 包香肠售价 10 倍的赔偿金 5586 元。

被告欧尚超市公司辩称，公司进货系统显示，诉争食品最后一次进货日期为 2015 年 4 月 16 日，并于 2015 年 10 月 11 日售完，故本案诉争食品并非其销售，应是原告将其带入的超市。且原告多次用自己保存的过期食品要求公司进行赔偿，原告已经不是真正意义的消费者。请求法庭驳回原告诉请。

法院判决：

关于原告孙某山是否属于消费者的问题。《消费者权益保护法》第 2 条规定："消费者为生活消费需要购买、使用商品或者接受服务，其权益受本法保护；本法未作规定的，受其他有关法律、法规保护。"本案中，原、被告双方对孙某山从欧尚超市江宁店购买香肠这一事实不持异议，据此可以认定孙某山实施了购买商品的行为，且孙某山并未将所购香肠用于再次销售经营，欧尚超市江宁店也未提供证据证明其购买商品是为了生产经营。孙某山因购买到超过保质期的食品而索赔，属于行使法定权利。因此欧尚超市江宁店认为孙某山"买假索赔"不是消费者的抗辩理由不能成立。

江苏省南京市江宁区人民法院于 2012 年 9 月 10 日作出〔2012〕江宁开民初字第 646 号民事判决：被告欧尚超市江宁店于判决发生法律效力之日起 10 日内赔偿原告孙某山 5586 元。宣判后，双方当事人均未上诉，判决已发生法律效力。

【法律问题】

1.《食品安全法》第 148 条规定的销售者承担惩罚性赔偿责任的要件是什么？如何认定？

2. 法院支持食品领域职业打假行为的案件中，如何认定职业打假人的消费者身份？

【法理分析】

一、《食品安全法》第 148 条规定的销售者承担惩罚性赔偿责任的要件分析

《食品安全法》第 148 条第 2 款规定，生产不符合食品安全标准的食品或者经营明知

---

①《指导案例 23 号：孙某山诉南京欧尚超市有限公司江宁店买卖合同纠纷案》，载中华人民共和国最高人民法院：https://www.court.gov.cn/shenpan-xiangqing-13326.html，最后访问日期：2022 年 10 月 25 日。

是不符合食品安全标准的食品，消费者除要求赔偿损失外，还可以向生产者或者经营者要求支付价款 10 倍或者损失 3 倍的赔偿金。其中，对销售者承担惩罚性赔偿责任有一个主观要件的规定，即销售者出于“明知”的故意。

对于这一主观要件的认定，结合最高人民法院发布的第 23 号指导性案例中的判决思路，法院并不是要求消费者举证食品销售者存在主观故意，而是从食品经营者的法定义务角度进行认定。因为食品经营者负有保证食品安全的法定义务，应当对不符合安全标准的食品及时清理下架。经营者如果仍然销售超过保质期的香肠，系不履行法定义务的行为，应当被认定为销售明知是不符合食品安全标准的食品。

二、司法实践中如何认定职业打假人的消费者身份

在司法实践中，法院支持食品领域的职业打假较为多见，支持的法律适用仍然是《消费者权益保护法》第 2 条。在这类案件中，法院通常认为，消费者是相对于销售者和生产者的概念。只要在市场交易中购买、使用商品或者接受服务是为了个人、家庭生活需要，而不是为了生产经营活动或者职业活动需要的，就应当认定为“为生活消费需要”的消费者，属于《消费者权益保护法》调整的范围。

并且，在认定职业打假人也是属于消费者时，法院采取举证责任倒置的方式，要求被告即经营者举证证明原告买假索赔是为了生产经营，如果经营者未能提供充分证据证明买假索赔者购买商品是为了生产经营，则其提出的职业打假人不是消费者的抗辩理由不能成立，因此，原告的主张可以获得法院支持。

三、对本案的分析

食品销售者负有保证食品安全的法定义务，应当对不符合安全标准的食品自行及时清理。欧尚超市江宁店作为食品销售者，应当按照保障食品安全的要求储存食品，及时检查待售食品，清理超过保质期的食品，但欧尚超市江宁店仍然摆放并销售货架上超过保质期的“玉兔牌”香肠，未履行法定义务，可以认定为销售明知是不符合食品安全标准的食品。

当销售者销售明知是不符合安全标准的食品时，消费者可以同时主张赔偿损失和支付价款 10 倍的赔偿金，也可以只主张支付价款 10 倍的赔偿金。本案中，原告孙某山仅要求欧尚超市江宁店支付售价 10 倍的赔偿金，属于当事人自行处分权利的行为，应予支持。关于被告欧尚超市江宁店提出原告明知食品过期而购买，希望利用其错误谋求利益，不应予以 10 倍赔偿的主张，因前述法律规定消费者有权获得支付价款 10 倍的赔偿金，因该赔偿获得的利益属于法律应当保护的利益，且法律并未对消费者的主观购物动机作出限制性规定，故对其该项主张不应予以支持。

案例 5-17　林某源与北京鹏博瑞翔山水茶业连锁有限公司信息网络买卖合同纠纷案①

【案情介绍】

2019 年 6 月 14 日，林某源通过淘宝网在北京鹏博瑞翔山水茶业连锁有限公司(以下简称山水荣业公司)经营的店铺购买了山水间野生滇红 2 份，单价 455 元，共计 910 元。2019 年 6 月 19 日，林某源再次在上述店铺购买同款茶叶 20 份，单价 455 元，共计 9100 元。后林某源主张所购买的 22 份山水间野生滇红包装上无标签和产品说明，要求北京鹏博瑞翔山水茶业连锁有限公司退还货款并支付 10 倍赔偿。经查，林某源曾通过网络购物平台购买食品类产品后，以所购食品不符合食品安全标准为由，向一审法院或其他地区法院提起过数十起主张惩罚性赔偿的诉讼。

一审法院观点：

一审法院认为，林某源在山水茶业公司经营的淘宝店铺购买案涉商品，两者之间形成网络购物合同关系。该网络购物合同关系系双方当事人的真实意思表示，且形式和内容不违背法律、行政法规的强制性规定，应为合法有效。关于涉案产品是否符合食品安全标准。首先，根据《食品安全法》规定，预包装食品应当有标签并载明法定的事项，如标明食品的名称、生产日期或者生产批号、保质期以及生产经营者名称、地址、联系方式等内容。本案中，山水茶业公司销售的产品没有食品标签，明显违反法律规定及食品安全标准，存在食品安全风险。因合同目的无法实现，涉案购物合同应予解除，法院对林某源要求退还货款的诉讼请求予以支持，林某源应将涉案商品交由法院依法予以销毁。关于 10 倍惩罚性赔偿能否支持的问题。首先，山水茶业公司因上述违法行为已经受到行政处罚。其次，短时间内，林某源在一审法院及其他地区法院频繁提起同类诉讼，其对食品安全标准具有较高的认知能力，涉案商品难以对其造成误导。据此，法院对林某源 10 倍价款赔偿的请求，不予支持。

二审法院观点：

本案中，林某源在一审法院对同类商品以相同或类似诉由提起过同类诉讼，也就是林某源已知涉案商品系问题产品而再次大量购买，且林某源未对其购买涉案商品的异常行为作出合理的解释，据此，本院认为林某源在购买涉案商品时存在索赔牟利的目的。我国立法支持知假买假，其目的是维护消费者的合法权益，净化食品市场，而林某源的行为显然已背离立法维护消费者合法权益的初衷，有悖于诚实信用的基本原则。林某源要求的惩罚

① 《林某源与北京鹏博瑞翔山水茶业连锁有限公司信息网络买卖合同纠纷二审民事判决书》，载中国裁判文书网：https://wenshu.court.gov.cn/website/wenshu/181107ANFZ0BXSK4/index.html? docId=V3D3+2vF8WK7Vcs8Lg1mSjXeATbUFHzdJZLZF+VRHAkUMCMjUHv7yWI3IS1ZgB82AehWjHo+h0nYd9mjQUtppm/lhoxgTCMNKIdP/6Vj75Y0GU4dyGMvB0AYkUWPuUcG，最后访问日期：2022 年 10 月 25 日。

性赔偿责任的主张不应得到支持，一审判决并无不当，本院予以支持。目前，该判决已生效。

【法律问题】

1. 如何理解《食品安全法》第148条规定的“食品的标签、说明书存在不影响食品安全且不会对消费者造成误导的瑕疵的除外”？

2. 如何理解我国各地法院对知假买假索赔同案不同判的现象？

【法理分析】

一、对《食品安全法》第148条规定的“食品的标签、说明书存在不影响食品安全且不会对消费者造成误导的瑕疵的除外”的理解

《食品安全法》第148条规定：“生产不符合食品安全标准的食品或者经营明知是不符合食品安全标准的食品，消费者除要求赔偿损失外，还可以向生产者或者经营者要求支付价款十倍或者损失三倍的赔偿金；增加赔偿的金额不足一千元的，为一千元。但是，食品的标签、说明书存在不影响食品安全且不会对消费者造成误导的瑕疵的除外。”这一法条的但书规定，其实质是对食品领域买假索赔适用本条的除外规定，符合这一情形不适用惩罚性赔偿，其适用条件是：(1)食品标签、说明书的瑕疵，不影响食品安全。(2)此标签或说明书的瑕疵不会造成对消费者的误导。

二、对我国各地法院对知假买假索赔同案不同判现象的分析

近些年的司法实践呈现出来的是，我国各地法院对于知假买假索赔行为，有些地方法院支持，有些地方法院反对，呈现出同案不同判的现象。而且支持与反对明显是以是否属于药品领域纠纷作为划分依据，即对食药品领域的知假买假以支持为多，对非食药品领域的知假买假以反对为多。

我国各地法院对于食药领域的知假买假索赔行为，除少部分持否定态度外，大部分是持支持态度，究其原因有三点：

第一，食品药品关乎人体生命健康，经营者制假售价行为恶劣。

第二，最高人民法院在2013年出台了《关于审理食品药品纠纷案件适用法律若干问题的规定》(法释〔2013〕28号)第3条规定：“因食品、药品质量问题发生纠纷，购买者向生产者、销售者主张权利。生产者、销售者以购买者明知食品、药品存在质量问题而仍然购买为理由而进行抗辩的，人民法院不予支持。”这一司法解释的出台为地方各地法院支持食品领域的知假买假行为提供了有力的法律支持。

第三，2014年最高人民法院发布的第23号指导性案例进一步认可了职业打假人符合消费者身份。第23号指导性案例发生在食品领域，最高人民法院在对这个案例举行新闻发布会时做了解释和说明，回应了争议颇久的“知假买假”纠纷，指明了职业打假人符合消费者身份，并有权按照《消费者权益保护法》主张权利。

而各地人民法院不支持知假买假索赔请求的案例主要集中在非食药领域的普通商品领域，结合目前司法实践来看，支持非食药领域职业打假的判例明显少于反对该领域职业打假的判例。究其原因，第一，最高人民法院没有出台直接针对非食药领域的司法解释和相关的指导性案例，由于没有统一的裁判标准，各地人民法院更多是“仁者见仁、智者见智”；第二，现实中越来越多的投机性职业打假索赔案件出现，法院更多考虑到职业打假的消极影响，出于避免占用大量司法资源目的，于是倾向于限制这类行为。

第十节　严重处罚的情形

案例 5-18　王某与兰州新区福满堂百货超市买卖合同纠纷案①

【案情分析】

2021 年 9 月 3 日，兰州新区秦川园区市场监督管理局接到省 12315 投诉举报平台投诉单，消费者王某投诉兰州新区福满堂百货超市销售过期食品。投诉人称：其在该超市购买了方便面，食用后导致家中 2 个小孩出现严重腹泻。经查看，发现方便面已过保质期，于是向 12315 平台进行投诉请求维权。

【法律问题】

1. 可由市场监管部门直接进行处罚的情形有哪些？

2. 对严重处罚经营者的情形是如何具体规定的？

【法理分析】

一、可由市场监管部门直接进行处罚的情形

1. 个体工商户、农民及其他自然人在农产品批发市场外销售的不属于食用农产品、药品、种子的观赏植物、宠物、香料作物等农产品，含有国家禁止使用的农药、兽药或其他化学物质的，或者农药、兽药等化学物质残留不符合农产品质量安全标准的，或者含有的重金属等有毒有害物质、致病性寄生虫、微生物、生物毒素不符合农产品质量安全标准的，或者有其他不符合农产品质量安全标准等保障人身、财产安全要求情形的。

2. 提供的电器等修理服务、住宿洗浴服务、洗涤清洁服务、美容美发服务、游乐服

---

① 《王某与兰州新区福满堂百货超市买卖合同纠纷案》，载中国质量新闻网：https://www.cqn.com.cn/zgzlb/content/2022-02/09/content_8782708.htm，最后访问日期：2022 年 10 月 25 日。

务、健身服务，使用不符合保障人身、财产安全要求的设备、器械、用品、零配件，或者存在其他不符合保障人身、财产安全要求情形的。

3. 在销售的不属于食用农产品、药品、种子的观赏植物、宠物、香料作物等农产品中，掺杂、掺假，以假充真，以次充好的。

4. 销售的不属于食用农产品、药品、种子的香料作物等农产品，失效、变质的。

5. 伪造不属于食用农产品、药品、种子的观赏植物、宠物、香料作物等农产品的产地或质量标志的。

6. 拒绝或者拖延市场监督管理部门责令对缺陷商品或者服务采取停止销售、警示、召回、无害化处理、销毁、停止生产或者服务等措施的。

7. 对消费者提出的修理、重作、更换、退货、补足商品数量、退还货款和服务费用或者赔偿损失的要求，故意拖延或者无理拒绝的。

8. 侵害消费者人格尊严、侵犯消费者人身自由或者侵害消费者个人信息依法得到保护的权利的，但构成治安违法行为的应由公安机关实施处罚。

上述8类情形之所以能直接依照《消费者权益保护法》第56条实施行政处罚，理由是：(1)前5类涉及农产品的情形，分别属于《消费者权益保护法》第56条第1~4项规制范围，而《农产品质量安全法》均未设定行政处罚。同时，对用作药品的农产品、用作种子的农产品，《药品管理法》和《种子法》有规制处罚条款。(2)前述第二类服务业违法行为，属《消费者权益保护法》第56条第1项规定的“提供的商品或者服务不符合保障人身、财产安全要求的”情形，且尚无其他法律或行政法规设定行政处罚。

二、严重处罚经营者情形的具体规定

1. 生产、销售的商品不符合保障人身、财产安全要求的。

(1)《产品质量法》第49条规定：“生产、销售不符合保障人体健康和人身、财产安全的国家标准、行业标准的产品的，责令停止生产、销售，没收违法生产、销售的产品，并处违法生产、销售产品(包括已售出和未售出的产品，下同)货值金额等值以上三倍以下的罚款；有违法所得的，并处没收违法所得；情节严重的，吊销营业执照；构成犯罪的，依法追究刑事责任。”

(2)生产、经销的食品含有毒、有害物质或者被有毒、有害物质污染，可能对人体健康有害的，食品卫生监督机构可以给予警告、限期改正、责令追回已售出的禁止生产经营的产品、没收或销毁禁止生产经营的食品、罚款或者吊销卫生许可证等行政处罚。

2. 在商品中掺杂、掺假、以假充真，以次充好，或者以不合格商品冒充合格商品的。

(1)《产品质量法》第50条规定：“在产品中掺杂、掺假，以假充真，以次充好，或者以不合格产品冒充合格产品的，责令停止生产、销售，没收违法生产、销售的产品，并处违法生产、销售产品货值金额百分之五十以上三倍以下的罚款；有违法所得的，并处没收违法所得；情节严重的，吊销营业执照；构成犯罪的，依法追究刑事责任。”

(2)《药品管理法》第116条规定："生产、销售假药的，没收违法生产、销售的药品和违法所得，责令停产停业整顿，吊销药品批准证明文件，并处违法生产、销售的药品货值金额十五倍以上三十倍以下的罚款；货值金额不足十万元的，按十万元计算；情节严重的，吊销药品生产许可证、药品经营许可证或者医疗机构制剂许可证，十年内不受理其相应申请。"

3. 生产销售国家明令淘汰的产品的。

(1)《产品质量法》第51条规定："生产国家明令淘汰的产品的，销售国家明令淘汰并停止销售的产品的，责令停止生产、销售，没收违法生产、销售的产品，并处违法生产销售产品货值金额等值以下的罚款；有违法所得的，并处没收违法所得；情节严重的，吊销营业执照。"

(2)《食品卫生法》第9条规定："禁止生产经营腐败变质、油脂酸败、霉变、生虫、污秽不洁、混有异物或者其他感官异常，可能对人体健康有害的食品。"违反规定的由食品卫生监督机构按第37条之规定予以行政处罚。

4. 伪造商品的产地，伪造或者冒用他人的厂名、厂址，伪造或者冒用认证标志名优标志等质量标志的。《产品质量法》第53条规定："伪造产品产地的，伪造或者冒用他人厂名厂址的，伪造或者冒用认证标志等质量标志的，责令改正，没收违法生产销售的产品并处违法生产销售产品货值金额等值以下的罚款；有违法所得的，并处没收违法所得，情节严重的吊销营业执照。"

5. 对商品或服务作引人误解的虚假宣传的。《反不正当竞争法》第20条规定："经营者对其商品作虚假或者引人误解的商业宣传，或者通过组织虚假交易等方式帮助其他经营者进行虚假或者引人误解的商业宣传的，由监督检查部门责令停止违法行为，处20万元以上100万元以下的罚款；情节严重的，处100万元以上200万元以下的罚款，可以吊销营业执照。"

6. 侵害消费者人格尊严或者侵犯消费者人身自由的。根据《消费者权益保护法》第56条规定，经营者在进行经营活动中侵犯消费者的人格尊严或人身自由的，应视其具体情节给予警告、50万元以下的罚款；情节严重的可由公安机关给予责任人员行政拘留。

三、对本案的分析

本案中，该超市销售过期方便面，损害了消费者身体健康，侵犯了消费者的合法权益，经营者应当承担赔偿责任及支付相关费用，且该行为属于《消费者权益保护法》第56条第1款"提供的商品或者服务不符合保障人身、财产安全要求"的情形，超市除了对消费者承担相应的民事责任以外，还应当予以行政处罚。王某购买的方便面属于食品，适用《消费者权益保护法》和《食品安全法》的规定，为此，消费者王某可以向超市主张10倍的惩罚性赔偿，或者主张1000元的赔偿责任。同时，我国《消费者权益保护法》规定了消费者享有安全权，经营者应当承担安全保障义务，所以，对于消费者王某的孩子因食用方便面导致的腹泻、身体不适等，该超市也应当承担相应的医疗费、护理费等。对于经营者的不当经营行为，导致了食品安全的严重后果，市场监管局可以依照《消费者权益保护法》《侵害消费者权益行为处罚办法》《产品质量监督抽查管理暂行办法》等法律法规，对其作出行政处罚，规范经营者的行为，消除食品安全的隐患。

第十一节　经营者的刑事责任

案例 5-19　卢某销售不符合食品安全标准食品案①

【案情介绍】

被告人卢某在西南洲边和乐平范湖经营两家凉茶店，生产销售化痰止咳茶、感冒茶等凉茶。2017 年 7 月，原三水区食品药品监督管理局执法人员对卢某在西南洲边经营的凉茶店进行监督检查，对销售的凉茶进行抽样。经广州分析测试中心检验，化痰止咳等凉茶中含有吗啡、可待因、蒂巴因、罂粟碱、那可丁等非食品原料。

2018 年 5 月，三水区市场监督管理局执法人员又对卢某在乐平范湖经营的凉茶店进行监督检查，抽样的化痰止咳茶、感冒茶，经广州分析测试中心检验，含有对乙酰氨基酚、双氯芬酸钠两种药物成分。

经统计，截至 2018 年 9 月，被告卢某经营的两家凉茶店销售添加有毒有害非食品原料的凉茶金额共计人民币约 2.4 万元。

【法律问题】

1. 经营者行为构成犯罪的情形有哪些？
2. 非法经营罪的行为方式有哪些？

【法理分析】

一、经营者行为构成犯罪的情形

经营者侵害消费者合法权益，情节严重，构成犯罪的，应依法追究其刑事责任。构成犯罪的情形包括以下五种：

1. 制售假冒伪劣商品型犯罪。其中包括掺杂掺假，生产制造假药、劣药，生产、销售伪劣食品，生产销售有毒有害食品，生产销售伪劣医用器械材料，生产销售有害人身、财产安全产品，生产销售伪劣农业生产资料，生产、销售伪劣化妆品等。

2. 扰乱市场秩序型犯罪。其中包括有发布虚假广告诈骗，非法经营，强迫交易，伪

① 《佛山市三水区人民检察院与被执行人卢某附带民事赔偿案》，载中国裁判文书网：https://wenshu.court.gov.cn/website/wenshu/181107ANFZ0BXSK4/index.html？docId = j92DiLDzw1oIzpbuDjqPGycCtqH4F1w6atlnm/LUDqlP3XLkge2SOWI3IS1ZgB82AehWjHo + h0nYd9mjQUtppm/lhoxgTCMNKIdP/6Vj75bRA7LXs7FPmqS0cc5ju0s+，最后访问日期：2022 年 10 月 25 日。

造、倒卖票证，逃避商品检验等。

3. 侵犯知识产权型犯罪。其中包括假冒注册商标、销售假冒注册商标商品、制售注册商标标识、假冒专利、侵犯著作权等。

4. 危害公共卫生型犯罪。其中包括医疗责任事故、非法行医等。

5. 渎职型犯罪。其中包括对生产、销售伪劣商品的犯罪行为的徇私舞弊、伪造商品检验结果等。

二、非法经营罪的行为方式

非法经营罪，是指违反国家规定，非法经营，扰乱市场秩序，情节严重的行为，处5年以下有期徒刑或者拘役，并处或者单处违法所得1倍以上5倍以下罚金；情节特别严重的，处5年以上有期徒刑，并处违法所得1倍以上5倍以下罚金或者没收财产。非法经营罪是经济领域中的“口袋罪”，包括四种行为方式：一是未经许可经营法律、行政法规规定的专营、专卖物品或者其他限制买卖的物品的，比如没有执照卖烟、卖酒、卖盐、卖药；二是买卖进出口许可证、进出口原产地证明以及其他法律、行政法规规定的经营许可证或者批准文件的，这就是俗称的买卖批文；三是未经国家有关主管部门批准非法经营证券、期货、保险业务的，或者非法从事资金支付结算业务的，比如没有执照的私募基金，如果向不特定人募集就可能触犯此款；四是其他严重扰乱市场秩序的非法经营行为，此为非法经营罪认定的兜底解释。

三、对本案的分析

2013年修正的《消费者权益保护法》新增了经营者的刑事责任的条款，与《刑法》规定的经营者的相关罪名相衔接，但是《消费者权益保护法》规定经营者应当承担的刑事责任属于概括性条款，并没有进行详细的列举。其原因是，一方面，《消费者权益保护法》并非规定刑事责任的专门法，而《刑法》作为规定刑事责任的专门性法律已经对经营者的犯罪行为、刑事责任进行了详细说明；另一方面，《消费者权益保护法》既要维护消费者的合法权益，也要考虑市场经济活动的本质特征，如果进行明确的规定，经营者将会畏手畏脚，不利于市场经济的发展。

本案中，按《刑法》第144条规定，在生产、销售的食品中掺入有毒、有害的非食品原料的，或者销售明知掺有有毒、有害的非食品原料食品的，处5年以下有期徒刑，并处罚金；对人体健康造成严重危害或者有其他严重情节的，处5年以上10年以下有期徒刑，并处罚金；致人死亡或者有其他特别严重情节的，处以10年以上有期徒刑、无期徒刑或者死刑，并处罚金或者没收财产。被告在经营的凉茶中掺入吗啡、可待因、蒂巴因、罂粟碱、那可丁等非食品原料，对消费者的人身会造成潜在的严重危害，其犯罪数额达到了一定的标准，严重损害了消费者的身体健康，其行为已构成犯罪，应当依据《刑法》进行处罚，而不仅仅只是承担民事责任和行政责任。

第十二节　民事赔偿责任优先原则

案例 5-20　李某生产、销售假冒伪劣产品案

【案情介绍】

李某生产了一批假冒伪劣的洗发水，并将其出售给王某。王某使用后头发脱落，头皮受损，花去医疗费 5 万元。后李某生产的假冒伪劣洗发水被市场监管部门查扣，并被市场监管部门罚款 10 万元。同时，因为李某生产的假冒伪劣洗发水的销售金额达到 21 万余元，检察机关依法对其提起刑事诉讼，法院判决李某有期徒刑 3 年，并处罚金 12 万元，但是李某的财产无法全额支付王某的医疗费、罚款和罚金。

【法律问题】

1. 民事赔偿责任优先原则的内容是什么?
2. 确立优先原则的依据是什么?
3. 优先原则的适用条件有哪些?

【法理分析】

一、民事赔偿责任优先原则的内容

《消费者权益保护法》在第 48~55 条规定了民事责任，在第 56 条规定了行政责任，在第 57 条规定了刑事责任。在第 58 条规定的民事赔偿责任优先原则是对前述条款规定法律责任顺序的声明。

经营者的违法行为可能既要承担民事责任，又要承担行政责任，情节严重时还可能违反刑法构成犯罪，从而可能导致民事与行政、刑事责任聚合的情形。

民事责任优先原则就是解决这类责任聚合时的法律原则，即一责任主体的财产不足以同时满足民事赔偿责任与行政责任或者刑事责任中的没收、罚金时，优先承担民事赔偿责任，这也是第 58 条规定的要旨所在。如一企业生产伪劣产品，造成消费者人身、财产损害，并构成生产伪劣产品罪，其需同时承担对消费者的民事责任以及生产伪劣产品罪的刑事责任，如果刑事责任是判处其承担罚金，其财产不足以同时支付对受害人的赔偿以及罚金时，对受害人的民事赔偿责任优先于罚金承担。

二、确立优先原则的依据

民事赔偿优先原则体现的是“私权优先”理念。之所以需要确立这一原则，主要有如下两点理由：

1. 从法律责任设立的目的来看，罚款和罚金等制度设置的目的，主要不在于保证国库收入，而在于通过金钱惩罚的方式遏制违法行为；而民事赔偿责任设置的首要目的则在

于救济受害人，同时也在一定程度上发挥了对加害人予以金钱惩罚的功能。在这几种责任无法同时完全实现时，如果以牺牲民事赔偿责任的方式优先保障罚款和罚金等行政和刑事责任，虽然起到了遏制违法行为的效果，但使得民事责任救济受害人的目的完全落空。相反，如果实行民事赔偿责任优先，则对受害人的救济更有保障，同时也在一定程度上发挥了通过金钱惩罚遏制违法行为的功能，其法律适用效果显然是优于前者的。

2. 民事赔偿优先体现了国家保护人权、人民至上的法治理念。民事赔偿优先原则所隐含的价值标准是受害者的民事权利救济高于政府的罚没收入。之所以适用民事赔偿责任优先规则，是因为获得相应数额的金钱赔偿对于受害人一方具有重大的利益，是对其损失的填补，甚至可能对受害人的生产或生活产生重大影响；但罚款或罚金对于国库收入所起作用甚微，其体现的是对违法行为人的惩罚而非对国家损失的填补。

三、优先原则的适用条件

依据《民法典》侵权责任编的规定，民事赔偿优先原则的适用，具有如下几个前提条件：

1. 加害人只实施一个违法行为，而不是实施多个违法行为。只有在行为本身具有同一性的前提下，讨论责任聚合才有意义。不同的行为违反不同性质的法律，构成不同性质的法律责任，这不属于责任重合问题，也不产生民事赔偿优先原则的适用问题。

2. 加害人的行为具有多重违法性。加害人的同一行为符合数个不同性质(不同部门法)的法律责任构成要件。

3. 加害人需要承担多重不同性质的法律责任。法律责任聚合不同于责任竞合，责任竞合发生在同一部门的法律责任中的多种不同形式的法律责任之间，例如，民事责任中的违约责任与侵权责任的竞合，加害人最终只承担一种民事责任，而不可能让受害人满足数个请求权。但责任聚合则不同，加害人要承担多种法律责任。如既承担民事责任也承担刑事责任，或者既承担民事责任也承担行政责任，或者需要同时承担三种责任。

4. 与民事责任聚合的行政责任或刑事责任中有财产责任。行政责任中的财产责任有罚款、没收违法所得、没收非法财物三种；刑事责任中的财产责任有罚金、没收财产两种。常见的聚合情形是民事赔偿与罚款或罚金的聚合，当然也可能发生民事赔偿与没收违法所得或没收财产等责任方式的聚合。

5. 当事人的财产不足以支付几种不同性质的财产责任。如果当事人的财产足以同时承担几种不同性质的责任，则无须考虑优先顺序的问题，只有在责任财产不足时，才发生优先顺序的适用。

四、对本案的分析

本案中，李某作为非法经营者，生产、销售假冒、伪劣洗发水，造成消费者人身损害、社会市场秩序的混乱，应当同时承担民事、行政和刑事责任，但其财产不足以承担全部责任，根据《消费者权益保护法》规定的经营者民事责任赔偿优先原则及《民法典》第187条的规定："民事主体因同一行为应当承担民事责任、行政责任和刑事责任的，承担行政责任或者刑事责任不影响承担民事责任；民事主体的财产不足以支付的，优先用于承担民事责任。”李某应当优先承担对消费者的民事责任，赔偿王某的医疗费等人身损害。在对消费者进行赔偿之后，如果李某的财产仍有剩余，再支付相应的行政罚款和刑事罚金。

应当特别注意的是，虽然法律规定了民事赔偿责任优先原则，但是消费者也应及时向有关部门提交证据、提出申请，以主张自己的合法权益。因为在日常的消费维权中，消费者往往势单力薄，难以与经营者进行势均力敌地抗衡，可以采取保存相关的消费证据，及时请求行政和司法机关的帮助，维护自己的权益。

第十三节　经营者的行政责任

案例 5-21　邵某国诉黄浦区安监局安全生产行政处罚决定案①

【案情介绍】

原告邵某国是麦克公司的经理。2005 年 8 月 10 日上午，麦克公司员工姜某忠在操作粉糠机时，右手被卷入粉糠机内，经诊断：姜某忠的右手尺、桡骨骨折，右手第 2、4 掌骨粉碎性骨折。事故发生后，麦克公司及其上级部门黄浦粮油公司组成调查小组，对事故进行了调查，制作了调查笔录，并于 2005 年 9 月 20 日作出《姜某忠重伤事故调查报告》。报告显示，姜某忠是同年 7 月 6 日到面包糠车间从事烘箱和包装工作。8 月 10 日，因该车间一职工缺勤，姜某忠被安排暂时顶替操作粉糠机。姜某忠上机操作时，右手被卷入滚筒内造成事故。报告认定的事故原因有：粉糠机结构不合安全要求，开关设置不合理，留有安全隐患；麦克公司安全管理制度留有漏洞，盲目安排新手上重点岗位操作；重点岗位无安全操作规程等。报告认为，麦克公司主要负责人邵某国对此次事故应负主要责任。10 月 17 日，邵某国在其撰写的《关于发生姜某忠工伤事故的思想认识》中也承认，事故发生的主要原因是麦克公司安全管理工作松懈，安全生产责任制不完善，安全生产规章制度和安全生产操作规程不健全，作为公司主要负责人，其负有不可推卸的责任。被告黄浦区安监局接到麦克公司的事故报告后，向调查小组调取了相关材料，派员到现场进行了调查，拍摄了现场照片，并于 2005 年 10 月 8 日对该起事故立案处理。经审查，黄浦区安监局于 10 月 26 日向邵某国发出《行政处罚事先告知书》，告知拟对邵某国进行行政处罚的内容和依据，并告知其在 7 日内有陈述和申辩的权利。

因邵某国未在期限内提出陈述和申辩，黄浦区安监局于 11 月 7 日作出第 2120050024 号行政处罚决定，认定该起事故为重伤事故，邵某国违反了《安全生产法》第 17 条第(1)、(2)、(4)项的规定，依照《安全生产法》第 81 条第 2 款规定，决定对邵某国处以罚款 2 万元。邵某国不服该处罚决定，提起本案行政诉讼。

---

① 《邵某国诉黄浦区安监局安全生产行政处罚决定案》，载中华人民共和国最高人民法院公报：http://gongbao.court.gov.cn/Details/0728d7b821cc1051753fd84375e7e6.html，最后访问日期：2022 年 10 月 25 日。

【法律问题】

1. 经营者行政救济的条件是什么？
2. 未经复议的行政行为起诉期是多久？

【法理分析】

一、经营者行政救济条件

《消费者权益保护法》的立法宗旨和目的是保护消费者的合法权益，维护社会经济秩序，促进社会主义市场经济健康发展。但《消费者权益保护法》在充分保护消费者合法权益的同时，也应重视对经营者合法权益的保护。为保护经营者的合法权益，应畅通其权利表达渠道，以程序公正保障其合理诉求。行政处罚会影响甚至处分行政相对人的实体权利。由于其制裁性特征，必须从法律上保证行政相对人对行政处罚决定不服的救济权利。因此，《行政处罚法》第 7 条规定："公民、法人或者其他组织对行政机关给予的行政处罚，享有陈述权和申辩权；对行政处罚不服的，有权依法申请行政复议或者提起行政诉讼。"《消费者权益保护法》第 59 条作出类似规定，经营者对行政处罚决定不服的，可以依法申请行政复议或者提起行政诉讼。

行政复议是指行政相对人认为行政主体的具体行政行为侵犯其合法权益，请求上一级行政机关或者其他法定复议机关依法重新审查该具体行政行为的合法性和适当性，行政复议机关按照法定程序审查申请，并作出决定的一种法律制度。《行政复议法》第 6 条规定了行政复议的受理范围。

行政诉讼是法院解决行政争议的法律制度，《行政诉讼法》第 2 条规定："公民、法人或者其他组织认为行政机关和行政机关工作人员的行政行为侵犯其合法权益，有权依照本法向人民法院提起诉讼。"也就是说，公民、法人或者其他组织只能对具体的行政行为提起行政诉讼，不包含抽象的行政行为。《行政诉讼法》第 12 条规定了行政诉讼的受理范围。

二、未经复议的行政行为起诉期

针对作为类案件，根据《行政诉讼法》第 46 条的规定，一般情况下，当事人应于知道或应当知道行政行为之日起 6 个月内提起诉讼，但对于行政机关未告知起诉期限的，则应当自当事人知道或应当知道起诉期限之日起 6 月内起诉，不动产类案件最迟不得超过行政行为作出之日起 20 年，其他案件最迟不得超过行政行为作出之日起 5 年。

针对不作为类案件，根据《行政诉讼法》第 47 条的规定，公民、法人或者其他组织除在紧急情况下请求行政机关履行保护其人身权、财产权等合法权益的法定职责，行政机关不履行的，提起诉讼不受期限限制的情况外，应当自行政机关履行期限届满之日起 6 个月内提出。关于履行期限，原则上按接到申请之日起 2 个月内计算；法律、法规对行政机关履行职责的期限另有规定的，从其规定。

三、对本案的分析

本案中，争议焦点为邵某国是否为麦克公司此次工伤事故的主要负责人？能否成为行政处罚的对象？

在此次工伤事故发生后，在麦克公司及其上级公司组成的事故调查小组所作的《姜某忠重伤事故调查报告》中，不但肯定了姜某忠所受伤情为重伤，而且还指出，麦克公司存在安全生产管理缺陷，安全管理工作松懈，安全生产责任制不完善，安全生产制度和安全生产操作规程不健全，粉糠机操作这一重点岗位缺少安全规程，姜某忠在操作粉糠机之前未经岗位培训等问题。该调查报告认为，事故的发生与管理者安全意识淡薄，工作责任心不强有着必然联系，因此确定原告邵某国对此次事故负主要责任。邵某国在其撰写的《关于发生姜某忠工伤事故的思想认识》中，也认同调查报告对事故主要原因的分析，承认其作为公司主要负责人，负有不可推卸的责任。被告黄浦区安监局审查上述材料后，根据这些材料，认定邵某国在事故发生前未依法履行安全生产监督管理职责，依法应承担责任

虽然在本案中，原告请求撤销处罚决定的诉讼请求并没有被法院认可，原告也应当承担相应的处罚。但不可否认的是，经营者在受到行政处罚，并对处罚决定不服时，有权提起行政复议和行政诉讼来维护自己的权益。

第十四节　经营者暴力抗法的责任

案例 5-22　范某暴力抗拒行政执法案①

【案情介绍】

2020 年 12 月 3 日下午 14 时 20 分，永康市综合行政执法局执法队员巡查至南鸿路旧货市场时，发现一家店名为“绿洁旧货买卖”的店铺存在出店经营的情况。前期包括当日上午执法队员已多次劝导该商户整改，店主范某不仅不进行整改还继续在店外拆洗旧空调等物品，导致现场污水横流。执法队员随即对现场进行拍照取证，并向范某说明情况，依法扣押其违法占道经营物品。但范某情绪激动，拒不配合，并多次暴力攻击执法队员，阻碍执法。

【法律问题】

1. 刑法对暴力抗拒执法是如何规制的？
2. 《治安管理处罚法》对暴力抗法是怎样规定的？

---

① 《范某暴力抗拒行政执法案》，载网易新闻网：https://www.163.com/dy/article/FTANH78L05346936.html，最后访问日期：2022 年 10 月 25 日。

【法理分析】

一、《刑法》对暴力抗拒执法的规制

国家工作人员依法行使执法权，代表着法律和国家的权威，经营者暴力抗拒执法的行为，是公开挑衅法律权威，理应受到《刑法》的严格规制。《刑法》第277条第1款规定："以暴力、威胁方法阻碍国家机关工作人员依法执行职务的，处三年以下有期徒刑、拘役、管制或者罚金。"

这是关于以暴力、威胁方法阻碍国家机关工作人员依法执行职务的，构成妨害公务罪及处刑规定。这里的"暴力"，是指对国家机关工作人员的身体实行打击或者强制，如捆绑、殴打、伤害等；"威胁"，是指以杀害、伤害、毁坏财产、损坏名誉等相威胁。构成本罪，行为人必须是采取暴力、威胁的方法，如果行为人没有实施暴力、威胁的阻碍行为，只是吵闹、谩骂、不服管理等，不构成犯罪，可以依法进行治安处罚。"阻碍国家机关工作人员依法执行职务"，是指以暴力、威胁方法阻挠、妨碍国家机关工作人员依照法律规定执行自己的职务，致使依法执行职务的活动无法正常进行。其中"国家机关工作人员"，是指中央及地方各级权力机关、党政机关、司法机关和军事机关的工作人员；"依法执行职务"，是指国家机关工作人员依照法律、法规规定所进行的职务活动。如果阻碍的不是国家机关工作人员的活动，或者不是职务活动，或者不是依法进行的职务活动，都不构成本罪。根据本款规定，犯本罪的，处三年以下有期徒刑、拘役、管制或者罚金。

二、《治安管理处罚法》对暴力抗法的规定

《治安管理处罚法》对行为人的规制起点较低，这也是不同于《刑法》的妨害公务罪的重要区别。《治安管理处罚法》第50条规定"有下列行为之一的，处警告或者二百元以下罚款；情节严重的，处五日以上十日以下拘留，可以并处五百元以下罚款：

(一)拒不执行人民政府在紧急状态情况下依法发布的决定、命令的；

(二)阻碍国家机关工作人员依法执行职务的；

(三)阻碍执行紧急任务的消防车、救护车、工程抢险车、警车等车辆通行的；

(四)强行冲闯公安机关设置的警戒带、警戒区的。

阻碍人民警察依法执行职务的，从重处罚。"

本条第2款规定的行为在客观上必须具备以下三个特征：

1. 实施了阻碍行为。这里规定的"阻碍"，是指行为人以各种方法和手段，实施的阻挠、妨碍行为。

2. 阻碍的行为对象必须是国家机关工作人员。所谓"国家机关工作人员"，是指中央及地方各级权力机关、党政机关、司法机关和军事机关以及在依照法律、法规规定行使国家行政管理职权的组织中从事公务的人员，或者在受国家机关委托代表国家机关行使职权的组织中从事公务的人员，或者虽未列入国家机关人员编制但在国家机关中从事公务的人员。如果行为人阻碍的对象是非国家机关工作人员，则不属于本项所规定要予以治安管理处罚的行为。

3. 必须是依法执行职务的行为。这里规定的"依法执行职务"，是指国家机关工作人员依照法律、法规规定所进行的职务行为。如果阻碍的不是国家机关工作人员的职务活动，或者不是依法进行的职务活动，都不是本项所规定的行为。

应当强调的是，本项对阻碍国家机关工作人员依法执行职务的行为方式上没有作出限定，即不要求以暴力、威胁方法为条件，这也是本项规定与《刑法》第 277 条妨害公务罪的规定的主要区别。《刑法》第 277 条妨害公务罪要求行为人阻碍国家机关工作人员依法执行职务的行为方式，必须是以暴力、威胁的方法进行。

三、对本案的分析

本案中，范某作为经营者，占用公共场所违规经营，并将产生的污水随意排放，显然影响了市容市貌、影响了市场秩序。经过执法人员的多次提醒，范某仍不对自己的违法行为进行整改，拒不配合。无奈之下，执法人员扣押了其违规占用公共场所的物品，然而却遭到范某的暴力阻拦，范某甚至恶意攻击执法人员。显然，范某的行为已经触犯了《刑法》第 277 条的规定，构成妨害公务罪。

经营者作为市场经济的重要主体，一方面应当尽可能地保护自身合法权益；另一方面，经营者也应当自觉遵守法律法规、遵守执法人员的执法决定，不能抗拒执法。否则，重者构成妨害公务罪，轻者违反《治安管理处罚》，都会受到法律的制裁。执法人员依法执法，是国家行使执法权的表现，抗拒执法人员，其本质就是抗拒法律，必将承担暴力抗法的法律后果。

第十五节　国家机关工作人员的责任

案例 5-23　赛某、韩某武受贿、食品监管渎职案①

【案情介绍】

2011 年 9 月 17 日，根据群众举报称云南丰瑞粮油工业产业有限公司(以下简称杨林丰瑞公司)违法生产地沟油，时任嵩明县质监局局长、副局长的赛某、韩某武等人到杨林丰瑞公司现场检查，查获该公司无生产许可证，其生产区域的配套的食用油加工设备以"调试设备"之名在生产，现场有生产用原料毛猪油 2244.912 吨，其中有的外包装无标签标识等，不符合食品安全标准。9 月 21 日，被告人赛某、韩某武没有计量核实毛猪油数量、来源，仅凭该公司人员陈述 500 吨，而对毛猪油 591.4 吨及生产用活性土 30 吨、无证生产的菜油 100 吨进行封存。同年 10 月 22 日，韩某武以"杨林丰瑞公司采购的原料共

---

① 《赛某、韩某武受贿、食品监管渎职案》，载中华人民共和国最高人民检察院：https://www.spp.gov.cn/jczdal/201608/t20160811_162641.shtml，最后访问日期：2022 年 10 月 25 日。

59.143吨不符合食品安全标准"建议立案查处，赛某同意立案，并召开案审会经集体讨论，决定对杨林丰瑞公司给予行政处罚。10月24日，嵩明县质监局作出对杨林丰瑞公司给予销毁不符合安全标准的原材料和罚款1419432元的行政处罚告知，并将行政处罚告知书送达该公司。之后，该公司申请从轻、减轻处罚。同年12月9日，赛某、韩某武以企业配合调查及经济困难为由，未经集体讨论，决定减轻对杨林丰瑞公司的行政处罚，嵩明县质监局于12月12日作出行政处罚决定书，对杨林丰瑞公司作出销毁不符合食品安全标准的原料和罚款20万元的处罚，并下达责令改正通知书，责令杨林丰瑞公司于2011年12月27日前改正"采购的原料毛猪油不符合食品安全标准"的违法行为。12月13日，嵩明县质监局解除了对毛猪油、活性土、菜油的封存，实际并未销毁该批原料。致使杨林丰瑞公司在2011年11月至2012年3月期间，使用已查获的原料无证生产食用猪油并流入社会，对人民群众的生命健康造成较大隐患。

2011年10月至11月，被告人赛某、韩某武在查处该案的过程中，先后两次在办公室收受该公司吴某伟(另案处理)的人民币10万元、3万元。

2012年3月13日，公安机关以该公司涉嫌生产、销售有毒、有害食品罪立案侦查。

3月20日，赛某和韩某武得知该情况后，更改相关文书材料，销毁原始行政处罚文书，伪造质监局分析协调会、案审会记录及杨林丰瑞公司毛猪油原材料的销毁材料，将所收受的13万元受贿款作为对杨林丰瑞公司的罚款存入罚没账户。

2012年5月4日，赛某、韩某武因涉嫌徇私舞弊不移交刑事案件罪、受贿罪被云南省嵩明县人民检察院立案侦查，韩某武于5月7日被刑事拘留，赛某于5月8日被刑事拘留，5月21日二人被逮捕。

该案由云南省嵩明县人民检察院反渎职侵权局侦查终结后，移送该院公诉部门审查起诉。云南省嵩明县人民检察院经审查认为，被告人赛某、韩某武作为负有食品安全监督管理职责的国家机关工作人员，未认真履行职责，失职、渎职造成大量的问题猪油流向市场，后果特别严重；同时二被告人利用职务上的便利，非法收受他人贿赂，为他人谋取利益，二被告人之行为已触犯《刑法》第408条之一、第385条第1款之规定，应当以食品监管渎职罪、受贿罪追究刑事责任。2012年9月5日，云南省嵩明县人民检察院以被告人赛某、韩某武犯食品监管渎职罪、受贿罪向云南省嵩明县人民法院提起公诉。

2012年11月26日，云南省嵩明县人民法院一审认为，被告人赛某、韩某武作为国家工作人员，利用职务上的便利，非法收受他人财物，为他人谋取利益，其行为已构成受贿罪；被告人赛某、韩某武作为质监局工作人员，在查办杨林丰瑞公司无生产许可证生产有毒、有害食品案件中玩忽职守、滥用职权，致使查获的不符合食品安全标准的原料用于生产，有毒、有害油脂流入社会，造成严重后果，其行为还构成食品监管渎职罪。鉴于杨林丰瑞公司被公安机关查处后，赛某、韩某武向领导如实汇报受贿事实，且将受贿款以"罚款"上交，属自首，可从轻、减轻处罚。依照刑法相关条款之规定，判决被告人赛某犯受贿罪和食品监管渎职罪，数罪并罚，判处有期徒刑六年；韩某武犯受贿罪和食品监管渎职罪，数罪并罚，判处有期徒刑二年六个月。

一审宣判后，赛某、韩某武提出上诉。

2013年4月20日，云南省昆明市中级人民法院二审裁定驳回上诉，维持原判。

【法律问题】

1. 国家保护消费者权益的职责是什么？
2. 国家机关工作人员侵害消费者权益的行为有哪些？
3. 食品药品监管部门及其执法人员免责的情形有哪些？

【法理分析】

一、国家保护消费者权益的职责

1. 国家制定有关消费者权益保护的法律、法规、规章和强制性标准，应当听取消费者和消费者协会等组织的意见。

2. 各级人民政府应当加强领导，组织、协调、督促有关行政部门做好保护消费者合法权益的工作，落实保护消费者合法权益的职责。各级人民政府应当加强监督，预防危害消费者人身、财产安全行为的发生，及时制止危害消费者人身、财产安全的行为。

3. 各级人民政府市场监督管理部门和其他有关行政部门应当依照法律、法规的规定，在各自的职责范围内，采取措施，保护消费者的合法权益。有关行政部门应当听取消费者和消费者协会等组织对经营者交易行为、商品和服务质量问题的意见，及时调查处理。

4. 有关行政部门在各自的职责范围内，应当定期或者不定期对经营者提供的商品和服务进行抽查检验，并及时向社会公布抽查检验结果。有关行政部门发现并认定经营者提供的商品或者服务存在缺陷，有危及人身、财产安全危险的，应当立即责令经营者采取停止销售、警示、召回、无害化处理、销毁、停止生产或者服务等措施。

5. 有关国家机关应当依照法律、法规的规定，惩处经营者在提供商品和服务中侵害消费者合法权益的违法犯罪行为。

6. 人民法院应当采取措施，方便消费者提起诉讼。对符合《民事诉讼法》起诉条件的消费者权益争议，必须受理，及时审理。优化小额诉讼的程序，降低消费者的维权成本。

二、国家机关工作人员侵害消费者权益的行为

1. 玩忽职守。玩忽职守，是指国家行政机关的工作人员严重不负责任、不履行或不正确履行法定职责，致使消费者的合法权益、公共利益和社会秩序遭受损害或者损失的行为。

2. 执法者包庇经营者。执法者包庇经营者，是指国家机关工作人员明知经营者的行为损害消费者的合法权益，非但不予制止，反而有意使之规避法律、免受追究的行为。

《关于〈中华人民共和国刑法〉第九章渎职罪主体适用问题的解释》对国家机关工作人员的主体范围作了规定。根据这一解释，依照法律、法规规定行使国家行政管理职权的组织中从事公务的人员，或者在受国家机关委托代表国家机关行使职权的组织中从事公务的人员，或者虽未列入国家机关人员编制但在国家机关中从事公务的人员，在代表国家机关行使职权时，也应当被视为国家机关工作人员。

国家机关工作人员玩忽职守或者包庇经营者侵害消费者合法权益的行为的，根据情节

轻重，分别承担行政责任和刑事责任。如果情节较轻，没有达到刑法所规定的犯罪的程度，则由国家机关工作人员所在单位或者上级机关给予行政处分；如果情节严重，构成犯罪的，则须依照《刑法》的相关规定追究刑事责任。

三、食品药品监管部门及其执法人员免责的情形

食品药品监管部门及其执法人员有下列情形之一的，可以免除责任：按照法律、法规、规章规定，或者年度监督检查计划、“双随机”抽查安排，已履行监督检查职责的；因现有科学技术水平的限制不能发现所存在的问题，导致食品药品安全问题无法定性的；因不能预见、不能避免且不能克服的不可抗力因素，导致食品药品监管部门及人员未能依法履行职责的；已依法对行政相对人作出责令整改或者停产停业整顿的决定，行政相对人逃避检查，擅自违法生产经营的；因食品药品检验、鉴定、认证等中介机构或者食品药品许可申请人出具虚假报告等，导致错误判定或者处理的；对拒不执行行政处罚决定者，已依法申请人民法院强制执行，被执行人逃避检查，违法生产经营的；违法、不当行政行为情节轻微并及时纠正，未造成不良后果或者不良后果被及时消除的；其他依法不应当追究责任的。

四、对本案的分析

本案中，赛某、韩某武是崇明县质量技术监督局的领导人员，应当依法履责、依法尽责，负有对本区域内食品的监管监督职责。然而，赛某、韩某武却滥用职权，收受涉案公司的大额贿赂，擅自大幅度降低违法公司的行政处罚金额；只听案涉公司的一面之词，查扣的违法生产原料、产品并未达到实际公司库存量，并且监管不力，导致了地沟油流向市场，侵犯了广大消费者的人身、财产权益。赛某、韩某武擅自篡改县质量技术监督局的行政处罚决定书和会议记录等材料，属于典型的滥用职权行为，触犯了《刑法》，构成食品监管渎职罪。此外，二人以非法占有为目的，收受 10 万元、3 万元的贿赂，已经触犯了《刑法》，构成受贿罪。但是，二人能够如实交代犯罪事实，并且积极退赃，可以依法从轻、减轻处理。

这是一起国家工作人员与经营者勾结，侵犯消费者合法权益的案件。国家工作人员应当依法执法、秉承廉洁，不得为了一己私利，损害广大消费者的合法权益，否则将承担法律责任。